D'accord!

LANGUE ET CULTURE DU MONDE FRANCOPHONE

Testing Program

VISTA®
HIGHER LEARNING

ISBN: 978-1-68005-744-7

1 2 3 4 5 6 7 8 9 PP 23 22 21 20 19 18

Table of Contents

Introduction

Contextualized, communicative, and flexible, the **D'accord! Level 1** Testing Program offers:

- two quizzes (I and II) for each of the textbook's vocabulary presentations and grammar points.
- two lesson tests (I and II) for each of the textbook's 16 lessons.
- two unit tests (I and II) for each unit of the textbook's eight units.
- two exams (I and II) for **Unités 1–4**, **Unités 5–8**, and **Unités 1–8**.
- Scripts for the listening activities, Optional Test Sections, and Answer Keys.

The Quizzes

96 Quizzes, two versions (I and II) for each vocabulary presentation and grammar point, allow you to quickly assess students' grasp of the structures and concepts they are studying. Every Quiz I focuses more on discrete activity formats, whereas every Quiz II focuses more on open-ended formats. Both versions are based on a 20-point scale.

The Lesson and Unit Tests

The Lesson and Unit Tests come in two different versions, Tests I and II. They offer highly contextualized, comprehensive evaluation, consisting of discrete-answer as well as communicative activities that test language proficiency. The two versions are ideal for purposes of administering makeup tests.

Each Lesson and Unit Test begins with a listening section that focuses on the grammar, vocabulary, and theme of the respective lesson or unit. In order for students to complete this section, you may either read from the script in the Listening Scripts section of the **D'accord! Level 1** Testing Program or play the corresponding Testing Program MP3 file, available both online in Resources on the website and on the Teacher DVD Set. The accompanying activity focuses on global comprehension and understanding key details.

After the listening section, you will find test activities that check students' knowledge of the corresponding lesson's or unit's active vocabulary and grammar structures. These activities combine communicative tasks with discrete-answer items. Formats include, but are not limited to, art-based activities, personalized questions, sentence completions, and cloze paragraphs.

Each test ends with a writing activity that emphasizes personalized communication and self-expression. Students are asked to generate a brief writing sample using the vocabulary and grammar of the corresponding textbook lesson or unit within a natural, realistic context.

The Lesson Tests are two pages each, and the Unit Tests are four pages each. Both are based on a 100-point scale. The former are designed to take about twenty minutes to complete, the latter about forty minutes. Point values for each test section are provided in parentheses at the end of each activity's direction lines.

The Exams

Each assessment begins with a listening comprehension section, continues with achievement and proficiency-oriented vocabulary and grammar checks, and ends with a personalized writing task. The assessments are cumulative and comprehensive, encompassing the main vocabulary fields, key grammar points, and the principal language functions covered in the corresponding textbook units. The scripts for the listening passages are also located in the Listening Scripts section of the **D'accord! Level 1** Testing Program.

Like the Lesson Tests and Unit Tests (versions I and II), these assessments are based on a 100-point scale; point values for each activity are provided in parentheses at the end of each activity's direction lines. The Exams are six pages each and are designed to take about fifty minutes to complete.

The Optional Test Sections

For instructors who wish to evaluate students in areas that fall outside the scope of the assessments provided, five optional assessment activities targeting different knowledge and skills are provided. Brief activities separately review the **Roman-photo** video (one per lesson), the **Culture** textbook section (one per lesson), the **Panorama** textbook section (one per unit), the **Flash culture** video (one per unit), and **Lecture Supplémentaire** activities (one per lesson).

The optional **Lecture Supplémentaire** selections, presented as various forms of realia such as advertisements, articles, or personal correspondence, are accompanied by a set of questions designed to test students' overall comprehension of the text.

For scoring the optional sections, we suggest assigning a total value of 10 points per optional section administered and adding them to the 100 points that the main assessment is already worth. When you have added a student's total points earned, simply divide that sum by the total number of points possible (110, 120, 130, and so on). Then move the decimal point two places to the right to obtain the student's equivalent score out of 100.

Customizing Assessment

The **D'accord! 1** website provides you with two opportunities to customize assessment for your students. To customize an assessment, go to the **Content** tab on the navigation bar and click on either **Assessment** or **Resources** from the drop-down menu. If you click on Assessment, locate the specific quiz or test you want to customize and click the **Copy** icon. A customizable copy of the assessment will appear. Click the pencil icon to reorder, delete, modify, and add new sections to the quiz before assigning it to your students. If you click on **Resources**, locate the specific quiz or test you want to customize and download the editable file to your computer to make any changes you want before printing it out and administering to your students.

Some Suggestions for Use

While the materials reflect the content of the corresponding lessons in the **D'accord! Level 1** student text, you may have emphasized certain vocabulary topics, grammar points, or textbook sections more or less than others. Because of this possibility, it is strongly recommended that you look over each assessment before you administer it to ensure that it reflects the vocabulary, grammar, and language skills you have stressed in your class. Additionally, you should feel free to modify any quiz, test, or exam by adding an optional section or adapting an existing activity so that the testing material meets the guidelines of "testing what you teach."

You can alleviate many students' test anxiety by telling them in advance how many points are assigned to each section and what sorts of activities they will see. You may even provide them with a few sample test items. If, for example, you are administering Quiz I for **Leçon 1A**, you may want to create a few items in the format of the activities in the quiz and show them to students.

When administering the listening sections, it is a good idea to begin by going over the direction lines with students so that they are comfortable with the instructions and the content of what they are going to hear. You might also want to give them a moment to look over any listening-based items they will have to complete and let them know if they will hear the narration or questions once or twice. If you read from the scripts yourself instead of playing the Testing Program MP3s, it is recommended that you read each selection twice at a normal speed, without emphasizing or pausing to isolate specific words or expressions.

Like many instructors, you may also want to evaluate your students' oral communication skills at the end of each semester or school year. For ideas and information, see the Oral Testing Suggestions section in this Testing Program.

We hope you find the **D'accord! Level 1** Testing Program a valuable tool for evaluating your students' progress and saving you precious time. We would like to take this opportunity to acknowledge the contributions of writers Myriam Arcangeli, Séverine Champeny, Julie Cormier, Virginia Dosher, Patricia Ménard, and Jaishree Venkatesan, all of whom worked tirelessly to create this Testing Program.

*The **D'accord! Level 1** authors and the Vista Higher Learning Editorial Staff*

Oral Testing Suggestions

These suggestions for oral tests are offered for every two units to meet your needs; you can decide to administer them two, three, or four times during the year. The suggestions consist of two parts: questions and situations. As often done with proficiency-oriented assessments, the situations are in English in order not to reveal to students the French vocabulary fields and structures they are intended to elicit. The questions, on the other hand, are provided in French to allow you to use them readily without time-consuming advance preparation.

As you begin each oral test, remind students that you are testing their ability to understand and produce acceptable French, so they must give you as complete an answer as possible. It is strongly recommended that you establish a tone in which the test takes on, as much as possible, the ambience of natural communication, rather than that of an interrogation or artificial exchange in which the teacher asks all the questions and students answer them. It is important to start by putting students at ease with small talk in French, using familiar questions such as **Comment ça va?** and commenting on the weather or time of day. During the test, it is also a good idea to give students verbal or gestural feedback about the messages they convey, including reactions, comments, signs of agreement or disagreement, and/or transitions in the form of conversational fillers. Finally, as you end the test, it is recommended that you bring students to closure and put them at ease by asking them simple, personalized questions.

If the oral test revolves around a situation, you can have two students interact or you can play the role of one of the characters. To build students' confidence and comfort levels, you might want to begin the interaction so students have some language to which to react.

Many evaluation tools or rubrics exist for the grading of oral tests. Here is a simplified rubric, which you should feel free to adjust to reflect the type of task that students are asked to perform, the elements that you have stressed in your classes, and your own beliefs about language learning.

Oral Testing Rubric

Fluency	1	2	3	4	5	**24–25**	Excellent (A)
Pronunciation	1	2	3	4	5	**21–23**	Very Good (B)
Vocabulary	1	2	3	4	5	**18–20**	Average (C)
Structure	1	2	3	4	5	**15–17**	Below Average (D)
Comprehensibility	1	2	3	4	5	**Below 15**	Unacceptable (F)

Oral Testing Suggestions for *Unités 1–2*
Questions

- Comment t'appelles-tu?
- Comment vas-tu?
- Quel est ton cours préféré?
- Où habites-tu?
- Quel est ton numéro de téléphone?
- Travailles-tu? Où?
- Qu'est-ce qu'il y a dans ton sac à dos?

Situation

You run into a French-speaking friend at school. Greet each other and talk about the classes you are taking (what they are, the days of the week and/or time of day they meet) and what the professors are like. Then, say good-bye.

Oral Testing Suggestions for *Unités 3–4*
Questions

- As-tu une grande famille?
- As-tu des frères et des soeurs?
- Où habite ta famille?
- Comment sont tes parents?
- Où vas-tu cet après-midi, après le cours?
- Que prends-tu quand tu as soif?
- Que manges-tu à midi?

Situation

You and your best friend have an opportunity to spend a long weekend in either Paris or Québec City. However, you cannot agree on where to go. Explain to your friend why you prefer one city over the other. Stand your ground, and then agree on the city where you will spend your long weekend.

Oral Testing Suggestions for *Unités 5–6*
Questions

- Qu'est-ce que tu as fait le week-end dernier?
- Qu'est-ce que tu vas faire le week-end prochain?
- Que fais-tu de ton temps libre?
- Quelle est la date de ton anniversaire?
- Que fais-tu quand il pleut?
- Que portes-tu quand il fait chaud?
- Que portes-tu quand il fait froid?
- Que fais-tu quand on te fait une surprise?

Situation

You are in a store looking for some new clothes to wear to a party. Interact with the sales clerk. Find out how much at least three articles of clothing cost and buy at least one item.

Oral Testing Suggestions for *Unités 7–8*
Questions

- Où aimes-tu aller en vacances?
- Qu'aimes-tu faire quand tu pars en vacances?
- Quels pays as-tu visités?
- Décris ta maison ou ton appartement.
- Décris la maison ou l'appartement que tu espères avoir un jour.
- Quelles tâches ménagères fais-tu souvent?
- Quelles tâches ménagères faisais-tu quand tu étais plus jeune?
- Comment était ta maison ou ton appartement quand tu étais petit(e)?
- Connaissais-tu déjà l'année dernière un(e) élève de notre classe?

Situation

Your older cousin is spending a year abroad in Belgium, and you are going to visit him or her during Spring Break. Over the phone, you give your cousin your travel details. Your cousin, in turn, tells you his or her plans for picking you up and taking you to his or her apartment.

Leçon 1A

VOCABULARY QUIZ I

1 Chassez l'intrus In each group, choose the phrase that does not belong. (5 x 1 pt. each = 5 pts.)

1. a. Je vais bien.
   b. Excusez-moi.
   c. Comme ci, comme ça.

2. a. Comment vous appelez-vous?
   b. Je m'appelle Bernard.
   c. Ça va très bien!

3. a. Bonne journée!
   b. Il n'y a pas de quoi.
   c. Je t'en prie.

4. a. Au revoir.
   b. À plus tard.
   c. Bonjour.

5. a. Ça va?
   b. Comment vas-tu?
   c. Merci beaucoup.

2 Choisissez Choose the response from Column B that corresponds to each item in Column A.
(5 x 2 pts. each = 10 pts.)

A	B
_____ 1. Merci beaucoup.	a. À plus tard!
_____ 2. Ça va?	b. Et vous?
_____ 3. Eva, je te présente Gabrielle.	c. Moi aussi.
_____ 4. À tout à l'heure!	d. Je vous en prie.
_____ 5. Je vais mal.	e. Comme ci, comme ça.
	f. Enchantée.

| 1 | **Leçon 1A** Vocabulary Quiz I

Unité 1

3 **En ordre** Create a logical conversation by ordering these sentences from 1 to 5. (5 x 1 pt. each = 5 pts.)

_____ a. Je m'appelle Lucas.

_____ b. Très bien, merci.

_____ c. Bonjour. Comment vous appelez-vous?

_____ d. Comment allez-vous?

_____ e. Je m'appelle Marisa. Et vous?

| 2 | Leçon 1A   Vocabulary Quiz I

Leçon 1A

VOCABULARY QUIZ II

1 Complétez Complete these conversations with appropriate phrases. (4 x 1 pt. each = 4 pts.)

1. **PAUL** _____, Chloé! Ça va?

    CHLOÉ _____

2. **MARIANNE** Bonjour, comment vous appelez-vous?

    TOI _____

    MARIANNE Je m'appelle Marianne.

    TOI _____

2 Comment dit-on? Write an expression, in French, for each of these situations. (5 x 2 pts. each = 10 pts.)

1. Greet your teacher, Monsieur Galliand.

    _____

2. Tell your friend good-bye.

    _____

3. Respond to your friend who thanks you for something.

    _____

4. Ask your friend's mom how she is doing.

    _____

5. Introduce one friend to another one.

    _____

3 C'est à vous! Write a conversation in which you introduce yourself to a new student in school, ask his or her name and how he or she is doing, and introduce him or her to a friend. (6 pts.)

_____

_____

_____

_____

_____

_____

_____

Nom _____ Date _____

Leçon 1A.1

GRAMMAR QUIZ I
Nouns and articles

1 Choisissez Select the correct article to complete each sentence. (5 x 1 pt. each = 5 pts.)

1. Il y a _____ librairie là-bas.

   a. un   b. des   c. une

2. C'est _____ ordinateur de mon (*of my*) oncle.

   a. l'   b. le   c. la

3. C'est _____ étudiante.

   a. un   b. une   c. des

4. Jacques, c'est _____ ami de Yolanda.

   a. le   b. la   c. l'

5. J'adore _____ littérature!

   a. le   b. la   c. les

2 Singuliers et pluriels Make the singular nouns and articles plural and vice versa. (5 x 1 pt. each = 5 pts.)

1. un étudiant _____
2. l'ami _____
3. les examens _____
4. un bureau _____
5. les lycées _____

3 Complétez Identify these items with the appropriate indefinite article and noun. (5 x 2 pts. each = 10 pts.)

> **Modèle**
>
> Beyoncé et Taylor Swift: *des chanteuses*

1. Brad Pitt, Jackie Chan et Jean Dujardin: _____
2. UCLA: _____
3. Le Mac et le PC: _____
4. Un éléphant, un rhinocéros et une girafe: _____
5. *La Joconde* (*Mona Lisa*): _____

Leçon 1A.1   Grammar Quiz I

Nom _____ Date _____

Leçon 1A.1

GRAMMAR QUIZ II
Nouns and articles

1 Qu'est-ce qu'il y a? Complete the sentence by listing five things that you might find in your school. Don't forget to include the appropriate indefinite article with each noun. (5 x 2 pts. each = 10 pts.)

Dans mon (*my*) lycée, il y a (*there is/are*)...

1. _____
2. _____
3. _____
4. _____
5. _____

2 Assemblez Form five complete sentences by combining elements from each column. Be sure to use both singular and plural nouns and articles. Make changes or add words as necessary. (5 x 2 pts. each = 10 pts.)

C'est	un	animal
Ce sont	une	ami(e)(s)
	des	lycée
		librairie
		chanteur français
		actrice formidable
		café
		instrument

1. _____
_____
2. _____
_____
3. _____
_____
4. _____
_____
5. _____
_____

Nom _____ Date _____

Leçon 1A.2

GRAMMAR QUIZ I
Numbers 0–60

1 Le calcul Select the correct answer to each math problem. (5 x 1 pt. each = 5 pts.)

_____ 1. 30 − 10   a. soixante

_____ 2. 4 x 10   b. seize

_____ 3. 52 + 8   c. trente-trois

_____ 4. 32 ÷ 2   d. quarante

_____ 5. 3 x 11   e. vingt

                                          f. quatorze

2 Des séries Write out the number that would logically follow in each series. (5 x 1 pt. each = 5 pts.)

1. zéro, cinq, dix, ... _____

2. dix-huit, seize, quatorze, ... _____

3. quatre, cinq, six, ... _____

4. dix-sept, quinze, treize, ... _____

5. vingt, trente, quarante, ... _____

3 Phrases complètes Write complete sentences using the cues and the expressions **Il y a** or **Il n'y a pas**. Be sure to make all necessary changes. (5 x 2 pts. each = 10 pts.)

> *Modèle*
>
> tables / 3
> *Il y a trois tables.*

1. ordinateurs / 56

   _____

2. élèves / 0

   _____

3. bureaux / 21

   _____

4. télévisions / 0

   _____

5. animaux / 49

   _____

Nom _____ Date _____

Leçon 1A.2

GRAMMAR QUIZ II
Numbers 0–60

1 Répondez Answer these questions with complete sentences. (4 x 2 pts. each = 8 pts.)

1. Il y a combien d'élèves dans la classe?

   _____

2. Il y a combien de bibliothèques dans ton (*your*) lycée?

   _____

3. Il y a combien d'ordinateurs dans la classe?

   _____

4. Il y a combien de choses dans ton sac à dos (*backpack*)?

   _____

2 Au café Imagine that you are at a chic café in Montréal. Write three sentences to say what objects or people, and how many of each, are in the café. Write out all numbers. (3 x 2 pts. each = 6 pts.)

1. _____

2. _____

   _____

3. _____

   _____

3 Pas au café You are still in the same café. Write three sentences to say what objects or people, and how many of each, are *not* in the café. Write out all numbers. (3 x 2 pts. each = 6 pts.)

1. _____

2. _____

   _____

3. _____

   _____

Nom _____ Date _____

Unité 1
Leçon 1A

LESSON TEST I

1 **Conversations** Listen to each of the following conversations and decide whether the speech is familiar, formal, or whether it could be either. Then check the appropriate column. (6 x 4 pts. each = 24 pts.)

	familiar	formal	either
1.	_____	_____	_____
2.	_____	_____	_____
3.	_____	_____	_____
4.	_____	_____	_____
5.	_____	_____	_____
6.	_____	_____	_____

2 **Questions** Respond to these questions or statements logically and as completely as possible. (4 x 4 pts. each = 16 pts.)

1. Comment t'appelles-tu? _____

   _____.

2. Ça va, Pierre/Sophie? _____

   _____.

3. Bonjour, Monsieur/Mademoiselle. Comment allez-vous? _____

   _____.

4. Je vous présente mon ami Guillaume. _____

   _____.

3 **Qu'est-ce que c'est?** Jean-Luc is showing a new student around school, pointing out various things. Fill in each blank with the appropriate definite article. (10 x 2 pts. each = 20 pts.)

1 Voilà _____ classe d'histoire et _____ bureaux des professeurs.

2. C'est _____ café et _____ bibliothèque de _____ école.

Jean-Luc continues the tour…

Fill in each blank with the appropriate indefinite article.

3. Il y a _____ ordinateurs et _____ télévision pour (*for*) les élèves.

4. Il y a _____ tableaux, mais il n'y a pas _____ table.

   C'est _____ problème.

| 8 |

Nom _____ Date _____

4 **Combien?** Abdel is taking inventory in the storeroom. Write out the number that comes before and after each of these numbers. (10 x 2 pts. each = 20 pts.)

1. _____, douze, _____

2. _____, trente-neuf, _____

3. _____, vingt-deux, _____

4. _____, sept, _____

5. _____, cinquante, _____

5 **Ça va?** While at a café, you see people saying hello and good-bye and introducing each other. Create four conversations of two to three lines based on the illustration. (4 x 5 pts. each = 20 pts.)

1. _____ 3. _____
   _____   _____
   _____   _____

2. _____ 4. _____
   _____   _____
   _____   _____

Nom _____ Date _____

Unité 1
Leçon 1A

LESSON TEST II

1 Conversations Listen to each of the following conversations and decide whether the speech is familiar, formal, or whether it could be either. Then check the appropriate column. (6 x 4 pts. each = 24 pts.)

	familiar	formal	either
1.	_____	_____	_____
2.	_____	_____	_____
3.	_____	_____	_____
4.	_____	_____	_____
5.	_____	_____	_____
6.	_____	_____	_____

2 Conversez Respond to each question or statement logically and as completely as possible.
(4 x 4 pts. each = 16 pts.)

1. Comment vas-tu? _____
_____

2. À plus tard! _____
_____

3. Je te présente mon amie Claire. _____
_____

4. Comment vous appelez-vous? _____
_____

3 Qu'est-ce que c'est? Yasmina is giving a tour of the local university, pointing out various things.
Fill in each blank with the appropriate definite article. (14 x 2 pts. each = 28 pts.)

1. C'est _____ bibliothèque et _____ librairie.

2. Voilà _____ café de _____ université et voici _____ professeurs
de maths!

3. À _____ université, _____ ordinateurs sont (*are*) modernes.

Yasmina continues the tour. Fill in each blank with the appropriate indefinite article.

4. Il y a _____ professeur américain, mais il n'y a pas _____ professeur anglais.

5. Il y a _____ table et _____ tableau dans le bureau.

6. Il y a _____ télévisions et _____ ordinateurs. C'est _____
université super!

| 10 | **Leçon 1A** Lesson Test II

4 Combien? Mariama is taking inventory at the school store. Write out the number that comes before and after each of these numbers. (10 x 2 pts. each = 20 pts.)

1. _____, cinquante-neuf, _____

2. _____, quatorze, _____

3. _____, dix-neuf, _____

4. _____, cinq, _____

5. _____, quarante et un, _____

5 Bonjour! While at a park, you see people introducing someone and saying hello and good-bye to each other. Create a conversation of two to three lines for each pair or group of people in the illustration.
(3 x 4 pts. each = 12 pts.)

1. _____
   _____
   _____

2. _____
   _____
   _____

3. _____
   _____
   _____

Nom _____ Date _____

Leçon 1B
VOCABULARY QUIZ I

1 Logique ou illogique? Read these statements that describe what might be in a classroom and indicate whether each one is logical or illogical. (5 x 1 pt. each = 5 pts.)

	Logique	Illogique
1. Il y a des livres.	_____	_____
2. Il n'y a pas de tableau.	_____	_____
3. Il n'y a pas d'animaux.	_____	_____
4. Il y a une fenêtre.	_____	_____
5. Il n'y a pas de portes.	_____	_____

2 Chassez l'intrus Circle the word that does not belong in each category. (5 x 1 pt. each = 5 pts.)

1. une femme, un homme, une feuille de papier
2. une montre, une carte, une horloge
3. une fenêtre, une chaise, un bureau
4. une copine, une camarade de classe, un livre
5. un sac à dos, un livre, un dictionnaire

3 Complétez Fill in the blanks logically using words from the list. (5 x 2 pts. each = 10 pts.)

la chaise	horloge	un stylo
la corbeille	fenêtres	le tableau

1. Mon copain écrit avec (*writes with*) _____.
2. Le professeur écrit sur (*on*) _____.
3. Je jette (*throw*) les feuilles de papier dans _____.
4. Benjamin est assis (*is sitting*) sur _____.
5. Il y a deux _____ dans la salle de classe.

Leçon 1B
VOCABULARY QUIZ II

1   C'est logique Add a word that most logically fits each category. (4 x 1 pt. each = 4 pts.)

1. copain

   garçon

   _____

2. femme

   copine

   _____

3. livre

   cahier

   _____

4. étudiants

   professeurs

   _____

2   Des catégories Write two classroom objects under each of these categories. Include an article with each one and do not repeat any objects. (6 x 2 pts. each = 12 pts.)

In your backpack	On the wall	On the floor

3   En classe Write one item that you might need specifically for each of these classes. Use a different item each time. (4 x 1 pt. each = 4 pts.)

1. Les maths: _____

2. La géographie: _____

3. L'art: _____

4. Le français: _____

Nom _____ Date _____

Leçon 1B.1

GRAMMAR QUIZ I
Subject pronouns and the verb *être*

1 **Quel sujet?** Fill in the blanks with the appropriate subject pronouns. (6 x 1 pt. each = 6 pts.)

1. _____ vais mal.

2. Comment t'appelles- _____?

3. Céline? _____ danse bien!

4. Mélanie et Thomas? _____ sont étudiants.

5. En France, _____ parle (*speak*) français.

6. Comment allez- _____, Monsieur Beaufort?

2 **Complétez** Fill in the blanks with the appropriate forms of the verb **être**. (6 x 1 pt. each = 6 pts.)

1. Mon (*My*) camarade de chambre et moi, nous _____ amis.

2. Ce _____ des calculatrices.

3. Vous _____ élèves?

4. Théo, tu _____ américain?

5. On _____ à la bibliothèque.

6. Je _____ de Berlin.

3 **Identifiez** Write complete sentences using the cues provided and the verb **être**. Make any changes necessary. (4 x 2 pts. each = 8 pts.)

> **Modèle**
>
> Ce / horloge
> *C'est une horloge.*

1. Will Smith et Matt Damon / acteurs

   _____

2. nous / à la librairie

   _____

3. vous / professeur

   _____

4. Carole et Anne / élèves

   _____

Nom _____ Date _____

Leçon 1B.1

GRAMMAR QUIZ II
Subject pronouns and the verb *être*

1 Où ça? Write six complete sentences using the words in the list to say where you and these people are. (6 x 1 pt. each = 6 pts.)

au lycée	à Paris	ici
à la librairie	dans la salle de classe	là-bas

1. Les professeurs _____.
2. Ma (*My*) copine et moi, nous _____.
3. Jacques, tu _____.
4. On _____.
5. Rémy et toi, vous _____.
6. Aurélie et Mia _____.

2 Construisez Write seven complete sentences combining elements from each column and making any additional changes. (7 x 2 pts. each = 14 pts.)

je		professeurs
tu		fille
il/elle		acteur/actrice
on		élève
nous	être	homme
vous		femme
ils/elles		copains/copines
c'est		calculatrice
ce sont		montre
		fenêtre

1. _____
2. _____
3. _____
4. _____
5. _____
6. _____
7. _____

| 15 | **Leçon 1B.1** Grammar Quiz II

Nom _____ Date _____

Leçon 1B.2

GRAMMAR QUIZ I
Adjective agreement

1 Complétez Choose the correct form of the adjective in parentheses to complete each sentence. (5 x 1 pt. each = 5 pts.)

1. Christophe et Tiffany sont (agréable / agréables).
2. Henri et moi, nous sommes (français / française / françaises).
3. Les étudiantes sont très (occupé / occupés / occupées).
4. La littérature est (intéressant / intéressante / intéressants).
5. Les actrices japonaises sont (réservé / reservée / reservées).

2 Le club international Indicate these students' nationalities based on where they are from. (5 x 1 pt. each = 5 pts.)

> **Modèle**
>
> Mohammed est de Casablanca.
> Il est *marocain.*

1. Graham est de Londres. Il est _____
2. Maria est de Venise. Elle est _____
3. Pilar et Carlos sont de Madrid. Ils sont _____
4. Mes copines sont de Hanoï. Elles sont _____
5. Ralf est de Berlin. Il est _____

3 Au contraire! Disagree with each of your friend's statements by writing just the opposite. (5 x 2 pts. each = 10 pts.)

1. Élodie est pessimiste.
   Non, elle _____.
2. Les professeurs sont très patients.
   Non, ils _____.
3. Janine et Christine sont agréables.
   Non, elles _____.
4. L'examen est facile (*easy*).
   Non, il _____.
5. Marc et Vincent sont sociables.
   Non, ils _____.

Nom _____ Date _____

Leçon 1B.2

GRAMMAR QUIZ II
Adjective agreement

1 **Questions personnelles** Answer the questions with complete sentences. (4 x 1 pt. each = 4 pts.)

1. Quelle est la nationalité de ton/ta meilleur(e) (*your best*) ami(e)?

   _____

2. Comment est ton cours de français?

   _____

3. Tes parents sont de quelle(s) origine(s)?

   _____

4. Comment sont tes (*your*) camarades de classe?

   _____

2 **Décrivez** Write two complete sentences to describe the personality and nationality of each person. (6 x 2 pts. each = 12 pts.)

1. Le président des États-Unis (*United States*)

   _____

   _____

2. Céline Dion

   _____

   _____

3. Roger Federer

   _____

   _____

4. La reine (*queen*) Elizabeth

   _____

   _____

5. Ebenezer Scrooge

   _____

   _____

6. Léonard de Vinci (*Leonardo da Vinci*)

   _____

   _____

Nom _____ Date _____

3 Ça, c'est moi! Write four sentences to describe yourself. (4 x 1 pt. each = 4 pts.)

_____
_____
_____
_____
_____
_____
_____
_____
_____
_____

Unité 1
Leçon 1B

LESSON TEST I

1   Une réponse logique Select the most logical answer to each question. (6 x 4 pts. each = 24 pts.)

1. a. C'est une montre.
    b. C'est le professeur.
    c. Il est français.

2. a. C'est une calculatrice.
    b. C'est Nicole.
    c. C'est un homme.

3. a. Il est français.
    b. C'est un élève.
    c. Il est très poli.

4. a. Je suis d'origine américaine.
    b. Ils sont suisses.
    c. Ce sont des copains.

5. a. Elles sont françaises.
    b. Elles sont copines.
    c. Il y a vingt filles.

6. a. Oui, je suis professeur.
    b. Oui, je suis de Zurich.
    c. Oui, je vais très bien.

2   Au bureau Label the items in the illustration. Be sure to include the appropriate indefinite article.
(10 x 2 pts. each = 20 pts.)

1. _____   6. _____

2. _____   7. _____

3. _____   8. _____

4. _____   9. _____

5. _____   10. _____

Leçon 1B   Lesson Test I

Nom _____ Date _____

3 Où est...? Use the elements given and a form of **être** to tell where everyone is. (6 x 2 pts. each = 12 pts.)

> **Modèle**
>
> François / au lycée   *François est au lycée.*

1. tu / au bureau _____.

2. Marc et Anne / à la librairie _____.

3. je / au café _____.

4. Nicole / dans la salle de classe _____.

5. Hélène et toi / à l'école _____.

6. nous / au lycée _____.

4 Identification Identify the object and person below by completing the descriptions with either **C'est** or **Il/Elle est**. (6 x 2 pts. each = 12 pts.)

1. _____ un téléphone.   4. _____ une chanteuse.

2. _____ petit.   5. _____ une femme.

3. _____ japonais.   6. _____ québécoise.

5 Descriptions Describe these people. Give their nationality, and then say something different about each one. (4 x 3 = 12 pts.)

> **Modèle**
>
> Miguel (Nogales)   *Miguel est mexicain. Il est sociable.*

1. Nina (Rome) _____

2. Steve et Mike (Chicago) _____

3. Katarina et Erik (Berlin) _____

4. Philippe (Montréal) _____

6 À vous! Write four sentences describing yourself. State your name, nationality, and where you are from. Then describe your personality. (4 x 5 pts. each = 20 pts.)

_____

_____

_____

_____

_____

_____

_____

Unité 1
Leçon 1B

LESSON TEST II

1 **Une réponse logique** Select the most logical answer to each question. (6 x 3 pts. each = 18 pts.)

1. a. Il est très poli.
   b. C'est Daniel.
   c. Il est suisse.

2. a. Il y a deux filles.
   b. Ils sont français.
   c. Je suis d'origine américaine.

3. a. Oui, je suis optimiste.
   b. Oui, je suis de Québec.
   c. Oui, je suis professeur.

4. a. Oui, il est sociable.
   b. Oui, il est désagréable.
   c. Oui, il est égoïste.

5. a. C'est Madame Desrosiers.
   b. C'est une horloge.
   c. C'est une fille.

6. a. C'est un livre.
   b. C'est sympa.
   c. C'est Denis.

2 **Identifiez** Label the items and people in the illustration. Be sure to include the appropriate indefinite articles. (10 x 2 pts. each = 20 pts.)

1. _____   6. _____

2. _____   7. _____

3. _____   8. _____

4. _____   9. _____

5. _____   10. _____

　　| 21 |

Nom _____ Date _____

3 Où sont-ils? Use a form of **être** to write sentences saying that these people are in the places given. (5 x 2 pts. each = 10 pts.)

> **Modèle**
>
> Ghislaine / au café *Ghislaine est au café.*

1. les filles / en classe _____.

2. nous / à Paris _____.

3. vous / à l'école _____.

4. je / au lycée _____.

5. tu / à la librairie _____.

4 Identification Identify the object and person below by completing the descriptions with either **C'est** or **Il/Elle est**. (6 x 2 pts. each = 12 pts.)

1. _____ une montre.   4. _____ français.

2. _____ petite.   5. _____ charmant.

3. _____ chinoise.   6. _____ un acteur.

5 Descriptions Describe the foreign exchange students at your school by giving their nationalities, and then say something different about each one. (5 x 4 pts. each = 20 pts.)

> **Modèle**
>
> Lucie (Genève) *Elle est suisse. Elle est optimiste.*

1. Ingrid et Marta (Berlin) _____.

2. Emma (Londres) _____.

3. Carlos et Monica (Barcelone) _____.

4. Lydie (Paris) _____.

5. Han (Tokyo) _____.

6 À vous! Write four sentences describing yourself. State your name, nationality, and where you are from. Then describe your personality. (4 x 5 pts. each = 20 pts.)

_____

_____

_____

_____

Nom _____ Date _____

Unité 1
Leçons A et B

UNIT TEST I

1 **Logique ou illogique?** Sometimes, people misunderstand one another. Listen to these conversations. Then indicate whether they are logical (**Logique**) or illogical (**Illogique**). (10 x 1 pt. each = 10 pts.)

	Logique	Illogique
1.	_____	_____
2.	_____	_____
3.	_____	_____
4.	_____	_____
5.	_____	_____
6.	_____	_____
7.	_____	_____
8.	_____	_____
9.	_____	_____
10.	_____	_____

2 **Choisissez** Choose the correct word to complete each sentence. (8 x 1 pt. each = 8 pts.)

1. Où est la (livre / calculatrice)?
2. Bonjour! Je me/m' (appelle / présente) Françoise.
3. Ce n'est pas (télévision / difficile).
4. Voilà un (tableau / table).
5. Henri n'est pas (occupé / intelligente).
6. Êtes-vous canadiens ou (*or*) (français / américain)?
7. C'est le (problème / différence)!
8. Au revoir et (bonjour / bonne journée).

 Unité 1 Unit Test I

Nom _____ Date _____

3 Les chiffres Write each number in digits. (10 x 1 pt. each = 10 pts.)

1. vingt-six _____

2. quarante et un _____

3. dix-huit _____

4. trente-sept _____

5. cinquante-deux _____

6. quatorze _____

7. vingt-trois _____

8. trente-neuf _____

9. soixante _____

10. quinze _____

4 Au lycée Complete these sentences with the correct articles. (8 x 1 pt. each = 8 pts.)

1. (Le / La / L' / Les) _____ bureau du prof est là-bas.

2. Attention! Il y a (un / une / des) _____ problème.

3. Je vous présente Marie, (un / une / des) _____ élève.

4. Voici (le / la / l' / les) _____ carte de la France.

5. Ce sont (un / une / des) _____ instruments importants.

6. (Le / La / L' / Les) _____ objet est amusant.

7. Voilà (un / une / des) _____ calculatrices.

8. Où sont (le / la / l' / les) _____ résultats des examens?

5 Ça va? Guillaume is very nervous on the first day of class and can't stop talking. Complete each sentence with the correct form of **être**. (8 x 1 pt. each = 8 pts.)

1. Franck et moi, on _____ amis.

2. Saïd aussi, c'_____ un copain.

3. Les examens _____ difficiles.

4. Mais (*But*), je _____ optimiste.

5. Dans (*In*) la classe, nous _____ brillants!

6. Et toi, tu _____ d'ici?

7. Dans (*In*) la classe de français, vous _____ combien?

8. Toi, tu _____ sympa!

6 Transformez Rewrite these sentences following each set of instructions below. (8 x 2 pts. each = 16 pts.)

A. Change the **singular** elements in these sentences to their **plural** form.

1. Comment t'appelles-tu? _____
_____

2. Il y a un lycée là-bas. _____
_____

3. Pardon, excuse-moi. _____
_____

4. Voilà une librairie. _____
_____

B. Change the **masculine** elements in these sentences to their **feminine** forms.

5. L'acteur est élégant. _____
_____

6. Tu es un ami sincère! _____
_____

7. Le garçon de Mme Martin est réservé. _____
_____

8. Ici, les étudiants sont sénégalais. _____
_____

7 Qui ou quoi? Write two sentences to name two people and/or things you see in each picture. Use **c'est/ce sont**, **voici/voilà**, and **il y a**. (4 x 2 pts. each = 8 pts.)

1.   2.   3.   4.

1. _____
_____

2. _____
_____

3. _____
_____

4. _____
_____

8 Merci! You are helping orient visitors at your school. Complete this conversation, writing out any numbers. (6 x 2 pts. each = 12 pts.)

Bibliothèque d'anglais .... Bâtiment C Salle 11
Bureau de Mme Girard .... Bâtiment A Salle 35
Bureau de M. Brachet .... Bâtiment J Salle 42
Café .... Bâtiment H Salle 59
Littérature française .... Bâtiment B Salle 46
Examen de littérature .... Bâtiment E Salle 24
Examen de sociologie .... Bâtiment E Salle 17
Salle de télévision .... Bâtiment F Salle 33
Salle des ordinateurs .... Bâtiment D Salle 40

1. —Pardon, l'examen de sociologie, c'est salle 24?
   — _____

2. —Le bureau de M. Brachet, c'est bien la salle quarante-quatre?
   — _____

3. —Et les ordinateurs?
   — _____

4. —La littérature française, c'est salle 59?
   — _____

5. —Le bureau de Mme Girard est à la bibliothèque?
   — _____

6. —Merci beaucoup!
   — _____

Nom _____ Date _____

9 À vous! Write four short monologues in which a traveler introduces himself or herself. Each traveler
should say hello, give his or her name, say where he or she is from, and say how he or she feels.
(4 x 5 pts. each = 20 pts.)

_____

_____

_____

_____

_____

_____

_____

_____

_____

_____

_____

_____

_____

_____

_____

_____

_____

_____

_____

_____

_____

_____

_____

                   Unité 1 Unit Test I

Unité 1
Leçons A et B

UNIT TEST II

1 Logique ou illogique? Sometimes, people misunderstand one another. Listen to these conversations. Then indicate whether they are logical (**Logique**) or illogical (**Illogique**). (10 x 1 pt. each = 10 pts.)

	Logique	Illogique
1.	_____	_____
2.	_____	_____
3.	_____	_____
4.	_____	_____
5.	_____	_____
6.	_____	_____
7.	_____	_____
8.	_____	_____
9.	_____	_____
10.	_____	_____

2 En contexte Complete the sentences with words from this list. There are extra words in the list. (8 x 1 pt. each = 8 pts.)

bibliothèque	élèves	homme	objet
chanteur	enchanté	horloge	personne
classe	feuille	littérature	problème

1. J'adore la _____ anglaise.
2. Ça va, ce n'est pas un _____.
3. Leonardo DiCaprio n'est pas un _____.
4. Ils sont _____ au lycée St-François.
5. La _____ est réservée aux étudiants.
6. Voici une _____ et un crayon.
7. La _____ de français est intéressante.
8. Ah zut! Il n'y a pas d'_____ ici.

Nom _____ Date _____

3   Les chiffres What numbers are these? Write each one out. (10 x 1 pt. each = 10 pts.)

1. 51 _____

2. 16 _____

3. 28 _____

4. 44 _____

5. 9 _____

6. 35 _____

7. 18 _____

8. 11 _____

9. 22 _____

10. 60 _____

4   Ça va? Sarah is very nervous on the first day of class and can't stop asking questions.
Complete each sentence with the correct form of **être**. (8 x 1 pt. each = 8 pts.)

1. Nous _____ camarades de classe, alors (*then*)?

2. Tu _____ occupé?

3. Cyril Saudo et toi, vous _____ amis?

4. Combien ils _____ en classe de sociologie?

5. Mme Laurent, elle _____ sympa?

6. Je _____ impatiente, et toi?

7. C'_____ la bibliothèque, ici?

8. Ce _____ des livres ou des dictionnaires?

5   Féminin et pluriel Change the masculine and singular elements in these sentences to their feminine and
plural forms. (4 x 2 pts. each = 8 pts.)

1. C'est un chanteur charmant. _____

_____

2. Voilà un copain sympa! _____

_____

3. Il y a un garçon français dans (*in*) la classe. _____

_____

4. Il est poli et brillant. _____

_____

Nom _____ Date _____

6 Opinions Finish these sentences based on your personal experience. (6 x 1 pt. each = 6 pts.)

1. Le lycée, c'est... _____
_____

2. Dans (*In*) la classe, il y a... _____
_____

3. Être professeur, c'est... _____
_____

4. Le français, c'est... _____
_____

5. Les ordinateurs sont... _____
_____

6. La télévision, c'est... _____
_____

7 Questions Answer these questions with complete sentences. Write out any numbers.
(5 x 2 pts. each = 10 pts.)

1. Es-tu américain(e)? _____
_____

2. Dans votre (*In your*) sac, qu'est-ce qu'il y a? (Un ordinateur? Des cahiers? ...) _____
_____

3. Comment es-tu? (Timide? Sociable? ...) _____
_____

4. Comment est le prof de français? _____
_____

5. Combien il y a d'élèves de français dans la classe? _____
_____

Nom _____ Date _____

8   Combien de... ? Write five sentences to state the number of objects and persons you see in this picture.
Be as accurate and complete as possible. Write out any numbers. (5 x 4 pts. each = 20 pts.)

_____

_____

_____

_____

_____

_____

_____

_____

_____

_____

Nom _____ Date _____

9 **À vous!** Write two conversations between a French and an American public figure. They should introduce themselves, say what they do, and pay each other a small but direct compliment. (2 x 10 pts. each = 20 pts.)

Personnalités francophones	Personnalités américaines
Emmanuel Macron	Barack Obama
Marion Cotillard	Beyoncé
Céline Dion	Jennifer Lawrence
Jean Reno	Tom Hanks
Autre (*Other*)	Autre (*Other*)

_____

_____

_____

_____

_____

_____

_____

_____

_____

_____

_____

_____

_____

_____

_____

_____

_____

_____

_____

_____

OPTIONAL TEST SECTIONS
Unité 1

Leçon 1A
ROMAN-PHOTO

1 **Ils s'appellent comment?** Identify the people in these photos.

| Sandrine | Amina | Madame Forestier | David | Rachid | Stéphane |

1. Il s'appelle _____.

4. Il s'appelle _____.

2. Elle s'appelle _____.

5. Il s'appelle _____.

2. Elle s'appelle _____.

6. Elle s'appelle _____.

Leçon 1B
ROMAN-PHOTO

1 **Descriptions** Complete the sentences with the correct forms of the adjectives that accurately describe each of these characters. Do not use the same adjective twice.

| agréable | algérien(ne) | américain(e) | brillant(e) | charmant(e) | égoïste | élégant(e) |
| français(e) | intelligent(e) | patient(e) | poli(e) | réservé(e) | sincère | sociable |

1. Sandrine est _____ et _____.

2. Amina est _____ et _____.

3. Rachid est _____ et _____.

4. David est _____.

5. Stéphane est _____.

6. Madame Forestier est _____.

OPTIONAL TEST SECTIONS
Unité 1

Leçon 1A
CULTURE

1 Vrai ou faux? Indicate whether these statements are **vrai** or **faux**. Correct the false statements.

	Vrai	Faux
1. People who are exchanging **la bise** are probably greeting each other.	_____	_____
2. A French **poignée de main** consists of three to four soft handshake movements.	_____	_____
3. In Quebec, avoid making eye contact because it is considered rude.	_____	_____
4. In Vietnam, remove your hat in the presence of older people to show respect.	_____	_____
5. **Le cours Mirabeau** is a main boulevard located in Paris.	_____	_____
6. **La Provence** has drawn many artists over the years.	_____	_____

Leçon 1B
CULTURE

1 Un Français typique Select the answer that best completes the statement, according to the text.

1. A typical French person…
   - a. wears a **béret**.
   - b. always dresses stylishly.
   - c. is indistinguishable from most Europeans.

2. A significant number of immigrants to France come from…
   - a. Portugal.
   - b. Italy.
   - c. North and West Africa.

3. Different regions of France have their own traditions, folklore, and…
   - a. languages.
   - b. rights.
   - c. laws.

4. In Switzerland, there are… official languages.
   - a. three
   - b. four
   - c. five

5. Belgian francophones speak…
   - a. Berber.
   - b. Wallon.
   - c. Flemish.

6. Marianne is an important French national…
   - a. comic strip character.
   - b. make of car.
   - c. symbol.

OPTIONAL TEST SECTIONS
Unité 1

Flash culture

1 Les salutations Answer these questions in English according to what you saw in **Flash culture**.

In France…

1. What do friends do when they say hello?

   _____

   _____

2. What do friends do when they say good-bye?

   _____

   _____

3. How do family members greet one another?

   _____

   _____

4. How do people greet one another formally?

   _____

   _____

5. How are formal and informal introductions different?

   _____

   _____

Nom _____ Date _____

Panorama

1 Le monde francophone Select the answer that best completes each statement, according to the text.

1. On parle français dans plus de... pays (*countries*).
   - a. 29
   - b. 60
   - c. 100

2. ... est la première république à abolir l'esclavage (*slavery*).
   - a. Haïti
   - b. Le Québec
   - c. La France

3. ... est un célèbre peintre francophone.
   - a. Céline Dion
   - b. Marie-José Pérec
   - c. René Magritte

4. Les employés du gouvernement sont bilingues...
   - a. en Louisiane.
   - b. au Québec.
   - c. au Laos.

5. L'Organisation internationale de la Francophonie défend...
   - a. la diversité culturelle.
   - b. les droits humains (*human rights*).
   - c. la culture française.

6. ... a vendu (*sold*) la Louisiane aux États-Unis.
   - a. Louis XIV
   - b. Charles de Gaulle
   - c. Napoléon Bonaparte

Nom _____ Date _____

OPTIONAL TEST SECTIONS
Unité 1

Leçon 1A
LECTURE SUPPLÉMENTAIRE

1 Conversation Read the following conversation and indicate whether each of the statements is true (**vrai**) or false (**faux**). Correct the false statements.

Au lycée

ALINE   Euh… Pardon… Olivia?

OLIVIA   Aline! Salut! Comment vas-tu?

ALINE   Très bien, merci. Et toi?

OLIVIA   Oh, pas mal…

ALINE   J'ai cours d'anglais dans dix minutes. Et toi?

OLIVIA   Moi aussi!

ALINE   Ah! Je te présente un ami, Phung. Il est vietnamien.

OLIVIA   Bonjour. Olivia Briand. Enchantée et bienvenue à Aix-en-Provence.

PHUNG   Merci. Bonjour, Olivia. Enchanté.

ALINE   Et voici mon petit ami, Martin Deschamps.

MARTIN   Bonjour, Olivia.

OLIVIA   Bonjour, Martin. Enchantée.

MARTIN   Bon, alors, à plus tard.

ALINE   Oui, salut.

PHUNG   Au revoir.

OLIVIA   À bientôt.

	Vrai	Faux
1. Il y a quatre amis.	_____	_____
_____		
2. Aline a cours de français.	_____	_____
_____		
3. Aline va mal.	_____	_____
_____		
4. Dien est américain.	_____	_____
_____		
5. Le petit ami d'Aline s'appelle Dien.	_____	_____
_____		
6. Phung est élève.	_____	_____
_____		
7. Les amis sont à Aix-en-Provence.	_____	_____
_____		
8. Il y a un cours de anglais dans 10 minutes.	_____	_____
_____		

       Unité 1   **Lectures supplémentaires**   Test Items

Nom _____ Date _____

Unité 1

Leçon 1B
LECTURE SUPPLÉMENTAIRE

1 **Des annonces** Read these ads from a francophone pen pal website. Then answer the questions that follow.

Je m'appelle Mohammed Larbi. Comment ça va? Je suis marocain. Je suis étudiant en littérature à l'Université de Paris. Je suis amusant, sociable, optimiste et un peu idéaliste.	Salut! Je m'appelle Amadou. Je suis d'origine sénégalaise et je suis étudiant en sociologie à l'Université d'Aix-en-Provence. J'ai une petite amie. Elle s'appelle Nadja. Elle est martiniquaise. Elle est charmante et élégante et c'est une étudiante brillante.
Bonjour, les amis! Je m'appelle Laura Daumier et je suis québécoise, de Montréal. Je suis élève au lycée. Je suis sociable et indépendante. J'aime (*I like*) les élèves sincères et intéressants.	Bonjour! Je m'appelle Mai. Je suis vietnamienne. Je suis élève au lycée. Je suis sympa et amusante. Voici une copine. Elle s'appelle Yen. Elle est d'origine vietnamienne aussi et elle est aussi élève. Elle est un peu timide.

1. Il y a combien de garçons? _____

2. Laura est étudiante à l'université ou élève au lycée? _____

3. Comment est Nadja? _____

4. Comment est Laura? _____

5. De quelle origine est Amadou? _____

6. De quelle origine est Nadja? _____

7. Comment s'appelle le garçon marocain? _____

8. Yen est de quelle origine? _____

9. Mai est élève au lycée ou professeur? _____

10. Comment est Yen? _____

Leçon 2A
VOCABULARY QUIZ I

Unité 2

1 **Associez** Match each person with his or her favorite class. (6 x 0.5 pt. each = 3 pts.)

_____ 1. Solange aime les animaux.

_____ 2. Mireille adore Aristote et Confucius.

_____ 3. Thuy s'intéresse au gouvernement.

_____ 4. Célia adore le sport.

_____ 5. Jason étudie les atomes et les molécules.

_____ 6. Farid adore les ordinateurs.

a. l'éducation physique

b. les lettres

c. l'informatique

d. les langues étrangères

e. les sciences politiques

f. la philosophie

g. la chimie

h. la biologie

2 **Devinez** Read these movie titles and write the subject that you would associate with each one. Remember to include the definite articles. (5 x 2 pts. each = 10 pts.)

1. *Sigmund Freud: The Father of Psychoanalysis* _____

2. *Business Triumphs* _____

3. *Hidden Figures* _____

4. *The Temple of the Pharaohs* _____

5. *The Wall Street Crisis* _____

3 **Complétez** Fill in each blank with the appropriate subject or school-related expression. (7 x 1 pt. each = 7 pts.)

1. L'algèbre, c'est _____! Je n'aime pas les maths.

2. J'ai (*I have*) beaucoup de _____ pour mon cours de physique. Je suis très occupé!

3. L'université est chère (*expensive*) mais c'est possible de recevoir (*receive*) une

   _____.

4. Aux États-Unis (*United States*), 75% est une _____ moyenne (*average*) à un examen.

5. J'adore la _____! On étudie (*study*) les phénomènes physiques et humains sur Terre (*Earth*).

6. Au lycée, je mange (*eat*) une pizza à la _____.

7. J'ai six _____. Ils sont intéressants et les profs sont sympas.

Leçon 2A
VOCABULARY QUIZ II

1 Complétez Finish the sentences. (5 x 1 pt. each = 5 pts.)

1. J'aime l'informatique parce que (*because*)… _____

2. Mon cours favori… _____

3. Les examens… _____

4. Avoir une bourse… _____

5. Je n'aime pas tellement… _____

2 Un dialogue Complete this conversation between you and your friend Laurent. (5 x 1 pt. each = 5 pts.)

LAURENT   Salut! Ça va?

TOI   Oui, super!

LAURENT   Tu aimes le cours de _____?

TOI   Oui, _____.

LAURENT   Et le cours de _____?

TOI   Non, _____. C'est _____.

3 Votre opinion Write five sentences telling what you think of your classes and teachers.
(5 x 2 pts. each = 10 pts.)

_____

_____

_____

_____

_____

_____

_____

_____

_____

_____

_____

_____

_____

_____

_____

_____

_____

_____

Leçon 2A.1

GRAMMAR QUIZ I
Present tense of regular *-er* verbs

1 Le bon choix Match the subjects in Column A with the appropriate endings in Column B.
(5 x 1 pt. each = 5 pts.)

A	B
_____ 1. Je	a. parles italien?
_____ 2. Vous	b. regardons la télévision.
_____ 3. Aïcha et Pascal	c. mange à la cantine.
_____ 4. Nous	d. commencent l'examen.
_____ 5. Tu	e. cherchez le professeur?

2 Mes amis et moi Frédéric is talking about himself and his friends. Circle the verb forms that correctly complete his statements. (5 x 1 pt. each = 5 pts.)

1. André (oublie / oublies) toujours ses (*his*) devoirs.
2. Tu (étudie / étudies) souvent à la bibliothèque.
3. Sam et toi, vous (dessiner / dessinez) bien!
4. Nadine et Simone adorent (voyagent / voyager).
5. J' (aimes / aime) retrouver des amis à la cantine.

3 Complétez Complete each sentence with the correct form of one of the verbs in the list. Use each verb once. (5 x 2 pts. each = 10 pts.)

chercher	habiter	travailler
commencer	retrouver	voyager

1. Mes copains _____ des livres à la bibliothèque.
2. Le professeur adore _____ dans cette (*this*) école.
3. Nous _____ beaucoup, surtout en Europe.
4. Vous _____ en France?
5. Nous _____ les devoirs maintenant (*now*).

Nom _____ Date _____

Leçon 2A.1

GRAMMAR QUIZ II
Present tense of regular *-er* verbs

1 Répondez Answer the questions. (5 x 2 pts. each = 10 pts.)

1. Tu aimes les sciences?

   _____

2. Tes copains et toi, vous mangez souvent à la cantine?

   _____

3. Tu aimes mieux regarder la télé ou voyager?

   _____

4. Qu'est-ce que (*What*) tu détestes faire (*doing*)?

   _____

5. Tu parles l'espagnol?

   _____

2 Assemblez Write five complete sentences using a different subject each time and combining elements from each of the other two columns. Add additional words as necessary. (5 x 2 pts. each = 10 pts.)

je	étudier	des amis
tu	voyager	des livres
il/elle/on	retrouver	au café
nous	chercher	à la cantine
vous	travailler	la gestion
ils/elles	aimer	à la bibliothèque
	détester	au lycée
		en Afrique
		la chimie

1. _____
2. _____
3. _____
4. _____
5. _____

| 43 | **Leçon 2A.1** Grammar Quiz II

Leçon 2A.2

GRAMMAR QUIZ I
Forming questions and expressing negation

1 **Trop de questions** Convert each of these statements into a question using inversion. (5 x 1 pt. each = 5 pts.)

1. Tu adores le cours de chimie.

   _____

2. Les étudiants parlent français.

   _____

3. Clarice mange à la cantine.

   _____

4. C'est le professeur d'économie.

   _____

5. Il y a une horloge.

   _____

2 **Toujours négatif!** Make each statement or question negative. (5 x 1 pt. each = 5 pts.)

1. Nous dessinons bien.

   _____

2. Fatima et Miriam aiment-elles habiter à Paris?

   _____

3. Parlez français en cours!

   _____

4. D'habitude, tu manges à la cantine.

   _____

5. Il oublie le livre.

   _____

Nom _____ Date _____

3 À remplir Complete Édouard and Valérie's conversation about their classes. (5 x 2 pts. each = 10 pts.)

ÉDOUARD   Salut Valérie, ça va?

VALÉRIE   Oui, ça va. Dis donc (*So*), tu n'aimes pas le français?

ÉDOUARD   (1) _____; _____. C'est très intéressant!

VALÉRIE   Et la chimie?

ÉDOUARD   Non, (2) _____.

VALÉRIE   (3) _____?

ÉDOUARD   Parce que c'est inutile. Et je n'aime pas du tout l'informatique.

VALÉRIE   (4) _____! L'informatique, c'est difficile!

ÉDOUARD   (5) _____?

VALÉRIE   Oui, il y a un ordinateur dans la classe.

Leçon 2A.2

GRAMMAR QUIZ II
Forming questions and expressing negation

1 **Répondez** Answer the questions using a different expression to agree or disagree each time.
(5 x 1 pt. each = 5 pts.)

1. Est-ce que les examens sont faciles?

_____

2. Tu n'aimes pas manger à la cantine?

_____

3. Je ne voyage pas beaucoup. Et toi?

_____

4. Est-ce que tu étudies souvent à la bibliothèque?

_____

5. Tu aimes le cours de français? Pourquoi?

_____

2 **On n'aime pas...** Complete each sentence in the negative using a different verb each time.
(5 x 1 pt. each = 5 pts.)

aimer	étudier	manger	retrouver
être	habiter	parler	voyager

1. Je _____.
2. Mes amis et moi, nous _____.
3. Le professeur _____.
4. Les élèves _____.
5. Le président des États-Unis (*United States*) _____.

3 **Un sondage** You are conducting a survey (**un sondage**) about new students for your school newspaper. Write five questions you might ask them about school or classes. Vary the format of your questions.
(5 x 2 pts. each = 10 pts.)

1. _____
2. _____
3. _____
4. _____
5. _____

 Leçon 2A.2 Grammar Quiz II

Unité 2
Leçon 2A

LESSON TEST I

1 Conversations You will hear several short conversations between Julien and Françoise. Listen to each conversation, and then choose the most logical answer to each question. (5 x 4 pts. each = 20 pts.)

1. What does Julien not like?
    a. to travel
    b. to study
    c. to work

2. What is Françoise doing?
    a. studying for a test
    b. looking for something
    c. meeting up with friends

3. What language does Julien prefer to speak?
    a. English
    b. French
    c. Spanish

4. What does Julien like to study?
    a. foreign languages
    b. math
    c. computer science

5. What is Caroline doing?
    a. studying
    b. eating
    c. meeting up with a friend

2 **Quel cours?** What class is each person preparing for based on the books he or she is reading?
(6 x 2 pts. each = 12 pts.)

1.

Éric _____

2.

Océane _____

3.

Philippe _____

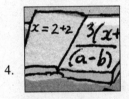

4.

Yves _____

5.

Gilles _____

6.

Micheline _____

 Leçon 2A Lesson Test I

Nom _____ Date _____

3 **Ce week-end!** Tell what these people are doing this weekend by completing these sentences with the correct form of the verb in parentheses. (6 x 3 pts. each = 18 pts.)

1. Nathalie _____ (dessiner) pour son cours d'art.

2. Olivier et toi, vous _____ (manger) à la cantine.

3. Moi, je _____ (commencer) mon livre d'histoire.

4. Mylène et Louise _____ (rencontrer) Philippe et André au café.

5. Marie-Laure et moi, nous _____ (partager) une pizza.

6. Tu _____ (regarder) la télévision.

4 **Pas ce week-end!** Now tell what these people are not doing this weekend. (4 x 3 pts. each = 12 pts.)

1. Nous _____ (ne pas étudier) la physique.

2. Toi, tu _____ (ne pas oublier) ton argent (*money*).

3. Pierre _____ (ne pas chercher) le livre de maths.

4. Claudine et Marc _____ (ne pas travailler) à la bibliothèque.

5 **Le coup de téléphone** Your older sister is on the phone and you can only hear her answers. What are the logical questions? Use at least three different ways to ask the questions. (6 x 3 pts. each = 18 pts.)

1. — _____
   — Bien sûr, j'aime dessiner.

2. — _____
   — Oui, il mange bientôt.

3. — _____
   — Non, elle n'est pas française. Elle est québécoise.

4. — _____
   — Si, nous aimons bien partager l'ordinateur.

5. — _____
   — Oui, il y a des bourses pour l'université.

6. — _____
   — Parce que les maths sont difficiles.

6 **À vous!** What activities do you like or not like to do? Write four complete sentences in French telling one thing you like to do and one thing you hate to do (or do not like very much) on weekends and during the week. (4 x 5 pts. each = 20 pts.)

On weekends _____

_____

_____

_____

During the week: _____

_____

_____

_____

_____

Unité 2
Leçon 2A

LESSON TEST II

1 **Conversations** You will hear several short conversations between Aline and Matthieu. Listen to each conversation, then choose the most logical answer to each question. (5 x 4 pts. each = 20 pts.)

1. How does Matthieu feel about math?
   a. He loves it.
   b. He thinks that it is easy.
   c. He doesn't really like it.

2. What subject does Matthieu prefer?
   a. history
   b. foreign languages
   c. geography

3. What exam does Matthieu find easy to pass?
   a. philosophy
   b. physical education
   c. psychology

4. What is Aya doing?
   a. studying for an exam
   b. eating in the cafeteria
   c. watching television with Olivier

5. Where does Aline like to eat?
   a. in the cafeteria
   b. at the café
   c. at home

Nom _____ Date _____

2 **Quel cours?** What class is each person preparing for based on the books he or she is reading? (6 x 2 pts. each = 12 pts.)

1.

Marie _____

2.

Nicolas _____

3.

Fatima _____

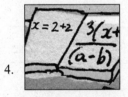

4.

Andrée _____

5.

Youssef _____

6.

Lola _____

Leçon 2A Lesson Test II

Nom _____ Date _____

3 Ce week-end! Tell what these people are doing this weekend by completing these sentences with the correct form of the verb in parentheses. (6 x 3 pts. each = 18 pts.)

1. Moi, j' _____ (étudier) pour l'examen d'histoire avec Maurice.
2. Aurélie _____ (manger) au restaurant avec sa famille.
3. Vous _____ (chercher) le livre de maths.
4. Nous _____ (voyager) au Canada avec des copains.
5. Toi, tu _____ (retrouver) des amis à la bibliothèque.
6. Véronique et Laurent _____ (travailler) à Boston.

4 Pas ce week-end! Now tell what these people are not doing this weekend. (4 x 3 pts. each = 12 pts.)

1. Vous _____ (ne pas manger) à la cantine.
2. Nous _____ (ne pas commencer) les devoirs de chimie.
3. Malika et Vincent _____ (ne pas regarder) les livres d'histoire.
4. Béatrice _____ (ne pas parler) avec le professeur d'espagnol.

5 Le coup de téléphone Your friend is on the phone and you can only hear his answers. What are the logical questions? Use at least three different ways to ask the questions. (6 x 3 pts. each = 18 pts.)

1. — _____
   — Non, je n'aime pas étudier l'économie.
2. — _____
   — Oui, c'est mon livre préféré.
3. — _____
   — Non, il n'est pas sénégalais. Il est martiniquais.
4. — _____
   — Non, je pense que c'est inutile.
5. — _____
   — Oui, il y a dix chaises.
6. — _____
   — Oui, mais j'aime mieux dessiner.

6 À vous! What activities do you like or not like to do? Write four complete sentences in French telling two things you like to do and two things you hate (or don't like very much) to do. (4 x 5 pts. = 20 pts.)

During the week: _____

_____

_____

_____

With friends on the weekends: _____

_____

_____

_____

_____

Nom _____ Date _____

Leçon 2B
VOCABULARY QUIZ I

1 Chassez l'intrus Select the word that does not belong. (6 x 0.5 pt. each = 3 pts.)

1. a. la semaine   b. le soir   c. l'après-midi
2. a. jeudi   b. matin   c. mardi
3. a. un an   b. après-demain   c. un mois
4. a. dernier   b. prochain   c. ce week-end
5. a. une soirée   b. demain   c. aujourd'hui
6. a. nuit   b. jour   c. premier

2 Logique ou pas? Read each statement and indicate whether it is **Logique (L)** or **Illogique (I)**.
(5 x 1 pt. each = 5 pts.)

_____ 1. Il y a un examen aujourd'hui. Je prépare l'examen demain.

_____ 2. Aujourd'hui, c'est lundi. Après-demain, c'est mercredi.

_____ 3. Les élèves dînent à l'école.

_____ 4. Assister aux cours, c'est important.

_____ 5. Il y a treize jours dans un mois.

3 Complétez Fill in the blanks with the correct forms of the verbs in the box. (6 x 2 pts. each = 12 pts.)

demander	enseigner
donner	expliquer
échouer	oublier
écouter	trouver

M. Garnier (1) _____ la physique au lycée. C'est un excellent

professeur! Il (2) _____ bien la leçon et les élèves

(3) _____ toujours avec beaucoup d'intérêt (*interest*). Il ne

(4) _____ pas beaucoup de devoirs mais on

(5) _____ rarement à son (*his*) cours. Mes copains et moi, nous

(6) _____ ce cours super!

Nom _____ Date _____

Leçon 2B
VOCABULARY QUIZ II

1 Complétez Complete the sentences to describe your life at school. (6 x 1 pt. each = 6 pts.)

1. Les jours du cours de français sont… _____.
2. Cette semaine… _____.
3. Le vendredi soir… _____.
4. L'année prochaine… _____.
5. Le dernier cours du jeudi, c'est… _____.
6. Aujourd'hui, … _____ toute (*all*) la matinée.

2 Répondez Answer the questions. (6 x 1 pt. each = 6 pts.)

1. Quel jour sommes-nous?

   _____

2. D'habitude, est-ce que vous dînez en famille le soir?

   _____

3. Est-ce que vous préparez un examen cette semaine?

   _____

4. Téléphonez-vous souvent à des amis?

   _____

5. Est-ce que vous trouvez le cours de français facile?

   _____

6. Aimez-vous le week-end? Pourquoi?

   _____

3 Un jour typique Write four complete sentences to tell what you typically do or do not do on these days and at these times. (4 x 2 pts. each = 8 pts.)

	le lundi	le dimanche
le matin		
le soir		

Leçon 2B.1

GRAMMAR QUIZ I
Present tense of *avoir*

1 Complétez Fill in each blank with the correct form of **avoir**. (5 x 1 pt. each = 5 pts.)

1. Tu _____ un stylo?
2. Les élèves _____ beaucoup d'examens.
3. Marie n' _____ pas cours demain.
4. J' _____ biologie le vendredi matin.
5. Nous _____ trois ordinateurs dans la classe.

2 Reconstituez Write complete sentences using the cues provided and adding any additional words as necessary. (5 x 1 pt. each = 5 pts.)

1. Mme Duchamp / avoir / 53 / ans

   _____

2. tu / avoir / air / occupé(e)

   _____

3. nous / ne pas avoir / chaise

   _____

4. je / avoir / chance

   _____

5. Georges et toi / ne pas avoir / tort

   _____

3 Décrivez Read each statement and write a response using an expression with **avoir**.
(5 x 2 pts. each = 10 pts.)

1. Je déteste les serpents. Je/J' _____.
2. Tu dis (*say*) que 8 + 8 = 16? Tu _____.
3. La température est de −30 degrés Fahrenheit. Vous _____.
4. Louis et Sandrine _____ une calculatrice pour l'examen de mathématiques demain.
5. M. Faubert travaille toujours la nuit. Alors, il _____ maintenant (*now*).

| 55 | **Leçon 2B.1** Grammar Quiz I

Leçon 2B.1

GRAMMAR QUIZ II
Present tense of *avoir*

1 Complétez Complete these sentences logically, using the verb **avoir** or an expression with **avoir**. (5 x 1 pt. each = 5 pts.)

1. Nous étudions parce que/qu' _____.
2. Je ne regarde pas la télévision parce que/qu' _____.
3. Laure téléphone à Éric parce que/qu' _____.
4. Gina et Sabine sont à la bibliothèque parce que/qu' _____.
5. Le prof n'a pas l'air content parce que/qu' _____.

2 Répondez Answer the questions. (5 x 1 pt. each = 5 pts.)

1. De quoi (*What*) as-tu peur?

   _____

2. Tes amis et toi, avez-vous de bonnes notes en français?

   _____

3. Est-ce que les professeurs ont toujours raison?

   _____

4. As-tu souvent de la chance?

   _____

5. Quel âge as-tu?

   _____

3 Au lycée Write five sentences about your school, teachers, and classes. Tell what days you have certain classes. Use at least two expressions with **avoir**. (5 x 2 pts. each = 10 pts.)

_____

_____

_____

_____

_____

_____

_____

_____

Nom _____ Date _____

Leçon 2B.2

GRAMMAR QUIZ I
Telling time

1 Arrivée des trains A computer glitch at the train station has caused arrival times to appear out of order on the monitors. Renumber them in the order in which the trains will arrive, starting with the earliest one. (8 x 1 pt. each = 8 pts.)

_____ a. Le train de Rennes arrive à douze heures trente.

_____ b. Le train de Bordeaux arrive à dix-neuf heures dix.

_____ c. Le train de Nice arrive à seize heures quarante-deux.

_____ d. Le train d'Aix-en-Provence arrive à vingt-deux heures vingt.

_____ e. Le train de Lyon arrive à quatorze heures quinze.

_____ f. Le train de Strasbourg arrive à dix-sept heures cinquante.

_____ g. Le train de Nantes arrive à onze heures quarante-cinq.

_____ h. Le train de Toulouse arrive à vingt heures trente-cinq.

2 L'heure Write out the time below each clock. Indicate whether it is morning, afternoon, or evening. (6 x 2 pts. each = 12 pts.)

1. `8:15 AM`
_____ .

2. `3:30 PM`
_____ .

3. `2:00 AM`
_____ .

4. `12:00 AM`
_____ .

5. `10:50 PM`
_____ .

6. `1:25 PM`
_____ .

Nom _____   Date _____

Leçon 2B.2

GRAMMAR QUIZ II
Telling time

1   Répondez   Answer the questions. (5 x 2 pts. each = 10 pts.)

1. À quelle heure commence le cours de français?

_____

2. Vers quelle heure est-ce que tu rentres à la maison?

_____

3. Arrives-tu souvent en retard à l'école?

_____

4. À quelle heure commencent tes cours le jeudi matin?

_____

5. À quelle heure manges-tu?

_____

2   Une journée typique   You are spending a semester in France and keeping a blog about your time there. Write five sentences in which you talk about at least three classes you are taking, including the days and times that they meet. Also, talk about two other activities you do with your friends and when you do them. (5 x 2 pts. each = 10 pts.)

| 58 | **Leçon 2B.2**   Grammar Quiz II

Unité 2
Leçon 2B

LESSON TEST I

1 **Quoi et quand?** Anne-Laure is asking various people about activities they have to do and when they are doing them. Listen to the conversations and then choose the most logical answer to each question. (5 x 4 pts. each = 20 pts.)

1. When are they going to the movies?
   a. in the morning
   b. in the afternoon
   c. at night

2. When is Christine's exam?
   a. today
   b. Friday
   c. Wednesday

3. What day is it today?
   a. Thursday
   b. Friday
   c. Saturday

4. Why is Imad not going to study with Anne-Laure?
   a. He is tired.
   b. He doesn't like to study with her.
   c. He has other plans.

5. What does Vivienne feel like doing this weekend?
   a. meeting up with her friends
   b. working
   c. traveling

2 **Que fait-on?** Tell what the people are doing in each image. Use each verb from the list once and add appropriate endings. Write complete sentences. (5 x 2 pts. each = 10 pts.)

> **Modèle**
>
> (les élèves)
>
> *Les élèves assistent au cours d'économie.*

dîner
préparer
rentrer
téléphoner
visiter

1.   2.

3.   4.   5.

1. (tu) _____.

2. (Paul) _____.

3. (ils) _____.

4. (vous) _____.

5. (je) _____.

3 **Qu'est-ce qu'on a?** Some people have things that others do not. Complete these sentences with the correct forms of **avoir**. (6 x 3 pts. each = 18 pts.)

1. — Tu _____ une calculatrice?
   — Oui, voilà. Oh, pardon, non, je n'_____ pas de calculatrice.

2. — Ta copine et toi, vous _____ une bourse?
   — Oui, nous _____ une bourse. Et toi?

3. — Moi, non, et mes copains Thomas et Mohammed n'_____ pas de bourse non plus.
   — Mais Thomas _____ un travail (*job*) à la bibliothèque.

4 **Expressions** Complete these sentences using an appropriate expression with **avoir**.
(5 x 4 pts. each = 20 pts.)

1. Regarde! 100 euros! J'_____.

2. La température est de 90°F aujourd'hui. Nous _____.

3. Tu penses que Montréal est la capitale du Canada, mais tu _____.

4. Il y a un examen de maths, mais Gilles ne fait pas (*does not do*) ses devoirs. Il _____ de rater son examen.

5. Nathalie et Olivier sont au Québec en décembre. Ils _____.

Nom _____ Date _____

5 Quelle heure est-il? Write complete sentences that tell what time it is in each illustration.
(4 x 3 pts. each = 12 pts.)

1. _____

2. _____

3. _____

4. _____

6 À vous! Write five complete sentences saying what you typically do in the morning, afternoon, and
evening during the week and on weekends. (5 x 4 pts. each = 20 pts.)

_____

_____

_____

_____

_____

_____

_____

_____

Unité 2
Leçon 2B

LESSON TEST II

1 **Quoi et quand?** Christophe is asking various people about activities they do and when they are doing them. Listen to the conversations and then select the most logical answer to each question. (5 x 4 pts. each = 20 pts.)

1. What day is it today?
   a. Monday
   b. Wednesday
   c. Tuesday

2. Who has a scholarship?
   a. Frédéric
   b. Jeanne
   c. Christophe

3. At what time does geography class start?
   a. 8:15
   b. 8:30
   c. 8:05

4. When does Christophe want Lise to go to the park with him?
   a. after classes
   b. at lunchtime
   c. before classes

5. What does Christophe need to do?
   a. eat
   b. study
   c. meet friends

Nom _____ Date _____

2 Que font-ils? Tell what the people are doing in each image. Use each verb from the list once and add appropriate endings. Write complete sentences. (5 x 2 pts. each = 10 pts.)

(Justine et Farid)

Justine et Farid dînent au restaurant.

1.

2.

assister
passer
rentrer
téléphoner
visiter

3.

4.

5.

1. (Bertrand) _____ .

2. (Thomas et Émilie) _____ .

3. (je) _____ .

4. (tu) _____ .

5. (vous) _____ .

3 Qu'est-ce qu'ils ont? Some people have things that others do not. Complete these sentences with the correct forms of **avoir**. (6 x 3 pts. each = 18 pts.)

1. — Est-ce que Sarah et Thomas _____ des devoirs?
   — Oui. Mais nous, nous n'_____ pas de devoirs.

2. — Pierre _____ un chien (*dog*). Et toi?
   — Non, je n'_____ pas de chien. Je suis allergique.

3. — _____-tu une bourse?
   — Moi, non. Mais vous deux, vous _____ une bourse, n'est-ce pas?

4 Expressions Complete these sentences using an appropriate expression with **avoir**.
(5 x 4 pts. each = 20 pts.)

1. Aujourd'hui, la température est de 14°F. J'_____ .

2. Sophie pense que New York est la capitale des États-Unis. Elle _____ .

3. Clément et Malika n'étudient pas assez et ils ne font pas leurs (*their*) devoirs. Ils
   _____ du bac.

4. Tu penses que 23 + 77 font (*makes; equals*) 100? Tu _____ !

5. Vous trouvez 100 dollars! Vous _____ .

Nom _____ Date _____

5 **Quelle heure avez-vous?** Write complete sentences that tell what time it is in each illustration. (4 x 3 pts. each = 12 pts.)

1.   2.   3.   4.

1. _____

2. _____

3. _____

4. _____

6 **À vous!** Write five complete sentences saying what you typically do in the morning, afternoon, and evening during the week and on weekends. (5 x 4 pts. each = 20 pts.)

_____

_____

_____

_____

_____

_____

_____

_____

Unité 2
Leçons A et B

UNIT TEST I

1 N'est-ce pas? A schoolmate, Gilles, is asking you lots of questions. Select the most logical response to each question. (8 x 1 pt. each = 8 pts.)

1. a. Oui, j'aime bien le français.
   b. Oui, en géographie.
   c. Non, je n'ai pas de livre.

2. a. Si, c'est elle.
   b. D'accord.
   c. Moi non plus.

3. a. Oui, ce mois-ci.
   b. Non, il n'y a pas de cours.
   c. J'aime mieux la philosophie.

4. a. Midi.
   b. Aujourd'hui.
   c. Le 24.

5. a. Oui, la semaine prochaine.
   b. Oui, je travaille bien.
   c. Oui, M. Roquat donne un cours le mardi.

6. a. Bien sûr, pas de problème.
   b. Si, c'est désagréable.
   c. Surtout pas le dimanche.

7. a. Non, pas tellement.
   b. Peut-être au gymnase.
   c. Il travaille à la maison.

8. a. Pas du tout.
   b. Mais non, ça va.
   c. Parce que c'est comme ça.

Nom _____ Date _____

2 Antonymes et synonymes Write the words or expressions as indicated. (8 x 1 pt. each = 8 pts.)

A. Write the antonyms (words and expressions with the opposite meaning) of these words.

1. adorer _____

2. utile _____

3. facile _____

4. journée _____

B. Write the synonyms (words and expressions with similar meaning) of these words.

5. soir _____

6. rencontrer _____

7. enseigner _____

8. téléphoner _____

3 Ils ont l'air de... Write a caption for each image using expressions with **avoir**. (5 x 2 pts. each = 10 pts.)

1. [image] 2. [image] 3. [image] 4. [image] 5. [image]

1. _____

2. _____

3. _____

4. _____

5. _____

4 Quelle heure? Tell what each of these times would be on a 24-hour clock. (7 x 2 pts. each = 14 pts.)

1. Onze heures moins le quart du matin _____

2. Huit heures du soir _____

3. Onze heures du soir _____

4. Trois heures et quart de l'après-midi _____

5. Sept heures moins dix du matin _____

6. Une heure et demie de l'après-midi _____

7. Six heures et quart du soir _____

Nom _____ Date _____

5 Est-ce que... Write the question that corresponds to each answer given below. Use the subject given in parentheses. (5 x 2 pts. each = 10 pts.)

> *Modèle*
>
> (Martin et François)
>
> *Est-ce que Martin et François sont en retard?*
>
> Oui, il sont en retard.

1. (tu) _____
   Oui, j'ai un crayon.

2. (vous) _____
   Oui, nous aimons bien l'informatique.

3. (il) _____
   Oui, il cherche la salle 25.

4. (les langues étrangères) _____
   Non, elles ne sont pas difficiles.

5. (nous) _____
   Oui, vous arrivez à l'heure.

6 En classe Complete each sentence with the correct form of the verb. (10 x 1 pt. each = 10 pts.)

1. Écoute! Le cours de biologie _____ (commencer).

2. Ce matin, on _____ (passer) un examen en géographie.

3. Benjamin _____ (préparer) ses (*his*) devoirs pour ce soir.

4. Vous _____ (assister) au cours de chimie.

5. En maths, Cécilia et moi, nous _____ (partager) une calculatrice.

6. Le prof d'anglais _____ (expliquer) une leçon difficile.

7. Tu _____ (trouver) la solution d'un problème de physique.

8. Vous n' _____ (être) pas en retard.

9. Jean-Noël et Éric _____ (dessiner) dans leur (*in their*) cahier.

10. Les élèves _____ (avoir) sommeil vers midi.

7 **Et toi?** You are an exchange student in France, and you are discussing your schedule with your friend Kim. Refer to the schedule to complete this conversation, writing out any numbers. (6 x 2 pts. each = 12 pts.)

Les cours	Jours et heures
Allemand	mardi, jeudi; 14h00-15h30
Biologie II	mardi, jeudi; 9h00-10h30
Chimie générale.............	lundi, mercredi; 11h00-12h30
Espagnol.......................	lundi, mercredi; 11h00-12h30
Initiation à la physique...	lundi, mercredi; 12h00-13h30
Initiation aux maths	mardi, jeudi; 14h00-15h30
Italien	lundi, mercredi; 12h00-13h30
Japonais	mardi, jeudi; 9h00-10h30
Littérature moderne	mardi; 10h15-11h15

—Le cours de maths, c'est bien aujourd'hui, n'est-ce pas?

—Non, c'est (1) _____

—J'ai peur des maths!

—Pas moi. (2) _____!

—Le lundi et le mercredi matin à onze heures, j'ai espagnol. Et toi?

—Moi, (3) _____

—Le cours de littérature moderne commence à quelle heure demain?

—Il (4) _____.

—Pourquoi tu n'as pas cours de japonais le jeudi?

—(5) _____ d'allemand.

—Et tu es occupé(e) le vendredi?

—(6) _____!

Nom _____ Date _____

8 Au lycée Annie is talking about her school schedule. Complete her description with the correct forms of these verbs. Use each verb only once. (8 x 1 pt. each = 8 pts.)

adorer	dessiner
aimer mieux	écouter
assister	enseigner
commencer	étudier

Je/J' (1) _____ les cours à mon (*my*) lycée! La journée (2) _____ à huit heures le matin. Avec M. Blandin, nous (3) _____ l'histoire et la géographie le lundi et le jeudi, et les sciences, le mardi et le vendredi. M. Pauvert et Mme Alexander (4) _____ le cours d'éducation physique au gymnase le mercredi. L'après-midi, on (5) _____ dans le cours d'art de M. François, ou on (6) _____ de la musique avec Mlle Berger. Il y a aussi des cours de langues. Moi, je/j' (7) _____ au cours d'espagnol, mais ma copine Andrée, elle (8) _____ l'italien.

9 À vous! What do you do at school during the week? Describe your schedule and tell which class(es) you like most and which you like least. (20 pts.)

_____

_____

_____

_____

_____

_____

_____

_____

_____

_____

_____

_____

_____

_____

_____

_____

_____

_____

Unité 2
Leçons A et B

UNIT TEST II

1 N'est-ce pas? A schoolmate, Benoît, is asking you lots of questions. Select the most logical response to each question. (8 x 1 pt. each = 8 pts.)

1. a. Si, tu as raison.
   b. Non, il est à la bibliothèque.
   c. Oui, j'ai honte.

2. a. Non, c'est difficile.
   b. Oui, M. Boussaoui donne les notes.
   c. C'est la salle 3A.

3. a. Peut-être...
   b. D'accord!
   c. Moi non plus.

4. a. Je déteste.
   b. Parce que c'est comme ça.
   c. Oui. Après le cours.

5. a. Oui, il est moins dix.
   b. Non, il est en retard.
   c. Oui, il est minuit.

6. a. Oui, elle explique très bien.
   b. Non, elle arrive demain.
   c. Non, elle n'a pas trente ans.

7. a. D'accord, j'ai de la chance.
   b. D'accord, vers dix heures.
   c. D'accord, le mois prochain.

8. a. Moi non plus.
   b. Tu as tort, c'est facile.
   c. Fantastique! Moi aussi.

Nom _____ Date _____

2 **Opinions** Noah is always complaining about school. Finish his sentences with words from the list. Make any necessary changes. (6 x 1 pt. each = 6 pts.)

détester	inutile
devoir	préparer
étudier	voyager

1. Travailler, c'est _____.

2. Le week-end, je n'ai pas envie de/d' _____.

3. J'oublie souvent mes (*my*) _____ à la maison.

4. Je _____ les cours de Mme Carron.

5. Je ne _____ pas les examens.

6. _____, c'est plus important qu'avoir des diplômes.

3 **On a l'air de...** Write a sentence to tell how the people feel in each picture using an expression with **avoir.** (4 x 2 pts. each = 8 pts.)

1.  2.  3.  4.

1. _____

2. _____

3. _____

4. _____

 Unité 2 Unit Test II

Nom _____ Date _____

4 **Des solutions** Use the expressions in the list to give commands to the people who made these statements.
(8 x 1 pt. each = 8 pts.)

demander une bourse	**rentrer à la maison**
être optimiste	**téléphoner**
étudier ce soir	**trouver un autre** (*other*) **cours**
manger à la maison	**voyager**

1. Je déteste la cantine. _____

   _____

2. Toi et moi, nous passons un examen demain. _____

   _____

3. Sylvie et moi, nous avons besoin de parler à Julien. _____

   _____

4. Cette année, je n'ai pas d'argent (*money*). _____

   _____

5. Cette année, Marie-Pierre et moi, nous avons deux mois de vacances (*vacation*). _____

   _____

6. Il est presque minuit. Toi et moi, nous avons sommeil. _____

   _____

7. Sébastien et moi, on pense que la gestion, c'est trop (*too*) difficile. _____

   _____

8. Je n'ai pas envie d'échouer. _____

   _____

5 **Quelle heure est-il?** Answer each question with the time in parentheses. Write out the numbers.
(4 x 2 pts. each = 8 pts.)

1. —Il est presque quatre heures de l'après-midi?
   —Oui, il est _____ (3h55).

2. —Il est neuf heures du soir déjà (*already*)?
   —Oui, il est _____ (9h00).

3. —Il est minuit?
   —Non, presque, il est _____ (11h50).

4. —Il est bientôt huit heures vingt?
   —Oui, il est _____ (8h15).

Nom _____ Date _____

6 Écriture Write sentences according to the instructions. (8 x 2 pts. each = 16 pts.)

A. Write sentences that have an opposite meaning.

1. J'adore l'histoire. _____

2. Étudier le soir, c'est facile. _____

3. Vous êtes reçue à l'examen. _____

4. Mais non, je n'ai pas froid. _____

B. Write sentences that have a close meaning.

5. Tu n'as pas sommeil? _____

6. Vous n'aimez pas tellement travailler. _____

7. L'économie, c'est utile. _____

8. Oui, d'accord. _____

7 Questions Answer the questions with complete sentences. (5 x 2 pts. each = 10 pts.)

1. Qu'est-ce que tu étudies à l'école? _____
   _____

2. Qu'est-ce que tu n'étudies pas, mais aimes bien? _____
   _____

3. Tu aimes passer des examens? _____
   _____

4. Le soir, tu as sommeil vers quelle heure? _____
   _____

5. Est-ce que tu rentres tard parfois (*sometimes*) le soir? Pourquoi? _____
   _____

8 **Une conversation** Write a conversation among the students in the photo in which they discuss their school schedules and what they think of their classes. Your conversation should have eight lines. (8 x 2 pts. each = 16 pts.)

_____

_____

_____

_____

_____

_____

_____

_____

_____

_____

9 **À vous!** Write five sentences describing a typical day at school. Mention what you like doing best and what you enjoy less. (5 x 4 pts. each = 20 pts.)

_____

_____

_____

_____

_____

_____

_____

_____

_____

_____

Nom _____ Date _____

OPTIONAL TEST SECTIONS
Unité 2

Leçon 2A
ROMAN-PHOTO

1 Vrai ou faux? Indicate whether these statements are **vrai** or **faux**. Correct the false statements.

	Vrai	Faux
1. Rachid aime bien le professeur de sciences po.	_____	_____
2. David et Rachid partagent un appartement.	_____	_____
3. Sandrine n'aime pas les classiques de la littérature française.	_____	_____
4. Pour Stéphane, les études, c'est le désastre.	_____	_____
5. Madame Richard donne beaucoup de devoirs.	_____	_____

Leçon 2B
ROMAN-PHOTO

1 Expliquez Using what you remember from **Roman-photo** and at least six words or expressions from the list, briefly explain Stéphane's problem.

aimer	avoir envie de	avoir peur de	bac	cours	difficile
étudier	examen	français	maths	passer	professeur

_____

_____

_____

_____

_____

_____

_____

_____

OPTIONAL TEST SECTIONS
Unité 2

Leçon 2A
CULTURE

1   Au lycée Select the answer that best completes the statement or answers the question, according to the text.

1. **Le collège** is equivalent to an American...
   a. middle school.
   b. high school.
   c. vocational school.

2. On most days of the week, the **lycée** schedule is...
   a. 8:00 A.M.–3 P.M.
   b. 8:00 A.M.–12:00 P.M.
   c. 8:00 A.M.–5:00 P.M.

3. Grades in France are based on a scale of...
   a. 100 points.
   b. 10 points.
   c. 20 points.

4. The last year of the **lycée** is called...
   a. **seconde**.
   b. **terminale**.
   c. **première**.

5. The **bac** is...
   a. a course.
   b. an exam.
   c. a term paper.

6. French and English are the official languages of...
   a. The United States.
   b. Canada.
   c. Belgium.

Leçon 2B

CULTURE

1   Choisissez Select the answer that best completes the statement, according to the text.

1. The length of the **lycée** is...
   a. two years.
   b. three years.
   c. four years.

2. **Lycée** students must decide what kind of **bac** they will take after...
   a. **seconde**.
   b. **première**.
   c. **terminale**.

3. The minimum passing grade is...
   a. 10/20.
   b. 12/20.
   c. 15/20.

4. Students get their results on the **bac**...
   a. by mail.
   b. in person.
   c. on the Internet.

5. The most prestigious universities in France are called...
   a. **les écoles spécialisées.**
   b. **les universités.**
   c. **les grandes écoles.**

6. University studies generally last...
   a. 3–4 years.
   b. 5 years.
   c. 6–8 years.

Nom _____ Date _____

OPTIONAL TEST SECTIONS
Unité 2

Flash culture

1 **Trouvez** Using what you remember from **Flash culture**, choose the word or expression that corresponds to each definition.

la bibliothèque	le collège	la physique
une cantine	l'espagnol	un point de rencontre

1. A place where students spend time between classes... _____

2. Where Benjamin, the narrator, says "Chut!" (*hush*) and whispers... _____

3. A class *not* mentioned by any of the students interviewed... _____

4. One student thinks this is a difficult class... _____

5. When students are around 12 years old, they attend this school for four years... _____

Panorama

1 **La France** Indicate whether each of these statements is **vrai** or **faux**.

	Vrai	Faux
1. Le tourisme est une industrie très importante pour la France.	_____	_____
2. Il y a plus de (*more than*) 43.000 monuments en France.	_____	_____
3. La monnaie (*currency*) de la France est le franc français.	_____	_____
4. Camille Claudel est une sculptrice française.	_____	_____
5. Un «Immortel», c'est un membre de l'Académie française.	_____	_____
6. La France a la forme d'un triangle.	_____	_____
7. Le cinématographe a été inventě par (*was invented by*) les frères Lumière.	_____	_____
8. Le TGV est un train.	_____	_____
9. La France est connue (*known*) pour ses activités dans l'industrie aérospatiale principalement avec la compagnie Renault.	_____	_____

OPTIONAL TEST SECTIONS
Unité 2

Leçon 2A
LECTURE SUPPLÉMENTAIRE

1   **Un e-mail** Gisèle is attending a new high school this year. Read this e-mail to her friend Marc and indicate whether each of the statements is **vrai** or **faux**.

Salut Marc,

Comment ça va? Moi, ça va très bien. J'ai une nouvelle copine très sympa. Elle s'appelle Céline. Elle adore voyager, dessiner et parler au téléphone, et moi aussi! C'est super, non? Au lycée, j'ai des cours intéressants. Comme j'adore les sciences, j'étudie la biologie, la physique, la chimie, les mathématiques et l'informatique. J'adore le cours de physique! C'est mon cours préféré! Le prof est sympa, les étudiants sont intelligents et la salle de classe est agréable. J'aime bien le cours de chimie, mais je n'aime pas tellement le prof. Il donne trop de devoirs et les examens sont difficiles. J'aime mieux le prof de biologie. Il est amusant et il donne des devoirs faciles et de bonnes notes! L'informatique, c'est facile. J'aime bien. Et c'est utile surtout. Et les mathématiques?… Je déteste, mais le cours est important, alors j'espère avoir de bons résultats. Oh là là! Céline et moi, on a rendez-vous au gymnase! Alors, à bientôt!

Salut,
Gisèle

	Vrai	**Faux**
1. Gisèle n'a pas d'amis.	_____	_____
2. Gisèle n'aime pas tellement Céline.	_____	_____
3. Gisèle aime voyager et dessiner.	_____	_____
4. Gisèle adore les sciences.	_____	_____
5. Gisèle trouve le prof de physique désagréable.	_____	_____
6. Les devoirs de chimie sont difficiles.	_____	_____
7. Le cours de maths est le cours préféré de Gisèle.	_____	_____
8. Gisèle retrouve Céline au gymnase.	_____	_____

Unité 2

Leçon 2B

LECTURE SUPPLÉMENTAIRE

1   Un emploi du temps Mohammed is a student at a high school in Lille. Look at his class schedule for this semester. Then answer the questions using complete sentences. Be sure to write out the times.

	lundi	**mardi**	**mercredi**	**jeudi**	**vendredi**
8h00	sciences politiques		devoirs supervisés	sciences politiques	
9h15	économie		devoirs supervisés	sciences politiques	lettres
10h30	économie	gestion		histoire	
11h30	économie	anglais	lettres		
12h45	gestion		histoire		informatique
14h15	lettres			anglais	informatique
15h30	anglais				histoire
16h45					gestion

1. Quels jours est-ce que Mohammed a cours d'anglais? _____

_____

2. À quelle heure Mohammed arrive-t-il au lycée le mardi matin? _____

_____

3. À quelle heure commence le cours d'informatique de Mohammed? _____

_____

4. Quels jours Mohammed arrive-t-il tôt au lycée? _____

_____

5. Le lundi, le dernier cours de Mohammed est à quelle heure? _____

_____

6. À quelle heure commence le premier cours de Mohammed le mercredi? _____

_____

7. Nous sommes jeudi après-midi. Mohammed arrive au lycée à deux heures. Est-il en avance ou en retard? Pourquoi? _____

_____

8. Le lundi, Mohammed a cours de quelle heure à quelle heure?

_____

Leçon 3A

VOCABULARY QUIZ I

1 Chassez l'intrus In each group, choose the item that does not belong. (4 x 1 pt. each = 4 pts.)

1. a. mère
   b. grand-mère
   c. tante
   d. voisine

2. a. célibataire
   b. fils
   c. mariée
   d. veuve

3. a. chat
   b. poisson
   c. aînée
   d. oiseau

4. a. fiancé
   b. cousin
   c. frère
   d. neveu

2 Choisissez Fill in each blank with the appropriate word from the list. (6 x 1 pt. each = 6 pts.)

beau-frère	divorcés	demi-frère
cadet	épouse	tantes
chien	fille	veuve

1. Ma famille a un cocker. Il s'appelle Fido et c'est un _____ intelligent.
2. Ma mère est mariée à mon père. Ma mère est son _____.
3. J'adore ma _____, Émilie. Elle a sept ans.
4. Mon _____ et moi, nous avons des pères différents.
5. Moi, j'ai seize ans. Paul a douze ans. C'est mon frère _____.
6. J'habite avec ma belle-mère parce que mes parents sont _____.

3 Complétez Fill in the blanks with the appropriate term. (5 x 2 pts. each = 10 pts.)

1. Le père de mon père, c'est mon _____.
2. La mère de ma femme, c'est ma _____.
3. Mon _____, c'est le fils de mes grands-parents et le mari de ma mère.
4. Ma sœur, c'est la _____ de ma grand-mère.
5. Le frère de ma mère, c'est mon _____.

Nom _____ Date _____

Leçon 3A
VOCABULARY QUIZ II

1 **Expliquez** Write a definition to explain the relationship between the person mentioned and yourself.
(5 x 1 pt. each = 5 pts.)

> **Modèle**

mon oncle *C'est le mari de ma tante.*

1. mes nièces _____
2. mon cousin _____
3. ma demi-sœur _____
4. mes grands-parents _____
5. ma belle-mère _____

2 **Questions** Answer these questions with complete sentences. (4 x 1 pt. each = 4 pts.)

1. Combien de personnes y a-t-il dans ta famille?
   _____

2. Où habitent tes grands-parents?
   _____

3. Comment s'appellent tes parents?
   _____

4. As-tu des cousin(e)s? Quel âge ont-ils/elles?
   _____
   _____

3 **Ma famille** Describe your real or an imaginary family. Give the name of each family member, his or her relationship to you, and any other information you think important. Don't forget to mention any pets you have. (11 pts.)

_____
_____
_____
_____
_____
_____
_____
_____

Leçon 3A.1

GRAMMAR QUIZ I
Descriptive adjectives

1 Au contraire Write the opposite of each adjective. (5 x 1 pt. each = 5 pts.)

1. vieux _____

2. malheureux _____

3. grand _____

4. beau _____

5. court _____

2 Complétez Write the correct form of the appropriate adjective in parentheses for each item.
(5 x 1 pt. each = 5 pts.)

Ma mère est très (1) _____ (heureux / long). Elle est prof de maths et les élèves

adorent ma mère. Elle est très (2) _____ (vert / fier) de sa classe.

Les élèves sont (3) _____ (jeune / bleu) mais ils ne sont pas

(4) _____ (raide / naïf). Les garçons travaillent beaucoup, et les filles sont très

(5) _____ (sérieux / marron).

3 Descriptions Complete the sentences to say that these people's relatives are just like them.
(5 x 2 pts. each = 10 pts.)

> *Modèle*
>
> Pauline est curieuse. Elle a un frère.
> Il est *curieux aussi.*

1. Gisèle est brune. Elle a deux frères.
   Ils sont _____

2. Anne est belle. Elle a un neveu.
   Il est _____

3. Olivier et Thomas sont intellectuels. Ils ont une cousine.
   Elle est _____

4. Maryse et Patrick sont roux. Ils ont une petite-fille.
   Elle est _____

5. Olivier est gros. Il a deux sœurs.
   Elles sont _____

| 83 |

Nom _____ Date _____

Leçon 3A.1

GRAMMAR QUIZ II
Descriptive adjectives

1 Complétez Fill in each blank with an appropriate descriptive adjective. Do not repeat words. (6 x 1 pt. each = 6 pts.)

J'aime bien mon chien, Coco. Il est (1) _____ parce qu'il mange beaucoup. Quand il aboie (*barks*) la nuit, mes parents ne sont pas (2) _____! Coco pense qu'il est humain comme nous parce qu'il est (3) _____ et aime les (4) _____ enfants. Coco habite dans une maison (5) _____ dans le jardin (*backyard*). Mes deux sœurs cadettes ne sont pas (6) _____! Elles détestent jouer (*to play*) avec Coco!

2 Questions Answer these questions using descriptive adjectives in complete sentences. (3 x 2 pts. each = 6 pts.)

1. Comment es-tu?

   _____

   _____

2. Comment sont tes parents?

   _____

   _____

   _____

3. Est-ce que tu aimes les grandes familles? Pourquoi?

   _____

   _____

   _____

3 Mon copain/Ma copine Write a description of one of your friends. Include his or her name, nationality, physical appearance, and personality. (8 pts.)

_____

_____

_____

_____

_____

_____

_____

_____

_____

Leçon 3A.2

GRAMMAR QUIZ I
Possessive adjectives

1 Complétez Arnaud is asking Laurie about her boyfriend's family. Fill in the blanks with the appropriate possessive adjective. (5 x 1 pt. each = 5 pts.)

ARNAUD Comment tu trouves (1) _____ (*his*) famille?

LAURIE (2) _____ (*His*) parents sont très sympas!

ARNAUD Tu aimes (3) _____ (*his*) sœur Michelle?

LAURIE Oui, et aussi (4) _____ (*her*) mari Pierre et (5) _____ (*their*) fille Rosalie.

2 Les voisins Two families just moved into the neighborhood and your nosy neighbor is telling you how they are related to each other. Fill in the blanks with the correct form of **de** + definite article.
(6 x 0.5 pt. each = 3 pts.)

Tu connais (*know*) les Renaud et les Blanchard? Bon, Auguste et Henri Blanchard sont les neveux
(1) _____ cousin (2) _____ belle-sœur
de Mme Renaud. La tante (3) _____ frères Blanchard est l'amie
(4) _____ oncle d'Eugène Renaud. Le mari (5) _____
cousine d'Eugène est la demi-sœur (6) _____ grand-père de Célia Blanchard, la
femme d'Auguste! Quelle famille!

Nom _____ Date _____

3 **Oui ou non?** Answer the following questions using a possessive adjective and the cues provided.
(6 x 2 pts. each = 12 pts.)

> **Modèle**
>
> C'est la chaise de Mathieu?
> (Non) *Non, ce n'est pas sa chaise.*

1. C'est l'ordinateur de Sophie?
   (Oui) _____

2. Ce sont les nièces de Maxine et Joseph?
   (Oui) _____

3. C'est le chien de vos voisins?
   (Non) _____

4. Ce sont les élèves de M. Mayer?
   (Oui) _____

5. Ce sont vos filles?
   (Non) _____

6. Alain et Justine, c'est votre professeur?
   (Oui) _____

Nom _____ Date _____

Leçon 3A.2

GRAMMAR QUIZ II
Possessive adjectives

1 Décrivez Write complete sentences to describe these objects or people. (6 x 1 pt. each = 6 pts.)

> **Modèle**
>
> your aunt's house
> *La maison de ma tante est grande.*

1. your niece's dog _____

2. your backpack _____

3. your mother's hair _____

4. your best friend's parents _____

5. your classes _____

6. your French homework _____

2 On parle de qui? Write complete sentences using possessive adjectives to describe family members or pets that possess these traits. Make any changes necessary. (6 x 1 pt. each = 6 pts.)

1. grand _____

2. intelligent _____

3. brun _____

4. joli _____

5. petit _____

6. vieux _____

3 Une famille célèbre Write a description of your favorite celebrity's family or a famous television family and explain the relationships between different members. Use at least four different possessive adjectives. (8 pts.)

_____

_____

_____

_____

_____

_____

_____

_____

_____

_____

_____

Unité 3
Leçon 3A

LESSON TEST I

1 Comment est-elle? Listen to Mme Dostert describe herself and her family. After each description, indicate whether the corresponding statement is **vrai** or **faux**. (6 x 3 pts. each = 18 pts.)

	Vrai	Faux
1. Mme Dostert est américaine.	_____	_____
2. Elle est mariée.	_____	_____
3. Elle a trois enfants.	_____	_____
4. Elle est grand-mère.	_____	_____
5. C'est la cadette de sa famille.	_____	_____
6. Elle aime les animaux.	_____	_____

2 La famille Dupré Complete the sentences with the appropriate family member based on the family tree. (10 x 2 pts. each = 20 pts.)

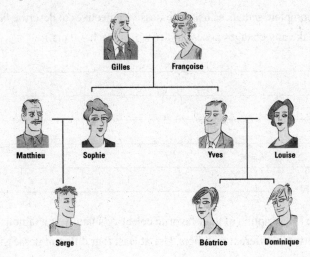

> **Modèle**
>
> Serge est ___*le fils*___ de Sophie.

1. Françoise est _____ de Gilles.
2. Louise est _____ de Serge.
3. Béatrice est _____ de Serge.
4. Gilles est _____ de Béatrice.
5. Sophie est _____ d'Yves.

6. Louise est _____ de Matthieu.
7. Béatrice est _____ de Matthieu.
8. Matthieu est _____ de Dominique.
9. Gilles est _____ de Sophie.
10. Serge est _____ de Françoise.

 Leçon 3A Lesson Test I

3 La famille de Michelle Complete each description of the people in Michelle's family with an adjective that means the opposite of the one given. (6 x 4 pts. each = 24 pts.)

1. Michelle n'est pas blonde. Elle est _____.

2. Son grand-père n'est pas jeune. Il est _____.

3. Ses frères ne sont pas petits. Ils sont _____.

4. Son oncle n'est pas laid. C'est un _____ homme.

5. Son copain n'a pas les yeux bleus. Il a les yeux _____.

6. Sa cousine n'a pas les cheveux longs. Elle a les cheveux _____.

4 Où est…? Say what these people are looking for. Complete each sentence with the possessive adjective that corresponds to the subject. (8 x 2 pts. each = 16 pts.)

1. Je cherche _____ chat.

2. Nicole cherche _____ calculatrice.

3. Nous cherchons _____ livres.

4. Ils cherchent _____ livre.

5. Tu cherches _____ chiens.

6. Elles cherchent _____ copains.

7. André cherche _____ ordinateur.

8. Vous cherchez _____ copains.

5 À vous! Write a description of yourself and your family. Write at least five complete sentences. Include such information as the size of your family, how many pets you own, and your physical appearance. (22 pts.)

_____

_____

_____

_____

_____

_____

_____

_____

_____

_____

_____

_____

_____

_____

_____

   Leçon 3A Lesson Test I

Unité 3
Leçon 3A

LESSON TEST II

1 Choisissez You will hear a series of questions about your family and friends. Select the most logical response to each question. (6 x 3 pts. each = 18 pts.)

1. a. Non, je suis célibataire.
   b. Oui, c'est mon épouse.
   c. Oui, et je suis l'aîné.

2. a. Oui, c'est mon neveu.
   b. Oui, c'est mon cousin.
   c. Non, je n'ai pas de frère.

3. a. Oui, elle s'appelle Claude.
   b. Non, parce que j'ai un chat.
   c. Non, ils habitent à Paris.

4. a. Non, il est divorcé.
   b. Oui, il a des cousins.
   c. Oui, c'est le cadet.

5. a. Oui, il est de taille moyenne.
   b. Non, c'est un pauvre homme.
   c. Oui, ils sont toujours heureux.

6. a. Elle est rousse et belle.
   b. Elle habite avec sa grand-mère.
   c. Elle adore mon chien.

2 La famille Complete each sentence with the most logical word. (8 x 3 pts. each = 24 pts.)

> **Modèle**
>
> La sœur de ton père est ta ___*tante*___.

1. Le frère de ton père est ton _____.

2. Une personne qui n'est pas mariée est _____.

3. La personne qui habite dans la maison à côté (*next door*) est ta/ton _____.

4. La fille de ta tante est ta _____.

5. Le fils de ta mère est ton _____.

6. L'épouse de ton oncle est ta _____.

7. La mère de ta mère est ta _____.

8. La nouvelle épouse de ton père est ta _____.

3 Conséquences How would people react to various situations? Complete each sentence with the correct form of the appropriate adjective in parentheses. (6 x 4 pts. each = 24 pts.)

1. J'ai un «A» à mon examen. Maman est _____ (jeune / fier / noir) de moi.

2. Il a son ordinateur depuis (*for*) 10 ans. C'est un _____ (marron / nouveau / vieux) ordinateur.

3. Anna n'aime pas les cheveux frisés. Elle préfère les cheveux _____ (raide / châtain / court).

4. Éric mange beaucoup. Il va (*is going*) être _____ (pauvre / vert / gros).

5. Elle pense que Montréal est la capitale du Canada. C'est la _____ (mauvais / laid / joli) réponse.

6. Ils étudient beaucoup. Ce sont des élèves _____ (naïf / heureux / sérieux).

4 Ils ont besoin de…? Say what these people need. Complete each sentence with the possessive adjective that corresponds to the subject. (7 x 2 pts. each = 14 pts.)

1. Jean a besoin de _____ montre.

2. Danièle et Grégoire ont besoin de faire _____ devoirs.

3. Moi, j'ai besoin de _____ stylos.

4. Avez-vous besoin de _____ livres?

5. Tu as besoin de _____ dictionnaire?

6. Nous avons besoin de _____ bourse.

7. Nathalie a besoin de _____ notes.

 Leçon 3A Lesson Test II

5 **À vous!** Imagine you're going off to summer camp. Describe your ideal bunkmate in five complete sentences. Tell how many people there are in his/her family and if he or she likes animals. Also describe your bunkmate's personality and physical characteristics. (5 x 4 pts. each = 20 pts.)

_____

_____

_____

_____

_____

_____

_____

_____

_____

_____

Leçon 3B
VOCABULARY QUIZ I

1 Descriptions Choose the adjective that best describes the following people and objects.
(8 x 0.5 pt. each = 4 pts.)

1. une personne qui (*that*) n'a pas ta nationalité (modèste / étrangère / antipatique)
2. une personne qui a sommeil (lente / inquiète / fatiguée)
3. une personne très méchante (cruelle / gentille / triste)
4. un acteur comique (actif / travailleur / drôle)
5. un chocolat (discrète / doux / fou)
6. une personne qui ne partage pas ses possessions (jalouse / pénible / faible)
7. une voiture (*car*) de sport (lente / forte / rapide)
8. une personne malheureuse (triste / prête / sportive)

2 Quelle profession? Write the profession of each of these people based on the clues.
Include the indefinite article **un(e)**. (10 x 1 pt. each = 10 pts.)

1. les criminels / Julien _____
2. la guitare / Tanicha _____
3. l'hôpital / Philippe _____
4. les bâtiments (*buildings*) / Arthur _____
5. les cheveux / Gisèle _____
6. la gestion / Monique _____
7. le sport / Jocelyn _____
8. l'art / Serge _____
9. l'intelligence artificielle / Brian _____
10. les infos (*news*) / Alexandre _____

3 Complétez Complete the second sentence with an appropriate adjective. (6 x 1 pt. each = 6 pts.)

1. Pauline n'a pas du tout peur. Elle est vraiment _____.
2. Yves et Jacques n'aiment pas travailler. Ils sont _____.
3. Elles sont faibles. Elles ne sont pas _____.
4. Romain et toi, vous n'êtes pas intéressants! Vous êtes _____.
5. Jules et Guy ne sont pas pénibles. Ils sont _____!
6. Tu es égoïste. Tu n'es pas _____.

Leçon 3B
VOCABULARY QUIZ II

1   **Questions personnelles** Answer the questions. (4 x 2 pts. each = 8 pts.)

  1. Qui est ton professeur favori? Pourquoi?

    _____

  2. Est-ce que tu es heureux/heureuse ou triste aujourd'hui? Pourquoi?

    _____

  3. Est-ce que tu aimes ton dentiste? Pourquoi?

    _____

  4. Qu'est-ce que tu as envie d'être plus tard dans la vie?

    _____

2   **Décrivez** Write two adjectives that describe each of these people. (4 x 1 pt. each = 4 pts.)

  1. Mes parents _____, _____

  2. Mon voisin/Ma voisine _____, _____

  3. Mes camarades de classe _____, _____

  4. Mon coiffeur/Ma coiffeuse _____, _____

3   **Des portraits** Write a description of yourself and of your ideal boyfriend or girlfriend.
(4 x 2 pts. each = 8 pts.)

Moi:

_____

_____

_____

_____

Mon petit ami idéal/Ma petite amie idéale:

_____

_____

_____

_____

Leçon 3B.1

GRAMMAR QUIZ I
Numbers 61–100

1 Déchiffrez Write out the number that follows in each sequence. (6 x 0.5 pt. each = 3 pts.)

1. 20, 40, 60… _____   4. 25, 50, 75… _____

2. 42, 52, 62… _____   5. 99, 96, 93… _____

3. 80, 85, 90… _____   6. 71, 72, 73… _____

2 La combinaison Write out these gym locker combinations. (6 x 1.5 pts. each = 9 pts.)

1. 67.98.70

    _____

2. 42.86.91

    _____

3. 77.61.81

    _____

4. 93.79.57

    _____

5. 84.88.96

    _____

6. 66.36.75

    _____

3 Combien? Write complete sentences using the cues provided. Spell out the numbers and make any additional changes. (4 x 2 pts. each = 8 pts.)

1. nous / avoir / 99 / chaise

    _____

2. il y a / 71 / professeur / ici

    _____

3. Danielle / travailler / 83 / jour

    _____

4. on / chercher / 73 / tableau

    _____

| 95 |

Leçon 3B.1

GRAMMAR QUIZ II
Numbers 61–100

1 **Répondez** Answer the questions. (5 x 2 pts. each = 10 pts.)

1. Quel est ton numéro de téléphone? Écris-le à la française (*Write it the French way*).

   _____

   _____

2. Qui est le plus vieux (*oldest*) dans ta famille? Quel âge a-t-il/elle?

   _____

   _____

3. Combien de chaises y a-t-il dans ta salle de classe?

   _____

   _____

4. D'habitude, quelle note (sur [*over*] 100) as-tu à tes examens de français?

   _____

   _____

5. Combien de professeurs y a-t-il dans ton lycée?

   _____

   _____

2 **Les fournitures scolaires** You are ordering supplies for your school. Look at the list, then write complete sentences saying how many of each item each person needs using **avoir besoin de**. Order over sixty of each item and use a different amount each time. Write out all numbers and put the numerals in parentheses. (5 x 2 pts. each = 10 pts.)

cahiers	stylos	crayons	calculatrices	livres

1. M. Gilbert _____

   _____

2. Simone et moi _____

   _____

3. Roland et toi _____

   _____

4. Je/J' _____

   _____

5. Laure et Maxime _____

   _____

Leçon 3B.2

GRAMMAR QUIZ I
Prepositions of location and disjunctive pronouns

1 Complétez Fill in the blanks with the French equivalents of the indicated prepositions.
(5 x 1 pt. each = 5 pts.)

1. Son chien est _____ (*in front of*) le restaurant.

2. Les chats sont _____ (*under*) la table.

3. Les cahiers sont _____ (*on*) le bureau du professeur.

4. Mme Martinel retourne _____ (*to*) la coiffeuse ce soir.

5. Les élèves sont _____ (*in*) cours.

2 Vrai ou faux? Look at the map and indicate whether the statements are **Vrai** or **Faux**.
(5 x 1 pt. each = 5 pts.)

a. le cinéma Royal

b. le restaurant japonais

c. l'hôpital Bonsecours

d. le lycée Condorcet

e. la banque Nationale

f. le café Mozart

g. l'hôtel Carnaval

h. la librairie Points Communs

_____ 1. La librairie Points Communs est loin du lycée Condorcet.

_____ 2. Le cinéma Royal est derrière le restaurant japonais.

_____ 3. Le café Mozart est à droite de l'hôtel Carnaval.

_____ 4. Le lycée Condorcet est près de la banque Nationale.

_____ 5. L'hôtel Carnaval est à côté de la librairie Points Communs.

 Leçon 3B.2   Grammar Quiz I

Nom _____ Date _____

3 Où est... ? Look at the illustration from the previous activity and write a complete sentence to tell the location of one building in reference to the other one. (5 x 2 pts. each = 10 pts.)

1. l'hôpital Bonsecours / le café Mozart

_____

2. la librairie Points Communs / l'hôtel Carnaval

_____

3. le cinéma Royal / le lycée Condorcet

_____

4. l'hôtel Carnaval / la banque Nationale

_____

5. le restaurant japonais / le cinéma Royal

_____

Nom _____ Date _____

Leçon 3B.2

GRAMMAR QUIZ II
Prepositions of location and disjunctive pronouns

1 En ville Write complete sentences to tell where five places in town are located. Use as many different prepositions as possible. (5 x 2 pts. each = 10 pts.)

a. le cinéma Royal

b. le restaurant japonais

c. l'hôpital Bonsecours

d. le lycée Condorcet

e. la banque Nationale

f. le café Mozart

g. l'hôtel Carnaval

h. la librairie Points Communs

1. _____

2. _____

3. _____

4. _____

5. _____

2 Ma famille You are at a family event with a friend who is meeting everyone for the first time. Point out different family members by stating where they are in relationship to each other. Use as many different prepositions of location as possible. Sketch and label stick figures in the margin to help you with your description. (10 pts.)

_____

_____

_____

_____

_____

_____

_____

_____

_____

_____

_____

_____

_____

Unité 3
Leçon 3B

LESSON TEST I

1 Comment est-elle? You will hear Isabelle asking her friend Pierre about his aunt. Select the most logical response to her questions. (5 x 4 pts. each = 20 pts.)

1. a. Elle a trente-sept ans.
   b. Oui, elle est très sympa.
   c. C'est la sœur de ma mère.

2. a. Oui, elle est géniale.
   b. Non, elle est avocate.
   c. Oui, elle est québécoise.

3. a. Elle est ingénieur.
   b. Elle est célibataire.
   c. Elle est pénible.

4. a. Oui, sportive et courageuse aussi.
   b. Oui, fatiguée et paresseuse aussi.
   c. Oui, méchante et folle aussi.

5. a. Oh, ils sont fatigués.
   b. Oh, ils sont géniaux.
   c. Oh, ils sont avocats.

2 Que font-ils? Write the name of the profession most closely associated with these illustrations. Make sure you use the correct noun form for each subject. (8 x 3 pts. each = 24 pts.)

1. M. Morel est

_____.

2. Mlle Dunant est

_____.

3. Mme Colbert est

_____.

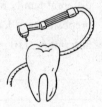

4. Mme Séror est

_____.

5. Mlle Thonat est

_____.

6. M. Méthot est

_____.

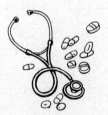

7. M. Leblanc est

_____.

8. Mme Pascal est

_____.

Nom _____ Date _____

3 Les chiffres Write the number that corresponds to these words. (6 x 3 pts. each = 18 pts.)

1. soixante-treize _____
2. quatre-vingt-dix-huit _____
3. soixante-cinq _____
4. soixante-quinze _____
5. quatre-vingts _____
6. quatre-vingt-sept _____

4 Où est…? Complete these sentences with a preposition, according to the illustration. Use a different preposition in each statement. (6 x 3 pts. each = 18 pts.)

1. Les stylos sont _____ des cahiers.
2. Les sacs à dos sont _____ la table.
3. Les crayons, les stylos et les cahiers sont _____ les ordinateurs.
4. Les horloges sont _____ des livres.
5. Les ordinateurs sont _____ la table.
6. Le portable est _____ les deux ordinateurs.

5 À vous! Write five complete sentences explaining where different items are in your room. Use at least five different prepositions of location. (5 x 4 pts. = 20 pts.)

> **Modèle**
>
> *La calculatrice est sur le bureau…*

_____

_____

_____

_____

_____

_____

_____

_____

Nom _____ Date _____

Unité 3
Leçon 3B

LESSON TEST II

1 Logique ou illogique? Listen to the statements about people in your community and decide whether each one is **logique** or **illogique**. (5 x 4 pts. each = 20 pts.)

1. a. **logique**　　b. **illogique**
2. a. **logique**　　b. **illogique**
3. a. **logique**　　b. **illogique**
4. a. **logique**　　b. **illogique**
5. a. **logique**　　b. **illogique**

2 Quelle profession? Write the name of the profession you would associate with these words. Be sure to write **un** or **une** according to the gender of each person. (8 x 3 pts. each = 24 pts.)

1. Salima / piano, trombone, flûte _____

2. Marc / justice, crime, gouvernement _____

3. Laure / stylo, télévision, notes _____

4. Abdel / sportif, tennis, volleyball _____

5. François / dessiner, sculpture, couleur _____

6. Carole / biologie, science, patient(e) _____

7. M. Hébert / enseigner, étudiant, salle de classe _____

8. Sylvie / style, cheveux, salon de beauté _____

3 Les mathématiques Calculate these answers and write out the numbers. (6 x 3 pts. each = 18 pts.)

> *Modèle*
>
> 15 + 40 = *cinquante-cinq*

1. 35 + 25 = _____

2. 20 x 5 = _____

3. 90 − 9 = _____

4. 50 + 25 = _____

5. 40 + 40 = _____

6. 100 − 4 = _____

Nom _____ Date _____

4 Où est…? Complete these sentences with a preposition, according to the illustration. Use each preposition only once. (6 x 3 pts. each = 18 pts.)

1. L'ordinateur est _____ le bureau.

2. La chaise est _____ le bureau.

3. La photo est _____ de l'ordinateur.

4. Les crayons sont _____ des photos.

5. Le lit (*bed*) est _____ des photos.

6. La carte est _____ le bureau.

5 À vous! Describe where different items are located in your classroom or school. Write five complete sentences explaining where each item is, using at least five different prepositions of location. (5 x 4 pts. each = 20 pts.)

> **Modèle**
>
> *La bibliothèque est à gauche de la cantine…*

_____

_____

_____

_____

_____

_____

_____

_____

_____

_____

_____

Unité 3
Leçons A et B

UNIT TEST I

1   Ta famille Nathalie wants to know everything about your family. Choose an appropriate response to each of her questions. (8 x 1 pt. each = 8 pts.)

1. a. gentil
    b. cinq
    c. dentiste

2. a. 40 ans
    b. 14 ans
    c. 75 ans

3. a. mon oncle
    b. mon père
    c. mon beau-père

4. a. châtains
    b. marron
    c. rouges

5. a. musicienne
    b. coiffeur
    c. sportif

6. a. Oui, un frère.
    b. Oui, un architecte.
    c. Oui, un chat.

7. a. Non, ils ne sont pas artistes.
    b. Oui, ils sont très actifs.
    c. Oui, ce sont mes parents.

8. a. de taille moyenne
    b. avocate
    c. prête

Nom _____ Date _____

2 C'est à qui? A group of friends is cleaning up after a study session and several items were left behind. Complete each sentence with a possessive adjective to identify each item's owner. (8 x 1 pt. each = 8 pts.)

1. (à moi) Ah! C'est _____ stylo.

2. (à Sylvain et Astrid) Ce sont _____ feuilles de papier?

3. (à toi) C'est _____ carte?

4. (à elle) Ce sont _____ calculatrices.

5. (à vous) Ce sont _____ livres?

6. (à Philippe) C'est _____ sac à dos?

7. (à moi) C'est _____ chaise.

8. (à vous) C'est _____ dictionnaire.

3 Les chiffres What numbers are these? Write each one in digits. (10 x 1 pt. each = 10 pts.)

1. quatre-vingt-douze _____

2. soixante-trois _____

3. quatre-vingt-cinq _____

4. soixante et onze _____

5. quatre-vingt-dix-huit _____

6. cent _____

7. soixante et un _____

8. quatre-vingt-seize _____

9. quatre-vingt-sept _____

10. soixante-dix-neuf _____

4 De quoi parles-tu? Complete these sentences with a logical noun or adjective. (10 x 1 pt. each = 10 pts.)

1. La sœur de mon père est ma _____.

2. Le fils de mon oncle est mon _____.

3. Mon voisin est divorcé. Il n'a pas de/d' _____ maintenant.

4. La fille de mon frère est ma _____.

5. Le nouveau mari de ma mère est mon _____.

6. La fille de mon oncle est ma _____.

7. La mère de ma mère est ma _____.

8. J'ai seize ans et mon frère Paul a douze ans. C'est mon frère _____.

9. L'époux de ma grand-mère est mon _____.

10. La fille de ma belle-mère et mon père est ma _____.

| 105 | **Unité 3** Unit Test I

5   Où? Describe this scene by completing the statements with prepositions of location.
Use each preposition only once. (6 x 2 pts. each = 12 pts.)

1. Les livres sont _____ la radio.

2. Les stylos sont _____ des cahiers.

3. L'horloge est _____ la radio.

4. Les ordinateurs sont _____ la table.

5. Les sacs à dos sont _____ les ordinateurs.

6. Les stylos et les crayons sont _____ des dictionnaires.

6 **Les contraires** Say that these siblings are *not* like each other by using an adjective that means nearly the opposite. (10 x 1.5 pts. each = 15 pts.)

> *Modèle*
>
> Bernard est blond, mais Sabine est **brune**.

1. Robert et Arnaud sont malheureux, mais Stéphanie est _____.

2. Julie est réservée, mais Charles et Daniel sont _____.

3. Carole est intéressante, mais Gérard est _____.

4. Laurent est pessimiste, mais Valérie et Anne sont _____.

5. Sophie est rapide, mais Albert est _____.

6. Michèle est active, mais Jacques et François sont _____.

7. Aïcha est jeune, mais Jacques et Gisèle sont _____.

8. Abdel et Thomas sont sérieux, mais Véronique et Myriam sont _____.

9. Frédéric est patient, mais Joséphine est _____.

10. Nicolas est poli, mais Béatrice et Isabelle sont _____.

7 **Tu as tort** Answer the questions using the correct form of the adjectives in parentheses. Follow the sentence structure of the model. (4 x 2 pts. each = 8 pts.)

> *Modèle*
>
> Ton cousin est petit et brun? (grand / blond)
> *Mais non, j'ai un grand cousin blond.*

1. Ta calculatrice est mauvaise et jaune? (bon / bleu) _____
   _____

2. Ton sac à dos est nouveau et utile? (vieux / inutile) _____
   _____

3. Ta demi-sœur est vieille et drôle? (jeune / ennuyeux) _____
   _____

4. Tes voisines sont laides et brunes? (beau / roux) _____
   _____

8 **À vous!** Write five complete sentences in which you describe yourself. Mention your age, nationality, physical appearance, personality, and what you like and dislike. (5 x 3 pts. each = 15 pts.)

1. _____

2. _____

3. _____

4. _____

5. _____

Nom _____ Date _____

9 **À vous!** Write a paragraph about your family. Mention everyone's name and age. Provide details about their physical characteristics and personalities, and say what everyone likes to do in their free time. (14 pts.)

_____

_____

_____

_____

_____

_____

_____

_____

_____

_____

_____

_____

_____

_____

_____

_____

_____

_____

_____

_____

_____

_____

_____

_____

_____

           Unité 3   Unit Test I

Unité 3
Leçons A et B

UNIT TEST II

1 Ta famille Sébastien wants to know everything about your family. Choose an appropriate response to each of his questions. (8 x 1 pt. each = 8 pts.)

1. a. cinq
   b. 14 ans
   c. l'aîné

2. a. musicienne
   b. coiffeur
   c. sportif

3. a. Non, je n'ai pas de poisson.
   b. Oui, j'aime les animaux.
   c. Non, j'ai un chien.

4. a. sportifs
   b. avocats
   c. châtains

5. a. mon grand-père
   b. mon frère
   c. ma mère

6. a. bleus
   b. marron
   c. roux

7. a. mon oncle
   b. mon père
   c. mon beau-père

8. a. gentil
   b. cinq
   c. dentiste

 Unité 3 Unit Test II

2 C'est à qui? A few mothers are chatting in the park. Complete each sentence with a possessive adjective to identify each person or animal. (8 x 1 pt. each = 8 pts.)

1. (à vous) C'est _____ neveu?

2. (à Brigitte) Ce sont _____ petites-filles?

3. (à toi) C'est _____ frère?

4. (à Frédéric) Ce sont _____ enfants?

5. (à vous) Ce sont _____ chiens.

6. (à Françoise et Rémi) C'est _____ cousine?

7. (à nous) C'est _____ fils.

8. (à moi) C'est _____ fille.

3 Les nombres What numbers are these? Write each one out using letters. (10 x 1 pt. each = 10 pts.)

1. 94 _____

2. 65 _____

3. 80 _____

4. 78 _____

5. 97 _____

6. 61 _____

7. 66 _____

8. 90 _____

9. 89 _____

10. 72 _____

4 De quoi parles-tu? Complete the sentences with a logical noun or adjective. (10 x 1 pt. each = 10 pts.)

1. Mon voisin n'est pas marié. Il est _____.

2. La fille de mes parents est ma _____.

3. Mon beau-père est marié à ma _____.

4. L'épouse de mon oncle est ma _____.

5. La mère de ma mère est ma _____.

6. J'ai seize ans et mon frère Vincent a vingt et un ans. Je suis son frère _____.

7. Mon grand-père est décédé (*deceased*). Ma grand-mère est _____ maintenant.

8. Mon demi-frère est le _____ de ma belle-mère.

9. La fille de mon oncle est ma _____.

10. Je suis le _____ de mes grand-parents.

Nom _____ Date _____

5 Où? Your sister Charlotte is looking for things. Answer her questions according to what you see in the illustrations. (5 x 2 pts. each = 10 pts.)

   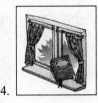 

1.   2.   3.   4.   5.

1. Est-ce que mon sac est près de la porte? _____
   _____

2. Où est mon livre de français? _____
   _____

3. Est-ce que mon cahier est avec mes livres? _____
   _____

4. Est-ce que tu as le dictionnaire près de toi? _____
   _____

5. Où est la montre de papa? _____
   _____

| 111 | **Unité 3** Unit Test II

6 Ils sont bons Write a sentence to explain why these people are good at their professions. Except for **bon**, do not use the same adjective twice. (6 x 2.5 pts. each = 15 pts.)

1. Pierre-Alain

2. Arielle

3. Valérie

4. Thierry et Sabine

5. Jean

6. Amandine et sa sœur

> **Modèle**
>
> Armelle et Maria
>
> *Armelle et Maria sont de bonnes avocates parce qu'elles sont courageuses.*

1. _____

2. _____

3. _____

4. _____

5. _____

6. _____

7 Tu as tort Answer these questions with a complete sentence using the correct form of the adjectives of your choice. Use the sentence structure found in the model. (5 x 2 pts. each = 10 pts.)

> **Modèle**
>
> Ton sac est blanc et noir?
>
> *Mais non, j'ai un gros sac bleu.*

1. Tes livres sont vieux et intéressants? _____

_____

2. Ton petit frère est pénible et désagréable? _____

_____

3. Ton chien est frisé et fou? _____

_____

4. Tes devoirs sont longs et difficiles? _____

_____

5. Ton cousin est petit et rapide? _____

_____

Nom _____ Date _____

8   Un bon ami Write seven complete sentences in which you describe your best friend. Mention his
or her age, nationality, physical appearance, personality, and what he or she likes and dislikes.
(7 x 2 pts. each = 14 pts.)

1. _____

2. _____

3. _____

4. _____

5. _____

6. _____

7. _____

9   À vous! Write a paragraph about a family you know. Mention everyone's name and age. Provide details
about their physical characteristics and personalities. (15 pts.)

_____

_____

_____

_____

_____

_____

_____

_____

_____

_____

_____

_____

_____

_____

_____

_____

| 113 | **Unité 3**   Unit Test II

OPTIONAL TEST SECTIONS
Unité 3
Leçon 3A
ROMAN-PHOTO

1 Choisissez Select the correct answer.

Amina

Michèle

Stéphane

Valérie

1. Amina envoie un message à…

    a. ses parents.

    b. un ami.

    c. sa sœur.

2. Stéphane est…

    a. au lycée.

    b. à l'université.

    c. à un match de foot.

3. Où sont les photos?

    a. sur le CD

    b. dans le sac de Stéphane

    c. sur la table

4. Sur les photos, on peut voir (*see*)…

    a. beaucoup d'animaux.

    b. des personnes qui mangent.

    c. la famille de Valérie.

5. Stéphane préfère…

    a. jouer au foot.

    b. préparer le bac.

    c. travailler au café.

 Unité 3 **Roman-photo** Video Test Items

Nom _____ Date _____

Unité 3

Leçon 3B

ROMAN-PHOTO

1 Choisissez Select the correct answer.

Amina   David   Rachid   Sandrine   Stéphane   Valérie

1. Sandrine trouve son téléphone…
   a. sur une table.
   b. dans son sac.
   c. sous ses papiers.

2. Qui est au téléphone?
   a. Rachid
   b. Stéphane
   c. Pascal

3. Rachid et Stéphane, que pensent-ils de Sandrine et de David?
   a. Ils sont drôles.
   b. Ils sont géniaux.
   c. Ils sont ennuyeux.

4. Où habite la famille de Rachid?
   a. à Marseille
   b. à Paris
   c. à Aix-en-Provence

5. Stéphane n'est pas tellement…
   a. inquiet.
   b. paresseux.
   c. travailleur.

OPTIONAL TEST SECTIONS
Unité 3

Leçon 3A

CULTURE

1 Choisissez Select the correct answer.

1. Qu'est-ce qui n'est pas un exemple de famille monoparentale?
   a. un parent divorcé
   b. un PACS
   c. un veuf

2. La majorité des couples avec enfants…
   a. ont moins de (*less than*) 25 ans.
   b. ont plus de 60 ans.
   c. ont au moins (*at least*) 30 ans.

3. La Fête des mères en Belgique est…
   a. en avril.
   b. en mai.
   c. en juin.

4. Yannick Noah joue…
   a. au football.
   b. au tennis.
   c. au basket.

5. Zacharie Noah est… de Yannick Noah.
   a. le père
   b. le fils
   c. le neveu

Nom _____ Date _____

Unité 3

Leçon 3B
CULTURE

1 Choisissez Select the correct answer.

1. Un camarade de classe est un…
   a. copain.
   b. ami.
   c. petit ami.

2. Les jeunes couples en France…
   a. ne sortent (*go out*) pas sous l'âge de 16 ans.
   b. sortent souvent (*frequently*) en groupe.
   c. sortent toujours seuls (*alone*).

3. La famille Cousteau est dédiée (*dedicated*) à la protection…
   a. des océans.
   b. des animaux.
   c. des enfants.

4. Philippe Jr. et Alexandra continuent le travail de leur…, Jacques Cousteau.
   a. oncle
   b. père
   c. grand-père

5. On applique du henné sur les mains (*hands*) de la mariée…
   a. en France.
   b. au Maroc.
   c. en Suisse.

Nom _____ Date _____

OPTIONAL TEST SECTIONS
Unité 3

Flash culture

1 Décrivez Describe these people in the video using at least two different adjectives for each. You may want to give their approximate age, describe their hair color or style, and their personalities. Use complete sentences. Be creative!

1. la maman et l'enfant _____
_____

2. les jeunes qui (*that*) jouent au foot _____
_____

3. la femme qui fait du jogging _____
_____

4. le garçon et sa petite amie _____
_____

5. la femme et son chien _____
_____

Panorama

1 Vrai ou faux? Indicate whether these statements are **vrai** or **faux**. Correct the false statements.

	Vrai	Faux
1. On parle français, allemand, italien et romanche en Belgique.	_____	_____
2. Bruxelles est la capitale de l'Union européenne.	_____	_____
3. En Belgique, on trouve beaucoup de musées et de peintures murales consacrés (*dedicated*) au chocolat.	_____	_____
4. La Suisse est célèbre (*famous*) pour ses banques et ses montres.	_____	_____
5. Jean Jacques Rousseau est l'auteur de «Du contrat social».	_____	_____

OPTIONAL TEST SECTIONS
Unité 3
Leçon 3A
LECTURE SUPPLÉMENTAIRE

1 **À Québec** Marine has just spent her first week as an exchange student in Quebec City. Read the letter she wrote to her parents. Then, write complete sentences to answer the questions.

> Chers papa et maman,
>
> Me voici à Québec. J'aime beaucoup. Ma famille est super. J'adore la fille aînée. Elle s'appelle Ludmilla et elle a seize ans. Elle est petite et blonde. Ses cheveux sont frisés et ses yeux sont verts. Elle est très sociable! Elle a beaucoup d'amis très sympas. Elle a deux frères. Jules a quatorze ans. Il est petit et blond aussi. C'est un élève brillant. Il est très intellectuel et un peu timide, mais sympa! Le cadet s'appelle Charles. C'est le demi-frère de Ludmilla et de Jules. Je n'aime pas du tout Charles! Il a quatre ans et il n'est pas gentil du tout. Et il est égoïste! La mère de Ludmilla est de taille moyenne. Elle a les cheveux châtains et les yeux bleus. Elle enseigne les maths dans un lycée à Québec. Son mari, le père de Charles, s'appelle Maurice. Il travaille dans le marketing. La grand-mère de Ludmilla (la mère de sa mère) est veuve et elle habite avec nous. Elle s'appelle Anne. Elle prend des cours de sociologie à l'université le matin. Je l'aime beaucoup. La famille a deux chiens et un chat. Voilà.
>
> À bientôt.
> Marine

1. Combien d'enfants y-a-t-il dans la famille? _____

2. Qui (*Who*) est Ludmilla? Comment est-elle? _____
_____

3. Quel âge ont les enfants? _____
_____

4. Qui est-ce que Marine n'aime pas? Pourquoi? _____
_____

5. Comment est la mère de Ludmilla? _____
_____

6. Quelle est la profession de la mère de Ludmilla? _____

7. Qui est Anne? _____
_____

8. Quels animaux de compagnie (*pets*) a la famille de Ludmilla? _____
_____

Unité 3

Leçon 3B

LECTURE SUPPLÉMENTAIRE

1 Les professions Read this excerpt from the employment section of a French newspaper. Then, indicate whether each statement is **vrai** or **faux**, and correct the false statements.

Recherche architecte travailleur et indépendant Près de Paris. Études: Diplôme d'architecte + expérience.	**Recherche coiffeur/ coiffeuse** 3 matinées (lundi, mercredi, jeudi) + week-end (soirées). Salon en face de la tour Eiffel. Téléphone: 01.42.56.78.36 (Madame Rigaud)	**Recherche ingénieur près de Paris** Diplômes: Bac S + diplôme d'ingénieur. Salaire: 3800 euros/mois. Téléphone: 01.46.87.35.69
Avocat Diplôme de droit[1], anglais et allemand utiles. Le candidat doit[2] aimer voyager, être sérieux et être prêt à travailler tard le soir.	**Journaliste, très bon anglais** Journal étranger (à New York). Salaire: 2500 euros/mois.	

[1]law [2]must

	Vrai	Faux
1. Le poste (*position*) d'architecte est loin de Paris.	_____	_____
2. Le coiffeur / La coiffeuse travaille l'après-midi.	_____	_____
3. Le numéro de téléphone de Madame Rigaud est le zéro un, quarante-trois, cinquante-six, soixante-dix-huit, trente-neuf.	_____	_____
4. Le salon est près de la tour Eiffel.	_____	_____
5. Les langues étrangères ne sont pas utiles pour le poste de journaliste.	_____	_____
6. Le numéro de téléphone pour le poste d'ingénieur est le zéro un, quarante-six, quatre-vingt-sept, trente-cinq, soixante-neuf.	_____	_____
7. Les langues étrangères sont utiles pour le poste d'avocat.	_____	_____
8. L'avocat et le journaliste doivent (*must*) voyager.	_____	_____

Leçon 4A
VOCABULARY QUIZ I

1 Associez Match the activities in Column A with a logical location in Column B. (8 x 1 pt. each = 8 pts.)

A	B
1. les sports	a. une piscine
2. patiner	b. une église
3. épouser	c. un bureau
4. voir une exposition d'art	d. un restaurant
5. dépenser de l'argent	e. un parc
6. travailler	f. un gymnase
7. nager	g. un musée
8. déjeuner	h. un centre commercial

2 Où suis-je? Read each riddle and write the name of the place it describes. Use the definite article with each place. (6 x 1 pt. each = 6 pts.)

1. On quitte cet endroit le matin et on rentre à cet endroit le soir.

   _____

2. On trouve des journaux (*newspapers*), des magazines et des guides touristiques à cet endroit.

   _____

3. C'est un bon endroit pour patiner et jouer (*to play*).

   _____

4. Cet endroit est en ville ou dans un centre commercial.

   _____

5. Dans cet endroit, on trouve des choses à manger: des fruits, du chocolat et du café.

   _____

6. Tu explores, tu escalades (*climb*) et tu trouve de l'air pur dans cet endroit.

   _____

3 Complétez Fill in the blanks with the names of appropriate places. (6 x 1 pt. each = 6 pts.)

1. Le père d'Amélie est médecin. Il travaille dans un _____.

2. Il y a une belle fontaine sur la _____.

3. Chicago a un grand _____ avec beaucoup de bâtiments (*buildings*).

4. L'Everest, c'est une _____.

5. Je n'aime pas habiter en ville. J'adore la _____.

6. Nous préférons manger sur la _____ du café, pas à l'intérieur.

Unité 4

Nom _____   Date _____

Leçon 4A
VOCABULARY QUIZ II

1   Questions Answer these questions with complete sentences. (5 x 1 pt. each = 5 pts.)

1. Est-ce que tu aimes bavarder ou est-ce que tu es réservé(e)?

   _____

2. Tes parents et toi, vous habitez en ville ou en banlieue?

   _____

3. D'habitude, ta famille dîne au restaurant ou à la maison le vendredi soir?

   _____

4 Est-ce que tes ami(e)s dépensent beaucoup d'argent au centre commercial?

   _____

5 Tes amis et toi, vous aimez mieux regarder la télé ou voir (*see*) un film au cinéma?

   _____

2   Nos activités Write four sentences to tell what you and your friends are doing this weekend. Use at least four of the verbs provided. (4 x 2 pts. each = 8 pts.)

bavarder	explorer	nager	patiner
dépenser	inviter	passer	visiter

   _____
   _____
   _____
   _____
   _____
   _____
   _____

3   Ma ville Write a a description of your town or city and the places in it. Use prepositions of location to describe where different buildings are in relation to each other. (7 pts.)

   _____
   _____
   _____
   _____
   _____
   _____
   _____

Nom _____ Date _____

Leçon 4A.1

GRAMMAR QUIZ I
The verb *aller*

1 Complétez Complete these sentences with the correct form of **aller**. (5 x 1 pt. each = 5 pts.)

1. Mes cousines _____ bavarder toute la soirée.

2. Je ne _____ pas visiter le musée du Louvre à Paris.

3. _____ -tu trouver la maison de Simon?

4. On _____ parler français avec ma grand-mère.

5. Nous _____ au lycée avec nos enfants.

2 Remplissez Fill in the blanks with the appropriate form of the preposition **à** + the definite article. (6 x 0.5 pt. each = 3 pts.)

1. Ma voisine travaille _____ hôpital le soir.

2. Je n'aime pas étudier _____ bibliothèque.

3. Mes camarades de classe posent (*ask*) des questions _____ professeurs.

4. Mes parents vont _____ gymnase le samedi matin.

5. Vous dépensez de l'argent _____ kiosque.

6. Il va _____ grands magasins pour acheter des cadeaux.

3 Notre calendrier You are looking at your family calendar and telling your sister what everyone is going to do. Write six complete sentences to tell where everyone is going to go, on what day, and at what time. Write out the times. (6 x 2 pts. each = 12 pts.)

L	M	M	J	V	S	D
9h40	8h00	12h00	13h15	19h30	10h50	9h30
moi / piscine	papa et Isabelle / parc avec chien	Benjamin / café avec Jean et Max	tante Agathe et toi / ville	toi / cinéma avec Félix	Agnès et moi / centre commercial	Maman / église

> *Modèle*
>
> *Mercredi à midi, Benjamin va au café avec Jean et Max.*

1. _____

2. _____

3. _____

4. _____

5. _____

6. _____

Leçon 4A.1 Grammar Quiz I

Nom _____ Date _____

Leçon 4A.1

GRAMMAR QUIZ II
The verb *aller*

1   **Complétez** Complete the conversation between Aurélie and Hervé about their weekend activities in a logical manner using the verb **aller** and adding your own details. (5 x 1 pt. each = 5 pts.)

    AURÉLIE   Est-ce que tu (1) _____ samedi prochain?

    HERVÉ   Non, c'est ennuyeux!

    AURÉLIE   Eh bien, Salima et moi, nous (2) _____ samedi après-midi.
                    Ça te dit? (*Does that interest you?*)

    HERVÉ   Génial! J'adore (3) _____!

    AURÉLIE   Et dimanche soir? On (4) _____?

    HERVÉ   Non, dimanche soir, je (5) _____.

2   **On y va?** Write sentences telling why these people are going or not going to each of these places. (5 x 1 pt. each = 5 pts.)

    1. Mon père / bureau

    _____

    2. Mes cousines / centre commercial

    _____

    3. Je / gymnase

    _____

    4. Mes parents / restaurant

    _____

    5. Mon ami Amadou / musée

    _____

3   **La surveillance** You are a detective following different members of the Chacal family around town. Write a log of where five different people are going at various times. Be descriptive! (5 x 2 pts. each = 10 pts.)

Lundi matin à 6h30, M. Chacal...

    | 124 | **Leçon 4A.1**   Grammar Quiz II

Leçon 4A.2

GRAMMAR QUIZ I
Interrogative words

1 Choisissez Marc is asking you a lot of personal questions. Choose the appropriate response for each of his questions. (5 x 1 pt. each = 5 pts.)

_____ 1. Quand est-ce que tu vas au parc?   a. Elle est grande.

_____ 2. Pourquoi vas-tu à la banque?   b. Le chien sur la place.

_____ 3. Où est-ce que tu vas étudier?   c. Parce que j'ai besoin d'argent.

_____ 4. Comment est ta maison?   d. Parce qu'elle est fatiguée.

_____ 5. Tu regardes quoi?   e. Samedi matin.

                                                     f. À la maison.

2 Un élève curieux Léo wants to get to know everyone in his class. Complete each of his questions with a logical question word. (5 x 1 pt. each = 5 pts.)

1. _____ est-ce que Karim a l'air triste?

2. _____ est-ce que Miriam et Angélique habitent?

3. _____ manges-tu à la cantine?

4. _____ livres détestent-ils?

5. _____ fréquente des cafés?

3 Posez la question! You have the answers. Ask the questions. (5 x 2 pts. each = 10 pts.)

1. _____

   Tu aimes les sciences?

2. _____

   Nous n'aimons pas aller au centre-ville.

3. _____

   Elles aiment mieux la table rouge.

4. _____

   Gabriel est grand et fort.

5. _____

   Il y a trois cafés sur la place.

Leçon 4A.2

GRAMMAR QUIZ II
Interrogative words

1 Répondez Answer these questions using complete sentences. (5 x 1 pt. each = 5 pts.)

1. Comment sont tes cours?

   _____

2. Quel jour de la semaine est-ce que tu aimes? Pourquoi?

   _____

3. D'habitude, à quelle heure est-ce que tu déjeunes? Avec qui?

   _____

4. Où est-ce que tu aimes aller après les cours?

   _____

5. Combien d'hôpitaux y a-t-il dans ta ville?

   _____

2 Complétez Complete the questions using the suggested verbs, or your own, and varying the subject each time. (5 x 1 pt. each = 5 pts.)

adorer	épouser
aller	fréquenter
chercher	inviter
détester	penser

1. À qui _____?
2. _____ quoi?
3. Quelles _____?
4. Que _____?
5. Quand _____?

3 Les nouveaux élèves There is a new exchange student at your school. Write five questions to get more information about the new student. (5 x 2 pts. each = 10 pts.)

_____

_____

_____

_____

_____

_____

_____

Nom _____ Date _____

Unité 4
Leçon 4A

LESSON TEST I

1 **En ville** Christian wants to know about your town. Listen to each of his questions and choose the correct response. (6 x 4 pts. each = 24 pts.)

1. a. à l'épicerie
   b. sur la place
   c. au kiosque

2. a. C'est agréable.
   b. C'est en ville.
   c. C'est loin.

3. a. très grand
   b. deux
   c. Marc et moi

4. a. le samedi
   b. avec Paul
   c. au marché

5. a. les médecins
   b. les artistes
   c. les avocats

6. a. le vendredi
   b. à midi
   c. tard le soir

Nom _____ Date _____

2   Qu'est-ce qu'on fait? Write five complete sentences, saying what the people in the illustrations are doing. (5 x 4 pts. each = 20 pts.)

> **Modèle**
>
> *Madame Leduc va à la poissonnerie.*

1.   2.   3.

4.   5.

1. _____.
2. _____.
3. _____.
4. _____.
5. _____.

3   Où?   Based on what these people like, say where they are probably going. (5 x 3 pts. each = 15 pts.)

> **Modèle**
>
> J'aime les artistes impressionnistes.
> *Je vais au musée.*

1. Nous aimons nager. Nous _____.

2. Hélène et Aurélie aiment les sports. Elles _____.

3. Patrick aime les films étrangers. Il _____.

4. Toi, tu adores dépenser ton argent. Tu _____.

5. Vous aimez manger. Vous _____.

4 Questions Your brother is on the phone making plans for the evening and you can only hear his answers. Write the questions his friend asks based on the answers. (7 x 3 pts. each = 21 pts.)

1. — _____?
   — Il est six heures et demie.

2. — _____?
   — Le film commence à sept heures quinze.

3. — _____?
   — On va au cinéma en taxi.

4. — _____?
   — Le cinéma est au centre-ville.

5. — _____?
   — On va au cinéma avec Julien et Annick.

6. — _____?
   — J'ai quatre tickets de cinéma.

7. — _____?
   — On va rentrer vers minuit.

5 À vous! Write sentences telling five places you plan to go next week and what you are going to do at each place. Be sure to write complete sentences. (10 x 2 pts. each = 20 pts.)

> *Modèle*
>
> *Je vais à la bibliothèque. Je vais préparer un examen d'histoire.*

_____

_____

_____

_____

_____

_____

_____

Unité 4
Leçon 4A

LESSON TEST II

1 **Une réponse logique** Joseph and Laurent are making plans. Choose the most logical answer to each of Joseph's questions you hear. (6 x 4 pts. each = 24 pts.)

1. a. Je suis en retard.
   b. À onze heures.
   c. Il est deux heures.

2. a. On va au café samedi.
   b. C'est sur la place.
   c. Oui, j'adore sa terrasse.

3. a. Demain.
   b. Au centre commercial.
   c. Avec les copains.

4. a. *Café des Français.*
   b. *Go sports.*
   c. L'Hôpital Saint Jean.

5. a. Il est très grand.
   b. Il est à côté de la banque.
   c. Il est avec nous.

6. a. Dans 50 minutes.
   b. Il y a 50.
   c. 50 euros.

Nom _____ Date _____

2 Qu'est-ce qu'on fait? Write five complete sentences, saying what the people in the photos are doing. Use verbs from the list and a logical ending. (5 x 4 pts. each = 20 pts.)

Il passe chez un ami.

bavarder
déjeuner
dépenser
nager
quitter

1.

2.

2.

4.

5.

1. _____ .
2. _____ .
3. _____ .
4. _____ .
5. _____ .

3 Où? Based on what these people like, say where they are probably going. (5 x 3 pts. each = 15 pts.)

J'aime bien explorer la ville.   *Je vais au centre-ville.*

1. Vous aimez bien les films français. Vous _____ .

2. Monsieur et Madame Bérard adorent manger. Ils _____ .

3. Nous aimons skier. Nous _____ .

4. Tu aimes acheter (*to buy*) des magazines et des journaux. Tu _____ .

5. Suzanne aime faire (*to do*) de l'aérobic. Elle _____ .

         Leçon 4A   Lesson Test II

Nom _____ Date _____

4 Questions Christine is on the phone talking about her plans for the evening and you can only hear her answers. Write the questions the friend asks based on Christine's answers. (7 x 3 pts. each = 21 pts.)

1. — _____?
   — Nous allons au musée ce soir.

2. — _____?
   — Parce que Philippe adore l'art moderne.

3. — _____?
   — On va au musée avec Ahmed et Caroline.

4. — _____?
   — À dix-huit heures trente.

5. — _____?
   — Après, nous allons au restaurant.

6. — _____?
   — Au restaurant Chez Pascal. C'est cher (*expensive*).

7. — _____?
   — J'ai 150 euros.

5 À vous! Write sentences telling five places you plan to go next week, and what you are going to do at each place. Be sure to write complete sentences. (10 x 2 pts. = 20 pts.)

> **Modèle**
>
> *Je vais au parc. Je vais patiner avec Delphine et Virginie.*

_____

_____

_____

_____

_____

_____

_____

_____

_____

_____

_____

_____

_____

_____

Leçon 4B
VOCABULARY QUIZ I

1 Chassez l'intrus Indicate the word that does not belong. (6 x 1 pt. each = 6 pts.)

1. la bouteille, l'addition, le pourboire

2. le pain, la baguette, le beurre

3. d'autres, assez de, beaucoup de

4. un éclair, une limonade, un croissant

5. le café, le thé, le jus de pomme

6. une eau minérale, un thé glacé, une soupe

2 On mange? Put this conversation between Éric and his friend in order. (6 x 1 pt. each = 6 pts.)

_____ a. Ça coûte combien?

_____ b. Un jus de pomme pour moi.

_____ c. Non, mais j'ai très soif.

_____ d. 8, 25€ et je laisse aussi un pourboire.

_____ e. Moi, je vais manger un sandwich au jambon. Et toi?

_____ f. Éric, tu as faim?

3 Complétez Complete each sentence with a logical word. (8 x 1 pt. each = 8 pts.)

1. Andrea commande un _____ d'eau.

2. Je suis diabétique. Je ne veux (*want*) pas de _____ dans mon thé.

3. Les serveuses _____ la soupe à la table.

4. Nous _____ un bon pourboire.

5. Où est ma _____ de café?

6. Voilà un _____ de fromage.

7. Moi, j'aime les _____ froides comme la limonade.

8. Le serveur donne l' _____ au client.

Nom _____ Date _____

Leçon 4B
VOCABULARY QUIZ II

1 Le menu You have opened a small café in Geneva. Create a menu with four items to eat and four items to drink. Do not forget to name your café! (8 x 1 pt. each = 8 pts.)

Café _____
À manger

Boissons chaudes	Boissons froides

2 Phrases incomplètes Complete these sentences in a logical manner. (6 x 1 pt. each = 6 pts.)

1. Au petit-déjeuner (*breakfast*), je _____.

2. Quand j'ai faim, _____.

3. Comme boisson, mes parents aiment _____.

4. Je déteste _____.

5. L'après-midi, on préfère manger _____.

6. Le serveur _____.

3 Au café Julie and her friend André are at a café trying to decide what to order. Write their conversation. (6 pts.)

ANDRÉ _____

JULIE _____

ANDRÉ _____

JULIE _____

ANDRÉ _____

JULIE _____

Nom _____ Date _____

Leçon 4B.1

GRAMMAR QUIZ I
The verbs *prendre* and *boire*; Partitives

1 Choisissez Choose the correct partitive or indefinite article. (5 x 1 pt. each = 5 pts.)

1. Gaëlle aime prendre (du / de la / un) soupe aux tomates.

2. Justine et Nathan prennent (un / du / de la) sucre avec leur café.

3. Tu ne bois pas (du / de la / de) lait?

4. Lise et moi, on prend (un / une / du) sandwich au fromage.

5. Vous prenez (de / du / de la) beurre?

2 Complétez Complete each sentence with the correct form of a verb from the list. (5 x 1 pt. each = 5 pts.)

apprendre	boire	comprendre	prendre

1. Vous _____ les questions du client?

2. Nous ne _____ pas de thé glacé.

3. Les serveurs _____ beaucoup d'information sur leurs clients.

4. Est-ce que tu _____ la carte (*menu*)?

5. Mona et moi, nous _____ un éclair avec du lait.

3 Les habitudes Use the cues to write sentences about everyone's eating and drinking habits. Add the appropriate partitive or indefinite articles. (5 x 2 pts. each = 10 pts.)

1. mes parents / boire / café / le matin

   _____

2. le matin / mes frères / prendre / croissants

   _____

3. vous / boire / eau minérale

   _____

4. tu / ne pas boire / boissons gazeuses

   _____

5. vous / prendre / sandwich / au déjeuner

   _____

Nom _____ Date _____

Leçon 4B.1

GRAMMAR QUIZ II
The verbs *prendre* and *boire*; Partitives

1 **Assemblez** Write six sentences using elements from each column and adding indefinite, definite, and partitive articles as necessary. Do not repeat any elements. (6 x 2 pts. each = 12 pts.)

je	(ne... pas)	limonade
ma cousine et moi	prendre	sandwich au jambon
mon ami(e)	comprendre	langues étrangères
vous	apprendre	café au lait
mes parents	boire	sucre
le serveur		beurre
		menu du jour
		soupe
		croissants
		français

1. _____

2. _____

3. _____

4. _____

5. _____

6. _____

2 **On a faim!** Françoise, Tarik, and Éloise are meeting at a restaurant. Write a conversation in which they decide what to eat and drink. Use the verbs **boire** and **prendre** as well as partitive and indefinite articles. (8 pts.)

_____

_____

_____

_____

_____

_____

_____

_____

_____

_____

_____

| 136 | **Leçon 4B.1** Grammar Quiz II

Leçon 4B.2

GRAMMAR QUIZ I
Regular *-ir* verbs

1   Choisissez Choose the correct verb form. (5 x 1 pt. each = 5 pts.)

1. À quelle heure _____ le film?
   a. finis   b. finit   c. finir   d. finissent

2. Philippe ne _____ pas parce qu'il mange trop!
   a. maigris   b. maigrissez   c. maigrir   d. maigrit

3. Les enfants n'aiment pas _____ à leur professeur.
   a. obéit   b. obéissent   c. obéir   d. obéis

4. Qu'est-ce que je vais _____, l'éclair ou le croissant?
   a. choisir   b. choisis   c. choisit   d. choisissent

5. Quand il y a du danger, vous _____ vite.
   a. réagissez   b. réagit   c. réagissons   d. réagissent

2   Quel verbe? Fill in each blank with the appropriate form of a regular **-ir** verb. (5 x 1 pt. each = 5 pts.)

1. Tu ne _____ pas à tes examens. Tu dois (*should*) étudier plus!

2. Qu'est-ce que vous _____ comme boisson au café?

3. Sylvie et Yvonne _____ parce qu'elles ont honte!

4. Pour _____, je mange moins et je nage beaucoup.

5. Mon frère et moi, nous n' _____ pas toujours (*always*) à nos parents.

3   Mes copains et moi Christophe is talking about himself and his friends. Write complete sentences using the cues. (5 x 2 pts. each = 10 pts.)

1. Françoise / ne pas réagir / quand / elle / parler de / Édouard

   _____

2. tu / manger / éclairs / et / tu / grossir / !

   _____

3. je / obéir à / grands-parents

   _____

4. les enfants / grandir / vite

   _____

5. que / choisir / vous / restaurant / ?

   _____

       Leçon 4B.2   Grammar Quiz I

Nom _____ Date _____

Leçon 4B.2

GRAMMAR QUIZ II
Regular -ir verbs

1 Répondez Answer these questions with complete sentences. (3 x 1 pt. each = 3 pts.)

1. Dans ta famille, qui choisit le restaurant quand vous sortez (*go out*) dîner?

   _____

2. Est-ce que tu réfléchis beaucoup avant de prendre (*before making*) une décision?

   _____

3. Est-ce que tes camarades de classe obéissent à leurs professeurs?

   _____

2 La conséquence logique Write a logical consequence for each situation using an **-ir** verb. (4 x 2 pts. each = 8 pts.)

1. Mélanie est très timide. Elle ne parle pas à ses camarades de classe.

   _____

2. Didier prend cinq éclairs le matin avec son café.

   _____

3. Les amis de Paul n'étudient pas du tout pour l'examen de biologie.

   _____

4. M. et Mme Vatel ont quatre-vingt-sept ans aujourd'hui.

   _____

3 Les nouvelles ici Your best friend has moved away. Write him or her with news of all your friends and family. Use as many verbs as possible from the list. (9 pts.)

grandir	maigrir	réfléchir	rougir
grossir	réagir	réussir (à)	vieillir

_____

_____

_____

_____

_____

_____

_____

_____

_____

Nom _____ Date _____

Unité 4
Leçon 4B

LESSON TEST I

1 Conversations You will hear a series of short, incomplete conversations between various people. Select the most logical continuation for each. (5 x 4 pts. each = 20 pts.)

1. Anaïs est au café. Le serveur arrive.
   a. Une pizza, s'il vous plaît.
   b. L'addition, s'il vous plaît.
   c. Un thé, s'il vous plaît.

2. Monsieur et Madame Foussereau sont au café.
   a. Non merci. Je n'ai pas très soif.
   b. Non merci. Je n'ai pas très faim.
   c. Oui, un chocolat chaud, s'il vous plaît.

3. Hassan et Gaëtan regardent dans le réfrigérateur.
   a. Oui, il y a de la soupe.
   b. Oui, il y a une bouteille d'eau.
   c. Oui, il y a un morceau de fromage.

4. Nathalie et Inès préparent un pique-nique.
   a. Prends de la limonade.
   b. Prends quelque chose à manger.
   c. Prends des verres.

5. Stéphanie et Roger mangent à sept heures du matin.
   a. Oui, tout le jus d'orange.
   b. Non merci. Je vais prendre du pain.
   c. Non, je n'ai pas envie de boisson.

Nom _____ Date _____

2 Au café You have walked into a café. List ten different food or related items you see under the appropriate category. Include the appropriate indefinite article for each item. (10 x 2 pts. each = 20 pts.)

Boissons
1. _____
2. _____
3. _____

Nourriture (*Food*)
4. _____
5. _____
6. _____

Vaisselle (*Tableware*)
7. _____
8. _____

Argent
9. _____
10. _____

3 On a faim et soif! Complete each sentence with the appropriate form of **prendre** or **boire** and the correct partitive or indefinite article to tell what people are eating or drinking. (8 x 3 pts. each = 24 pts.)

1. Florent _____ _____ eau minérale.
2. Mes copains _____ _____ fromage.
3. Francine et moi, nous _____ _____ limonade.
4. Tu _____ _____ thé, n'est-ce pas?
5. Monsieur Moreau _____ _____ sandwich au jambon.
6. Pierrick et Myriam _____ _____ jus de pomme.
7. Vous _____ _____ frites.
8. Moi, je _____ aussi _____ hamburger.

4 Au déjeuner Manuel and Youssra are having lunch at a café. Complete their conversation with the appropriate form of a regular **-ir** verb. (8 x 2 pts. each = 16 pts.)

YOUSSRA Je (1) _____ la soupe du jour. Et toi?
MANUEL Moi, je ne sais (*know*) pas. Je (2) _____ encore. Bon, je prends un hamburger, des frites et un coca.
YOUSSRA Tu vas (3) _____ avec tout ça!
MANUEL Et toi, tu es au régime (*on a diet*)?
YOUSSRA Oui, tu vas voir (*will see*); je vais (4) _____ cette année. Je/J'
(5) _____ à mon docteur et mon corps (*body*) (6) _____ bien au nouveau régime. … Eh, c'est bon pour samedi soir?
MANUEL Mes parents (7) _____ à ma suggestion. Ah, voilà le serveur.
YOUSSRA (8) _____ notre conversation après.

5   **À vous!** You and a friend are at a café. Write a conversation of at least five sentences in which you both order something different to eat and drink, and one of you asks for the check. (20 pts.)

_____

_____

_____

_____

_____

_____

_____

_____

_____

_____

_____

_____

_____

_____

Unité 4
Leçon 4B

LESSON TEST II

1 **Conversations** You will hear a series of short, incomplete conversations between various people. Select the most logical continuation of each conversation. (5 x 4 pts. each = 20 pts.)

1. Geoffroy est au café. La serveuse arrive.

   a. De l'eau, s'il vous plaît.

   b. De la soupe, s'il vous plaît.

   c. Des frites, s'il vous plaît.

2. Monsieur et Madame Ouellette sont au café.

   a. Oui, de la soupe, s'il vous plaît.

   b. Non merci. Je n'ai pas très soif.

   c. Oui, un chocolat chaud, s'il vous plaît.

3. Sabine et Zoé préparent le déjeuner.

   a. Prends des verres.

   b. Prends du sucre.

   c. Prends de l'eau minérale.

4. Simone et Alexie prennent le petit-déjeuner (*breakfast*).

   a. Oui, tout le café.

   b. Oui, s'il te plaît, j'ai très faim.

   c. Non, je n'ai pas envie de boisson.

5. Benoît et Arnaud regardent dans le réfrigérateur.

   a. Oui, il y a une bouteille de jus de pomme.

   b. Oui, il y a du thé.

   c. Oui, il y a du pain et un morceau de fromage.

2   Au café You are walking by the Café de la Fleur, and notice this menu outside. List eight of the items from the menu with the indefinite article for each. (8 x 3 pts. each = 24 pts.)

1. _____
2. _____
3. _____
4. _____
5. _____
6. _____
7. _____
8. _____

3   On a faim et soif! Complete each sentence with the appropriate form of **prendre** or **boire** and the correct partitive or indefinite article to tell what people are eating or drinking. (8 x 3 pts. each = 24 pts.)

1. Vous _____ _____ lait.

2. Nous _____ _____ pizzas.

3. Moi, je _____ _____ frites.

4. Tu _____ _____ jus d'orange, n'est-ce pas?

5. Habib et Aïcha _____ _____ thé.

6. Monsieur Moreau _____ _____ sandwich au jambon.

7. Dominique _____ aussi _____ éclair?

8. Claude et moi, nous _____ _____ café.

4 Au déjeuner Maryse et Laëtitia are at a restaurant. Complete their conversation with the appropriate form of a regular **-ir** verb. (8 x 2 pts. each = 16 pts.)

MARYSE	Alors, quand est-ce que vous allez (1) _____ un nouveau chien?
LAËTITIA	Je ne sais pas. Nous ne (2) _____ pas à trouver le chien idéal.
	Et moi, je/j' (3) _____ encore. Beaucoup sont adorables, mais...
MARYSE	(4) _____ à ton instinct. Ah, la serveuse arrive. Qu'est-ce que tu
	(5) _____ pour le déjeuner?
LAËTITIA	Je/J' (6) _____ de regarder la carte. Tout est riche en calories dans ce restaurant!
MARYSE	Je vais prendre un sandwich avec un soda. Moi, je ne/n' (7) _____ pas parce que je vais beaucoup à la gym.
LAËTITIA	Tu as de la chance! Moi, je ne/n' (8) _____ pas. Et pourtant (*yet*), je ne mange pas beaucoup!
MARYSE	Demain, va au gymnase avec moi.

5 À vous! You and a friend are out to eat. Write a conversation of at least five sentences in which you both order something different (food and drink), and one of you asks for the check. (20 pts.)

_____

_____

_____

_____

_____

_____

_____

_____

Unité 4
Leçons A et B

UNIT TEST I

1 Conversations au café Select the most logical response to each question you hear.
(6 x 1.5 pts. each = 9 pts.)

1. a. L'addition, s'il vous plaît.
   b. Très bien, et vous?
   c. Un café et un verre d'eau, s'il vous plaît.

2. a. Peut-être une soupe.
   b. Peut-être une eau minérale.
   c. Du sucre, s'il vous plaît.

3. a. Oui, nous déjeunons.
   b. Non, nous prenons une bouteille d'eau minérale.
   c. Oui, presque tous les jours.

4. a. Oui, j'ai soif.
   b. Non merci, ça va.
   c. Oui, mais je n'ai pas faim.

5. a. Je vais prendre une soupe.
   b. Je ne mange pas de pain.
   c. Un morceau, s'il te plaît.

6. a. Ils sont pour moi et ma copine.
   b. Au jambon.
   c. Il n'y a pas de beurre.

2 Associez Match the action in Column B you would logically take in response to each
situation in Column A. (8 x 1.5 pts. each = 12 pts.)

A	B
1. Tu as faim.	a. explorer la ville
2. Tu as soif.	b. bavarder
3. Tu ne vas pas bien.	c. boire
4. Tu regardes les prix.	d. visiter un musée
5. Tu es sportif.	e. dépenser de l'argent
6. Tu aimes l'art.	f. aller à l'hôpital
7. Tu aimes visiter de nouveaux endroits.	g. manger
8. Tu aimes parler.	h. patiner
	i. passer chez quelqu'un

3 Il y a Look at the picture and answer these questions. (6 x 2 pts. each = 12 pts.)

1. Est-ce qu'il y a des boissons froides? _____
   _____

2. Y a t-il des croissants? _____
   _____

3. Combien est-ce qu'il y a de sandwichs? _____
   _____

4. Est-ce qu'il y a quelque chose d'autre à manger? _____
   _____

5. Il y a du lait? _____
   _____

6. Qu'est-ce qu'il n'y a pas d'autre? _____
   _____

4 En ville Complete each sentence with the correct form of the verb in parentheses.
(10 x 1.5 pts. each = 15 pts.)

1. Monsieur? _____ (apporter) l'addition, s'il vous plaît.

2. Tu _____ (prendre) le jambon-fromage et moi, le jambon-beurre.

3. On _____ (déjeuner) ici? Il est presque midi et j'ai faim.

4. Non merci, je ne _____ (boire) pas de café.

5. Combien _____ (coûter) les croissants?

6. Ne sois pas égoïste. _____ (laisser) un bon pourboire.

7. Toi et moi, nous ne _____ (bavarder) pas assez souvent.

8. Martin _____ (dépenser) trop d'argent dans les magasins.

9. Tu _____ (nager) à la piscine cet après-midi?

10. Vous _____ (patiner) en ville?

5 À compléter Complete each sentence with the correct form of an **-ir** verb. Do not use the same verb twice.
(8 x 1 pt. each = 8 pts.)

1. Quand je mange des frites et des hamburgers, je _____!

2. Tu ne _____ pas ton sandwich? J'ai faim.

3. Les enfants sont grands. Ils _____ trop vite (*fast*)!

4. Quand Olivier a honte, il _____.

5. Nous avons besoin de _____. Allons au gymnase.

6. Ma grand-mère a 60 ans. Elle _____.

7. On va au cinéma ce soir. Vous _____ le film.

8. Nous _____ à votre problème.

6 Aujourd'hui You and your friends are planning the day. Say what everyone is going to do once they get to these places. (6 x 2 pts. each = 12 pts.)

> **Modèle**
>
> David, la bibliothèque:
> *David va étudier pour son examen de biologie.*

1. Sylvie, la piscine:

   _____

   _____

2. Moi, le café:

   _____

   _____

3. Hugo et Labib, le centre commercial:

   _____

   _____

4. Vous, le restaurant:

   _____

   _____

5. Toi, centre-ville:

   _____

   _____

6. Nous, le bureau:

   _____

   _____

Nom _____ Date _____

7 Questions personnelles Answer the questions with complete sentences. (6 x 2 pts. each = 12 pts.)

1. Aimez-vous mieux aller au parc, au gymnase ou au musée? _____

   _____

2. Quand vous allez au café, que prenez-vous le plus (*most*) souvent? _____

   _____

3. Laissez-vous de bons pourboires? _____

   _____

4. Habitez-vous au centre-ville ou en banlieue? _____

   _____

5. Où allez-vous au lycée? _____

   _____

6. Aimez-vous les terrasses de café? _____

   _____

8 À vous! You are at a café with your best friend. Write a conversation in which you ask the waiter how much different items cost, both you and your friend order something, and ask for the bill. (20 pts.)

_____

_____

_____

_____

_____

_____

_____

_____

_____

_____

_____

_____

_____

_____

_____

_____

Nom _____ Date _____

Unité 4
Leçons A et B

UNIT TEST II

1 Conversations en ville Select the most logical response to each question you hear. (6 x 1 pt. each = 6 pts.)

1. a. Si, c'est amusant.
   b. C'est à côté de l'église.
   c. Ah! Je vais passer en ville.

2. a. Assez bien, oui.
   b. Le musée Paul Mahet.
   c. C'est très agréable.

3. a. J'aime bien le cinéma.
   b. D'accord, mais quoi?
   c. Pourquoi pas?

4. a. Elles nagent le mardi.
   b. Avec les parents d'Émilie.
   c. Elles n'ont pas école aujourd'hui.

5. a. Il est quatre heures.
   b. Vers cinq heures.
   c. Demain.

6. a. Il est en face.
   b. Le parc Monceau est très bien.
   c. Il y a trois parcs.

2 Associez Match the action in Column B you would logically take in response to each situation in Column A. (8 x 1 pt. each = 8 pts.)

A	B
1. Tu adores les magasins.	a. passer par le parc
2. Tu aimes la nature.	b. bavarder
3. Tu ne vas pas bien.	c. boire
4. Tu as faim.	d. aller au gymnase
5. Tu es sportif.	e. dépenser de l'argent
6. Tu aimes les sports.	f. aller à l'hôpital
7. Tu as soif.	g. déjeuner
8. Tu aimes parler.	h. passer chez quelqu'un
	i. patiner

3 **Au café près du lycée** Complete each sentence with the correct form of the verb in parentheses.
(8 x 1 pt. each = 8 pts.)

1. On _____ (aller) à la bibliothèque plus tard?

2. Violette et Camil _____ (passer) chez moi ce soir.

3. Je ne _____ (comprendre) pas ce mot.

4. Vous _____ (apprendre) quoi en math?

5. C'est quoi, la réponse? _____ (réfléchir) un peu!

6. Les sandwichs _____ (coûter) trop cher et ne sont pas bons.

7. Nous _____ (boire) de la limonade.

8. Érika ne _____ (prendre) pas de sucre.

4 **Des questions** Ask a question about the place and/or action in each image using one of the question words
from the list. Use each question word only once. (5 x 2 pts. each = 10 pts.)

| À quelle heure? | Avec qui? | Où? | Pourquoi? | Quand? |

1.   2.   3.   4.   5.

1. _____

2. _____

3. _____

4. _____

5. _____

5 **Une journée** You and your friends are planning the day. Use the **futur proche** to say where everyone is
going to go or what they are going to do. (6 x 2 pts. each = 12 pts.)

—J'ai besoin d'argent.

—Tu _____.

—Nous, nous n'avons plus (*anymore*) de feuilles.

—Vous _____.

—Tu appelles Idris pour le restaurant à midi?

—Oui, je _____.

—Stéphane et Hao nagent tous les après-midis.

—Ils _____.

—Le film au cinéma est à 16h20.

—On _____ vers 16h00.

—Andrée a besoin d'un nouveau sac.

—Elle _____.

6 Quand... Finish these sentences. Be logical! (8 x 1 pt. each = 8 pts.)

1. Quand j'ai froid, je _____.

2. Quand j'ai chaud et très soif, je _____.

3. Quand nous avons besoin de maigrir, nous ne _____.

4. Quand j'arrive au restaurant, je _____.

5. Quand des amis sont au café, ils _____.

6. Quand il n'y a pas de croissant, on _____.

7. Quand on mange trop de sucre, on _____.

8. Quand Zora a du temps, elle _____.

7 Questions personnelles Answer the questions with complete sentences. (6 x 2 pts. each = 12 pts.)

1. Est-ce que tu aimes danser? _____
   _____

2. Invites-tu tes amis à la maison? _____
   _____

3. Est-ce que tu dépenses trop d'argent parfois (*sometimes*)? _____
   _____

4. Aimes-tu passer chez tes copains ou copines? Quand? _____

5. Où vas-tu le samedi avec tes copains et copines? _____
   _____

6. Quel est ton endroit favori en ville? Pourquoi? _____
   _____

8 Attention! Laurent loves rich foods. You want him to make better food choices. Write four sentences with recommendations about what to order and not order in a café. (4 x 4 pts. each = 16 pts.)

_____

_____

_____

_____

_____

_____

_____

_____

9 **À vous!** You are at Café du coin with a friend. Write a conversation in which everyone orders something to eat and drink, one of you asks the server how much your order costs, and one of you asks for the check. (20 pts.)

Café du coin

MENU

PETIT-DÉJEUNER FRANÇAIS	12,00€
Café, thé, chocolat chaud ou lait	
Pain, beurre et confiture	
Orange pressée	
VIENNOISERIES	3,00€
Croissant, pain au chocolat, brioche, pain aux raisins	
SANDWICHS ET SALADES	
Sandwich (jambon ou fromage; baguette ou pain de campagne)	7,50€
Croque-monsieur	7,80€
Salade verte	6,20€
BOISSONS CHAUDES	
Café/Déca	3,80€
Grand crème	5,50€
Chocolat chaud	5,80€
Thé	5,50€
Lait chaud	4,80€

Propriétaires: Bernard et Marie-Claude Fouchier

PETIT-DÉJEUNER ANGLAIS	15,00€
Café, thé, chocolat chaud ou lait	
Œufs (au plat ou brouillés), bacon, toasts	
Orange pressée	
DESSERTS	
Tarte aux fruits	7,50€
Banana split	6,40€
AUTRES SÉLECTIONS CHAUDES	
Frites	4,30€
Soupe à l'oignon	6,40€
Omelette au fromage	8,50€
Omelette au jambon	8,50€
BOISSONS FROIDES	
Eau minérale non gazeuse	3,00€
Eau minérale gazeuse	3,50€
Jus de fruits (orange...)	5,80€
Soda, limonade	5,50€
Café, thé glacé	5,20€

_____
_____
_____
_____
_____
_____
_____
_____
_____
_____
_____
_____

Nom _____ Date _____

OPTIONAL TEST SECTIONS
Unité 4

Leçon 4A
ROMAN-PHOTO

1 Expliquez Using what you remember from **Roman-photo**, tell what is happening in each of these photos.

1.   2.   3.

1. _____

_____

2. _____

_____

3. _____

_____

Leçon 4B
ROMAN-PHOTO

1 Complétez Complete these sentences according to what you remember from **Roman-photo**.

1. Rachid ne va pas au café parce qu'il va _____.

2. David ne va pas au café parce qu'il va _____.

3. Au café, Madame Forestier sert (*serves*) _____

et _____.

4. Amina prend _____ et _____.

5. Sandrine prend _____ et _____.

6. Comme boisson, elles prennent _____.

| 153 | **Unité 4 Roman-photo** Video Test Items

OPTIONAL TEST SECTIONS
Unité 4

Leçon 4A
CULTURE

1 **Complétez** Use the items from the list to complete the sentences or answer the questions correctly, based on what you learned about popular French pastimes.

bavarder	chaud	Marseille	restaurant
café	écouter de la musique	Paris	tangana

1. Un des passe-temps favoris des Français est de/d' _____.

2. Quand ils sont avec des amis, les jeunes Français aiment _____.

3. En Afrique de l'Ouest, on trouve des «maquis», une sorte de _____.

4. En Wolof, le mot «tang» signifie _____.

5. Le parc Astérix se trouve près de _____.

Leçon 4B
CULTURE

1 **Choisissez** Select the answer that best completes the statement, according to the text.

1. Les jeunes Français préfèrent retrouver leurs amis…
   a. à la maison.
   b. au café.
   c. à la bibliothèque.

2. Au café, les gens prennent souvent…
   a. des repas élaborés (*elaborate meals*).
   b. le dîner.
   c. une boisson et un croissant.

3. Pour manger des accras de morue, on va…
   a. à la Martinique.
   b. au Sénégal.
   c. au Québec.

4. Pour manger une poutine, on va…
   a. à la Martinique.
   b. au Québec.
   c. en Afrique du Nord.

5. Le plus vieux café de France s'appelle…
   a. les Deux Magots.
   b. le Procope.
   c. le Café de Flore.

6. Si on veut manger un plat typique du Sénégal, on commande…
   a. une merguez.
   b. un makroud.
   c. une chawarma.

OPTIONAL TEST SECTIONS
Unité 4

Flash culture

1   **Composez** Based on what you saw in **Flash culture**, write three sentences mentioning at least two food items and three beverages that one can enjoy at the café **La Belle Époque**.

_____

_____

_____

_____

_____

_____

_____

_____

_____

Panorama

1 Choisissez Select the answer that best completes the statement, according to the text.

1. Au Québec on parle...
   a. français.
   b. anglais.
   c. français et anglais.

2. Au Québec, la monnaie qu'on utilise est…
   a. le dollar américain.
   b. le dollar canadien.
   c. l'euro.

3. La capitale du Canada est…
   a. Ottawa.
   b. Québec.
   c. Montréal.

4. Le palais de glace est construit (*built*) pour…
   a. le premier ministre.
   b. les touristes.
   c. le carnaval.

5. Il y a un grand festival à Montréal chaque année consacré (*dedicated*)…
   a. à la mode (*fashion*).
   b. à la cuisine.
   c. à la musique.

6. Les séparatistes au Québec désirent...
   a. un Québec indépendant.
   b. préserver la langue française.
   c. avoir deux langues officielles.

7. Le fleuve (*river*) à Montréal s'appelle...
   a. la Seine.
   b. le Saint-Laurent.
   c. le Rhône.

8. Le fondateur (*founder*) de Québec est...
   a. Samuel de Champlain.
   b. Guy Laliberté.
   c. Justin Trudeau.

OPTIONAL TEST SECTIONS
Unité 4
Leçon 4A
LECTURE SUPPLÉMENTAIRE

1 Rennes Imagine you and your family are going to spend your next vacation in Rennes, a French city located in Brittany. Jérémy, your pen pal from Rennes, sent you a list of places worth visiting while there. Read this list and answer the questions using complete sentences.

Discothèque Pym's Club
27, place du Colombier
35000 Rennes

Centre Commercial Cleunay
rue Jules Vallès
35000 Rennes
25 magasins ouverts de 9h30 à 20h00

Restaurant Le Gourmandin
4, place Bretagne
35000 Rennes
Fermé le samedi midi et le dimanche

L'Épicerie Gourmande
16, rue Maréchal Joffre
35000 Rennes

Cinéma Gaumont 35000 Rennes

Musée Espace des sciences
Expositions et animations
10, cours des Alliés
35000 Rennes

Patinoire-Skating de Rennes
avenue Gayeulles
35000 Rennes

---

1. Comment s'appelle le cinéma que Jérémy fréquente? _____
   _____

2. Jérémy donne-t-il l'adresse d'un marché à Rennes? _____
   _____

3. Combien de magasin(s) y a-t-il dans le centre commercial? _____
   _____

4. Où est l'épicerie? _____
   _____

5. Comment s'appelle le musée? _____
   _____

6. Où est-ce que Jérémy patine? _____
   _____

7. Où est-ce que Jérémy aime dîner? _____
   _____

8. Pour danser, où va-t-on? _____
   _____

     Unité 4   **Lectures supplémentaires**   Test Items

Unité 4

Leçon 4B

LECTURE SUPPLÉMENTAIRE

1 **Conversation** Read this conversation among several friends and a waiter at a café. Then indicate whether each of the statements is **vrai** or **faux**. Justify your answers.

Au café

NADINE J'ai faim, moi. On mange quelque chose?

MARC Oui, moi aussi, j'ai faim. J'ai envie de prendre une soupe.

NATHAN Moi, je n'ai pas faim, mais j'ai soif. J'ai envie d'un thé glacé.

NADINE Moi aussi! J'adore le thé glacé. Et toi, Sophie, qu'est-ce que tu prends?

SOPHIE Euh… Peut-être un chocolat chaud…

SERVEUR Bonjour. Qu'est-ce que je vous apporte?

MARC Pour moi, une soupe, un verre de limonade et puis… un éclair au café, s'il vous plaît.

SERVEUR Et pour vous?

NADINE Un thé glacé, des frites et… Combien coûte un sandwich au fromage?

SERVEURM Baguette?

NADINE Euh… Non, pain de campagne.

SERVEUR Alors, c'est cinq euros cinquante.

NADINE Bon, alors, je prends aussi le sandwich pain de campagne et fromage, s'il vous plaît.

SERVEUR Très bien. Et Mademoiselle?

SOPHIE Un chocolat chaud, s'il vous plaît. Euh… non, un café et une eau minérale.

NATHAN Et pour moi, un thé glacé aussi, s'il vous plaît.

SERVEUR Merci. Je vous apporte ça tout de suite.

	Vrai	Faux
1. Sophie a faim.	_____	_____
2. Nadine adore la baguette.	_____	_____
3. Sophie boit un chocolat chaud.	_____	_____
4. Les deux garçons prennent un thé glacé.	_____	_____
5. Nathan a faim, mais il n'a pas soif.	_____	_____
6. Un sandwich au fromage coûte un peu moins de 6€.	_____	_____
7. Marc ne mange pas au café.	_____	_____
8. Une fille prend des frites.	_____	_____

Unités 1–4
Leçons 1A–4B

EXAM I

1 À l'écoute Look at the four photos. You will hear various people make comments or ask questions. Select the scene that most logically goes with each comment or question. (10 x 1 pt. each = 10 pts.)

A.

B.

C.

D.

1. A   B   C   D
2. A   B   C   D
3. A   B   C   D
4. A   B   C   D
5. A   B   C   D
6. A   B   C   D
7. A   B   C   D
8. A   B   C   D
9. A   B   C   D
10. A   B   C   D

2 Complétez Say what these people are doing by completing each sentence with the correct form of the logical verb. (8 x 1 pt. each = 8 pts.)

1. Le week-end, mon père _____ à la maison. (travailler / bavarder)

2. Ma sœur et moi, nous _____ dans une chorale. (chanter / chercher)

3. Je/J' _____ la psychologie. (manger / étudier)

4. Tu _____ à la cantine, n'est-ce pas? (déjeuner / dépenser)

5. Florence et Nicole _____ au parc. (rentrer / patiner)

6. Moi, je _____ au Québec l'été (*summer*). (donner / voyager)

7. Mon frère et moi, nous _____ une chambre (*room*). (partager / oublier)

8. Vous _____ à votre examen de physique. (enseigner / échouer)

3   Comment? You have a cold and your ears are blocked up. You keep asking people to repeat what they said. Complete each question with the correct interrogative word or expression. (6 x 1 pt. each = 6 pts.)

1. — Je prends trois croissants.

   — _____ croissants prenez-vous?

2. — Ma copine Cécile danse bien.

   — _____ danse-t-elle?

3. — Mon prof de maths habite près du cinéma.

   — _____ est-ce qu'il habite?

4. — Je téléphone à Bruno.

   — _____ téléphones-tu?

5. — Mes parents sont en vacances en février.

   — _____ est-ce qu'ils sont en vacances?

6. — Il est tard. Il faut partir (*leave*).

   — _____ heure est-il?

4   Quelle heure est-il? It is six hours later in Paris than it is in New York. Write out the correct Paris time (in numbers) based on the time given for New York. Use the 12-hour clock. (6 x 2 pts. each = 12 pts.)

> **Modèle**
>
> À New York, il est une heure dix de l'après-midi.
> À Paris, il est *7h10 du soir.*

1. À New York, il est trois heures et quart du matin.
   À Paris, il est _____

2. À New York, il est midi et demie.
   À Paris, il est _____

3. À New York, il est quatre heures vingt de l'après-midi.
   À Paris, il est _____

4. À New York, il est dix heures moins le quart du matin.
   À Paris, il est _____

5. À New York, il est deux heures trente-cinq de l'après-midi.
   À Paris, il est _____

6. À New York, il est huit heures quarante du soir.
   À Paris, il est _____

Nom _____ Date _____

5 Expressions idiomatiques Complete each of these conversations with the correct form of **être** or **avoir**. (6 x 1 pt. each = 6 pts.)

1. — Mon frère est très jeune.
   — Ah bon? Il _____ quel âge?

2. — Nous _____ à Paris.
   — Vous aimez voyager?

3. — Où va Zaïd?
   — Il n' _____ pas avec toi?

4. — Est-ce qu'Alix et Mattéo parlent français?
   — Oui, ils _____ belges.

5. — Lilou et toi, vous gagnez (*earn*) beaucoup d'argent?
   — Oui, nous _____ de la chance.

6. — Il fait froid (*It's cold*). Je n'ai pas envie d'aller au parc.
   — Tu _____ raison. Moi non plus.

6 Les contraires Say that these brothers and sisters are not like each other by using an adjective that means nearly the opposite. (6 x 1 pt. each = 6 pts.)

> *Modèle*

Marc est grand, mais Martine est ***petite.***

1. Caroline est travailleuse, mais Léo est _____.
2. Thomas est agréable, mais Sophie et Anne sont _____.
3. Aïcha est réservée, mais Xavier est _____
4. Abdul et Mahmoud sont ennuyeux, mais Christine et Lydia sont _____.
5. Aziz est heureux, mais Chloé est _____.
6. Karine est optimiste, mais Mélanie et Laurent sont _____.

7 Où va-t-on? Based on what these people say they feel like doing or need to do, use a form of the verb **aller** to say where they are going. (5 x 2 pts. each = 10 pts.)

1. J'ai envie de regarder un film. Je _____.
2. Nous avons envie de prendre un thé. Nous _____.
3. Tu es très malade. Tu _____.
4. Vous avez envie de nager. Vous _____.
5. Nathalie a besoin de sucre et de beurre. Elle _____.

8 **Une bonne vie** These people are trying to improve their lives. Complete the sentences with the correct forms of the verbs in the list. (5 x 1 pt. each = 5 pts.)

choisir	**obéir**
finir	**réfléchir**
grossir	**réussir**

1. Nous _____ de lire (*read*) ce livre.

2. Tu _____ beaucoup plus à tes problèmes.

3. Ma sœur _____ à mes parents.

4. Vous _____ à regarder moins de (*less*) télé.

5. Mes camarades _____ de l'eau, pas des boissons gazeuses.

9 **Où est-ce?** Complete each sentence with a preposition of location based on the photo. (6 x 1 pt. each = 6 pts.)

1. Où sont les affiches? Elles sont _____ le mur (*wall*).

2. Où est l'examen du fils? Il est _____ les mains (*hands*) de sa mère.

3. Où est le fils? Il est _____ sa mère.

4. Où sont les tables? Elles sont _____ la mère.

5. Où est l'affiche (*poster*) du chat noir? Elle est _____ la mère.

6. Où est l'affiche du chapeau (*hat*)? Elle est _____ l'affiche du chat noir.

10 C'est à qui? Claire and Aurélie are cleaning up after an exam study party and several items were left behind. Complete each sentence with a possessive adjective in order to identify the owner of each item. (6 x 1 pt. each = 6 pts.)

1. (à toi) C'est _____ cahier?

2. (à Justin) C'est _____ livre d'histoire?

3. (à Franck et Corinne) C'est _____ calculatrice?

4. (à moi) Ah! C'est _____ montre.

5. (à nous) C'est _____ corbeille à papier?

6. (à ton frère et toi) Ce sont _____ crayons?

11 On va où? Say where various people are going by completing each sentence with the correct form of **à**. (3 x 1 pt. each = 3 pts.)

1. Maman va _____ bureau le matin.

2. Le dimanche, tu vas _____ église?

3. Sandra va nager _____ piscine.

12 Au café Say what the friends are having at a café. Use the appropriate form of **prendre** or **boire**. (6 x 1 pt. each = 6 pts.)

— Qu'est-ce que tu vas (1) _____?

— Moi, j'ai faim. Je (2) _____ une pizza.

— Et comme boisson?

— Je (3) _____ toujours de l'eau minérale. Et vous deux?

— Nous (4) _____ du café.

— Qu'est-ce que vous (5) _____ à manger?

— Nous (6) _____ des sandwichs au jambon.

13 Au café You and a friend are at a café. Write a short conversation to say what each is having. Include six different partitive and indefinite articles. (6 x 1 pt. each = 6 pts.)

_____

_____

_____

_____

_____

_____

_____

_____

_____

_____

_____

 Unités 1–4 Exam I

14 **À vous!** Write a paragraph about yourself. Include the following in your paragraph: your name, age, a description of your appearance, a description of your personality, and something you like and you don't like at school. (5 elements x 2 pts. each = 10 pts.)

_____

_____

_____

_____

_____

_____

_____

_____

_____

_____

_____

_____

_____

_____

_____

_____

_____

_____

_____

_____

_____

_____

_____

_____

_____

_____

_____

Nom _____ Date _____

Unités 1–4
Leçons 1A–4B

EXAM II

1 À l'écoute Look at the four photos. You will hear various people make comments or ask questions. Select the scene that most logically goes with each comment or question. (10 x 1 pt. each = 10 pts.)

A.

B.

C.

D.

1. A   B   C   D
2. A   B   C   D
3. A   B   C   D
4. A   B   C   D
5. A   B   C   D
6. A   B   C   D
7. A   B   C   D
8. A   B   C   D
9. A   B   C   D
10. A   B   C   D

2 Complétez Say what these people are doing by completing each sentence with the correct form of the most logical verb. (8 x 1 pt. each = 8 pts.)

1. Est-ce que vous _____ l'addition? (assister / apporter)

2. Mademoiselle Beauchemin _____ souvent ses amis au café. (regarder / retrouver)

3. Tu _____ un pourboire au serveur? (ne pas voyager / ne pas laisser)

4. Le week-end, je _____ tard le soir. (rencontrer / rentrer)

5. Mon frère et moi, nous _____ parce que nous adorons l'art. (désirer / dessiner)

6. En général, Flora et Gabriel _____ l'appartement à 9h00. (donner / quitter)

7. Mon frère et moi, nous _____ une chambre (*room*). (partager / oublier)

8. Tristan _____ sa fiancée ce week-end. (épouser / expliquer)

3 Comment? You have a cold and your ears are blocked up. You keep asking people to repeat what they said. Complete each question with the correct interrogative word or expression. (6 x 1 pt. each = 6 pts.)

1. — Je téléphone à Martine.

— _____ est-ce que tu téléphones?

2. — Mes camarades dansent bien.

— _____ dansent-ils?

3. — Bilal a trois frères.

— _____ de frères a-t-il?

4. — Alban et Brahim adorent leur ordinateur.

— _____ est-ce qu'ils adorent?

5. — Ma mère travaille à l'Université de Genève

— _____ travaille-t-elle?

6. — Chut! J'écoute le prof.

— _____ est-ce que tu écoutes?

4 Quelle heure est-il? It is five hours later in Abidjan than it is in Montreal. Write out the correct Abidjan time (in numbers) based on the time given for Montreal. Use the 12-hour clock. (6 x 2 pts. each = 12 pts.)

> *Modèle*
>
> À Montréal, il est deux heures vingt de l'après-midi.
> À Abidjan, il est *7h20 du soir.*

1. À Montréal, il est cinq heures moins le quart du matin.

À Abidjan, il est _____

2. À Montréal, il est minuit.

À Abidjan, il est _____

3. À Montréal, il est trois heures et quart de l'après-midi.

À Abidjan, il est _____

4. À Montréal, il est sept heures et demie du matin.

À Abidjan, il est _____

5. À Montréal, il est neuf heures dix du soir.

À Abidjan, il est _____

6. À Montréal, il est midi.

À Abidjan, il est _____

5 Avoir ou être? Complete each of these conversations with the correct form of **être** or **avoir**. (6 x 1 pt. each = 6 pts.)

1. — Je prends un sandwich, des frites et de la soupe.
   — Tu _____ vraiment faim!

2. — Nous _____ professeurs.
   — Vous aimez enseigner?

3. — Mon frère dit que (*says that*) Québec est la capitale du Canada.
   — Il _____ tort. C'est Ottawa.

4. — Ça ne va pas.
   — C'est évident, vous _____ l'air triste.

5. — Mario et Gianna parlent italien?
   — Oui, ils _____ italiens.

6. — Il fait froid (*It's cold*). Je n'ai pas envie d'aller au parc.
   — Moi, je/j' _____ trop fatigué pour aller au parc.

6 Les contraires Say that these brothers and sisters are not like each other by using an adjective that means nearly the opposite. (6 x 1 pt. each = 6 pts.)

> *Model*
>
> Nicolas est brun, mais Juliette est **blonde.**

1. Bruno est patient, mais Claire et Béa sont _____ .

2. Lise et Stéphanie sont polies, mais Frédéric est _____ .

3. Ali et Latif sont sérieux, mais Aïcha et Leïla sont _____ .

4. Isabelle est jeune, mais Matthieu et Christophe sont _____ .

5. Cécile et Nathalie sont actives, mais Hugo est _____ .

6. Jérôme est rapide, mais Anne-Marie est _____ .

7 Où va-t-on? Based on what these people say they feel like doing or need to do, use a form of the verb **aller** to say where they are going. (5 x 2 pts. each = 10 pts.)

1. Tu es très malade. Tu _____ .

2. Vous avez envie de nager. Vous _____ .

3. Nathalie a besoin de sucre et de beurre. Elle _____ .

4. J'ai envie de regarder un film. Je _____ .

5. Nous avons envie de manger. Nous _____ .

Nom _____ Date _____

8 C'est sympa comme ça! These people are trying to improve their lives. Complete the sentences with the correct forms of the verbs in the list. (5 x 1 pt. each = 5 pts.)

choisir	obéir
finir	réfléchir
maigrir	réussir

1. Les filles _____ des cours intéressants.

2. Nous allons au gymnase et nous _____ un peu.

3. Tu _____ à comprendre la leçon de chimie, n'est-ce pas?

4. Vous _____ de lire (*read*) ce livre.

5. Je _____ beaucoup plus à mes problèmes.

9 Où est-ce? Complete each sentence with a preposition of location based on the photo.
(6 x 1 pt. each = 6 pts.)

1. Où sont les deux personnes? Ils sont _____ un café.

2. Où sont les tableaux? Ils sont _____ le garçon et la fille.

3. Où est le sandwich du garçon? Il est _____ ses mains (*hands*).

4. Où est le sandwich de la fille? Il est _____ elle.

5. Où est la bouteille d'eau? Elle est _____ la table.

6. Où est la fille? Elle est _____ son copain.

10   C'est à qui? André and Simon are cleaning up after an exam study party and several items were left behind. Complete each sentence with a possessive adjective to identify the owner of each item. (6 x 1 pt. each = 6 pts.)

1. (à moi) Ah! C'est _____ téléphone.

2. (à Yves et Sylvie) Ce sont _____ feuilles de papier?

3. (à Élise et toi) C'est _____ carte?

4. (à nous) Ce sont _____ cahiers.

5. (à toi) Ce sont _____ livres?

6. (à Enzo) C'est _____ calculatrice?

11   On va où? Say where various people are going by completing each sentence with the correct form of **à**. (4 x 1 pt. each = 4 pts.)

1. Manon va _____ hôpital pour voir (*see*) sa grand-mère.

2. Vous allez _____ piscine.

3. Tu vas _____ marché avec moi cet après-midi?

4. J'adore aller _____ grands magasins.

12   Au café Say what people are having at a café. Use the appropriate form of **prendre** or **boire**. (5 x 1 pt. each = 5 pts.)

1. Élodie, tu aimes _____ quoi quand tu as soif?

2. Mon frère _____ une salade au déjeuner.

3. Est-ce que vous _____ de l'eau minérale?

4. Pour le dîner, nous _____ de la pizza.

5. Combien de tasses de café est-ce que Grégory _____ par jour?

13   Au café You and a friend are at a café. Write a short conversation to say what each one of you is having. Include six different partitive and indefinite articles. (6 x 1 pt. each = 6 pts.)

_____

_____

_____

_____

_____

_____

_____

_____

_____

_____

Nom _____ Date _____

14 À vous!   Write a paragraph about yourself. Include the following in your paragraph: your name, age, a description of your appearance, a description of your personality, and something you like and you don't like at school. (5 elements x 2 pts. each = 10 pts.)

_____

_____

_____

_____

_____

_____

_____

_____

_____

_____

_____

_____

_____

_____

_____

_____

_____

_____

_____

_____

_____

_____

_____

_____

_____

_____

_____

_____

Leçon 5A
VOCABULARY QUIZ I

1 **Complétez** Fill in the blanks with words from the list. Make any necessary changes. (8 x 1 pt. each = 8 pts.)

aider	équipe	indiquer	marcher
bandes dessinées	gagner	jeu	spectacle

1. Nous _____ au lycée parce qu'il est tout près de chez nous.
2. Parfois, mes parents _____ mon frère cadet avec ses devoirs.
3. Tu joues mal au tennis! Tu ne _____ jamais!
4. Mes amis adorent les _____, surtout *Astérix, Tintin* et *X-Men*!
5. Ils sont champions parce qu'ils ont une _____ super!
6. Les échecs? C'est un _____ que je déteste!
7. La joueuse _____ à l'arbitre (*umpire*) qu'il y a un problème.
8. À quelle heure commence le _____ son et lumière (*sound and light*)?

2 **La semaine de Karim** Write how often Karim participates in a sport or activity. Use a different expression of frequency each time. (5 x 1 pt. each = 5 pts.)

lundi	mardi	mercredi	jeudi	vendredi	samedi	dimanche
7h00 tennis 12h00 piscine	12h00 piscine	7h00 tennis 12h00 piscine	8h15 volley	7h00 tennis 12h00 piscine		9h30 volley
	7h45 cartes avec Josie		3h00 piscine		3h00 piscine	

1. Karim joue au tennis _____ par semaine
2. Il nage _____.
3. Il joue _____ aux cartes avec sa sœur.
4. Il ne joue _____ au baseball.
5. Il joue _____ au volley.

3 **Les passe-temps** Write the sports or pastimes that correspond to each category. (7 x 1 pt. each = 7 pts.)

1. Three outdoor activities that you can do by yourself:

   _____

2. Two indoor games:

   _____

3. Two places where people gather to watch something:

   _____

Nom _____   Date _____

Leçon 5A
VOCABULARY QUIZ II

1 Répondez Answer these questions about you and your family's leisure activities. (5 x 1 pt. each = 5 pts.)

1. Qui est sportif dans ta famille?

   _____

2. Quel sport est-ce que cette personne pratique?

   _____

3. Qu'est-ce que tes amis et toi, vous désirez faire (*do*) vendredi soir?

   _____

4. Est-ce que tu aides souvent ta mère à la maison?

   _____

5. Quelle est ton équipe préférée? Gagne-t-elle toujours (*always*)?

   _____

2 Les loisirs Write complete sentences to say how often these people practice these sports or activities. (5 x 1 pt. each = 5 pts.)

1. mes copains et moi, nous / aller au cinéma

   _____

2. je / aller à la pêche

   _____

3. Tom Brady / jouer au football américain

   _____

4. mes parents / regarder un spectacle

   _____

5. ma famille et moi, nous / skier

   _____

3 On pratique bien! You are spending a week at a sports camp. Write five sentences about the sports and leisure activities at the camp. Tell which ones you are doing and how often. (5 x 2 pts. each = 10 pts.)

   _____

   _____

   _____

   _____

   _____

   _____

   _____

Leçon 5A.1

GRAMMAR QUIZ I
The verb *faire*

1 **Elle fait…** Read what the following girls want, like, or do not like to do. Then choose the activity each girl is most likely is doing. (6 x 1 pt. each = 6 pts.)

_____ 1. Claudine n'aime pas marcher.　　　　a. Elle fait un tour en ville.

_____ 2. Régine aime courir.　　　　　　　　b. Elle fait de la gym.

_____ 3. Anne veut (*wants*) être plus forte.　　c. Elle fait de l'aérobic.

_____ 4. Chloé aime rencontrer de nouvelles personnes.　d. Elle fait la connaissance de mes amis.

_____ 5. Karine adore explorer.　　　　　　　e. Elle fait du vélo.

_____ 6. Margot aime danser.　　　　　　　　f. Elle fait du jogging.

2 **Complétez** Complete this conversation with the correct forms of faire. (8 x 1 pt. each = 8 pts.)

ZOÉ　　Minh, qu'est-ce que tu aimes (1) _____ comme passe-temps?

MINH　Mon père et moi, nous (2) _____ du jogging le samedi. Moi, après l'école,

je (3) _____ parfois du cheval. Et toi? Tu (4) _____ du

cheval aussi n'est-ce pas?

ZOÉ　　Oui, deux fois par semaine. J'adore aussi (5) _____ du camping avec

mes cousins.

MINH　Vous (6) _____ des randonnées?

ZOÉ　　Mes cousins (7) _____ une randonnée tous les samedis mais pas moi.

MINH　Ils sont très actifs, tes cousins!

ZOÉ　　Oui, surtout mon cousin Geoffroy. Il (8) _____ beaucoup de sports.

3 **Choisissez** Complete each sentence with an appropriate **faire** expression. Choose from the list and make any additions necessary. (6 x 1 pt. each = 6 pts.)

attention	cuisine	promenade	sport
camping	planche à voile	ski	tour

1. Après le dîner, nous aimons marcher. Donc, nous _____.

2. Quand il neige (*snows*), mes voisins _____.

3. Pour bien manger, il faut _____ à ce qu'on mange.

4. Chez nous, ma mère _____. Aujourd'hui elle fait de la soupe.

5. Vous aimez la mer (*sea*)? Alors, vous _____?

6. Tu _____? Du foot, du volley ou du baseball?

　　　| 173 |　　　**Leçon 5A.1** Grammar Quiz I

Leçon 5A.1

GRAMMAR QUIZ II
The verb *faire*

1   **Que font-ils?** Use expressions with **faire** to tell what these people are doing based on where they are.
(5 x 1 pt. each = 5 pts.)

1. Jean / gymnase _____

2. les enfants / parc _____

3. mon/ma meilleur(e) (*best*) ami(e) et moi, nous / montagne

4. Justin et toi, vous / plage (*beach*) _____

5. Hélène / fête de son ami _____

2   **Il faut...** Your friends are asking you for advice. Tell them what they must or must not do in these situations.
Use the expression **il (ne) faut (pas)**. (5 x 1 pt. each = 5 pts.)

1. Notre équipe va jouer le match de championnat (*championship*) le mois prochain.

   _____

2. Je n'ai pas de bonnes notes en classe.

   _____

3. Je ne comprends pas le professeur.

   _____

4. Je veux (*want*) être athlète.

   _____

5. Je n'ai pas assez d'argent.

   _____

3   **Un e-mail** Write an e-mail to your friend Yousef to say what activities you and your family
do on vacation (**pendant les vacances**). Be sure to ask him what he and his family do.
(6 pts. for vocabulary and grammar + 4 pts. for style = 10 pts.)

_____

_____

_____

_____

_____

_____

_____

_____

_____

_____

| **174** | **Leçon 5A.1**   Grammar Quiz II

Nom _____ Date _____

Leçon 5A.2

GRAMMAR QUIZ I
Irregular *-ir* verbs

1   Correspondez Match the phrases in Column A with the logical endings from Column B.
(6 x 1 pt. each = 6 pts.)

_____ 1. Il est minuit et Mathilde…

_____ 2. Quand est-ce que Céline et toi, vous…

_____ 3. Ce café est bon et il...

_____ 4. Pourquoi Rémy et Lise…

_____ 5. Ludovic et moi, nous…

_____ 6. Il y a un match maintenant. Marc…

a. sers la soupe.

b. sortons demain soir.

c. ne servent pas de café?

d. court au stade.

e. partez pour Casablanca?

f. sent bon.

g. dort.

2   Quelle indiscrétion!   Mme Lefèvre loves to gossip. Complete each of her statements with an irregular **-ir** verb (**courir**, **dormir**, **partir**, **sentir**, **servir**, **sortir**). (9 x 1 pt. each = 9 pts.)

1. À quelle heure _____-vous de l'église?

2. Claudette _____ tous les soirs!

3. Denise et Natalie ne gagnent pas parce qu'elles ne _____ pas vite.

4. Je ne _____ pas de thé avec le dîner.

5. Tu _____ que tu vas gagner?

6. Les enfants des Dupont ne _____ pas de la maison. C'est bizarre, ça!

7. Mon mari et moi, nous ne _____ pas bien la nuit parce que Serge joue de la guitare.

8. Les Renoir _____ souvent pour la Suisse.

9. Qu'est-ce que ta femme cuisine (*cooking*)? Ça _____ bon!

3   Répondez Answer these questions using the cues in parentheses. (5 x 1 pt. each = 5 pts.)

1. Ton frère et toi servez-vous quelque chose à la fête ce soir? (fromage)

_____

2. Pourquoi est-ce que tu cours vite? (avoir un examen à 8h00)

_____

3. Tes parents sortent-ils le week-end? (parfois)

_____

4. À quelle heure ton père sort-il de son bureau? (18h30)

_____

5. Quand est-ce que je pars pour Chicago? (lundi matin)

_____

Leçon 5A.2

GRAMMAR QUIZ II
Irregular *-ir* verbs

1 Complétez Complete each statement with an irregular **-ir** verb. (5 x 1 pt. each = 5 pts.)

1. Le matin, je _____

2. Quand mes amis _____

3. Pendant (*During*) le cours de chimie _____

4. Ma mère _____

5. Les athlètes _____

2 Les habitudes You are asking your friend about his or her family's habits. Write five questions using an element from each column and adding your own question words. (5 x 2 pts. each = 10 pts.)

tu	(ne pas) courir
ton grand-père	(ne pas) dormir
on	(ne pas) servir
ton ami(e) et toi, vous	(ne pas) sentir
tes parents	(ne pas) sortir (de)
	(ne pas) partir

1. _____ ?

2. _____ ?

3. _____ ?

4. _____ ?

5. _____ ?

3 Mon journal An exchange student in your class is returning home next week. You are going out with him this evening. Write a journal entry about your plans. Use at least three irregular **-ir** verbs. (5 pts.)

_____

_____

_____

_____

_____

_____

Unité 5
Leçon 5A

LESSON TEST I

1 Sport ou loisir? Louis is talking about people's pastimes. Decide if Louis is talking about a) **un sport** or b) **un loisir**. (5 x 4 pts. each = 20 pts.)

1. a. un sport
   b. un loisir
2. a. un sport
   b. un loisir
3. a. un sport
   b. un loisir
4. a. un sport
   b. un loisir
5. a. un sport
   b. un loisir

2 Qu'est-ce qu'on aime faire? List the leisure actvities and sports shown in each illustration to tell what people like to do. Write the infinitive form of the verb. (6 x 3 pts. each = 18 pts.)

1.

2.

3.

4.

5.

6.

On aime…

1. _____
2. _____
3. _____
4. _____
5. _____
6. _____

Nom _____ Date _____

3 Combien de fois…? Complete each sentence with a different adverb from the list to describe how often Luc does each activity. (4 x 2 pts. each = 8 pts.)

> *Modèle*
>
> golf (1 fois tous les 6 mois) Il joue ***rarement*** au golf.

jamais
parfois
rarement
souvent
une/deux fois par...

1. jeux vidéo (tous les jours) Il joue _____ aux jeux vidéo.
2. aller à la pêche (quand c'est possible) Il va _____ à la pêche.
3. aller au cinéma (le vendredi) Il va au cinéma _____.
4. baseball (0 fois) Il ne joue _____ au baseball.

4 Que fait…? Explain what various people are doing using the context and a logical expression with **faire**. (6 x 4 pts. each = 24 pts.)

1. Georges a un examen demain. Il _____ au professeur.
2. J'ai vraiment faim. Est-ce que vous _____ bientôt?
3. Nous courons souvent. Parfois nous _____ dans le parc.
4. Dans les Alpes, l'hiver (*winter*), mes copains _____.
5. Tu as une bicyclette, alors tu _____.
6. Éric me présente à sa copine Alice. Alors, je _____ d'Alice.

5 Le bon verbe Complete these sentences with the correct forms of the most logical irregular **-ir** verbs: **courir, dormir, partir, sentir, servir,** or **sortir**. (5 x 2 pts. each = 10 pts.)

1. Est-ce que tu _____ avec Marie-Jo ce soir? Où allez-vous?
2. Où est-ce que vous _____ ? Au stade ou dans le parc?
3. Est-ce que Nicolas _____ pour Paris demain?
4. Pourquoi est-ce que tes copains _____ jusqu'à midi le samedi?
5. Au café, est-ce qu'on _____ du chocolat chaud?

6 À vous! Write a paragraph of at least five complete sentences about what you like to do in your free time. Tell how frequently you do each of the activities and whether you do them on certain days or on weekends. (5 x 4 pts. each = 20 pts.)

_____

_____

_____

_____

_____

_____

_____

Unité 5
Leçon 5A

LESSON TEST II

1 Sport ou loisir? Malika is talking about people's pastimes. Decide if Malika is talking about a) **un sport** or b) **un loisir**. (5 x 4 pts. each = 20 pts.)

1. a. un sport
   b. un loisir

2. a. un sport
   b. un loisir

3. a. un sport
   b. un loisir

4. a. un sport
   b. un loisir

5. a. un sport
   b. un loisir

2 Qu'est-ce qu'on aime faire? Say what these people like to do in their free time. Write the infinitive form of the verb. (6 x 3 pts. each = 18 pts.)

1.

2.

3.

4.

5.

6.

1. Elle aime _____.
2. Elle aime _____.
3. Ils aiment _____.
4. Elle aime _____.
5. Ils aiment _____.
6. Ils aiment _____.

Nom _____ Date _____

3 Combien de fois…? Complete each sentence with an adverb from the list to describe how frequently Océane does each activity. (4 x 2 pts. each = 8 pts.)

> **Modèle**
>
> faire du ski (50 fois par an) Elle fait *souvent* du ski.

jamais
parfois
rarement
souvent

1. jouer aux cartes (0 fois) Elle ne joue _____ aux cartes.

2. bricoler (1 fois par mois) Elle bricole _____.

3. jouer de la guitare (3 fois par mois) Elle joue _____ de la guitare.

4. faire de la gym (5 fois par semaine) Elle fait _____ de la gym.

4 Que fait…? Explain what various people do using the context and a logical expression with **faire**. (6 x 4 pts. each = 24 pts.)

1. J'adore marcher. Je _____ dans le parc.

2. Quand ils vont à la mer (*sea*), l'été (*summer*), Gabriel et Aimée _____.

3. Vous avez une belle voiture. Vous _____ le samedi.

4. Christine joue au baseball, au basket, au volley et au tennis. Elle adore _____.

5. Nous avons une tente et une lanterne. Xavier et moi, nous _____!

6. Tu as peur de rater le bac. Tu _____ en classe.

5 Le bon verbe Complete these sentences with the correct forms of the appropriate irregular **-ir** verbs: **courir**, **dormir**, **partir**, **sentir**, **servir**, or **sortir**. (5 x 2 pts. each = 10 pts.)

1. Tu _____ quand pour le Mexique?

2. Qu'est-ce que Lise _____ aux invités?

3. C'est le week-end! Est-ce que vous _____ avec des copains ce soir?

4. Nous faisons attention au prof. Nous ne _____ pas en cours.

5. Mmm! Le café _____ bon!

6 À vous! Write at least five complete sentences about what you like to do when you have free time. Tell how frequently you do each of the activities and whether you do them on certain days or on weekends. (5 x 4 pts. = 20 pts.)

_____
_____
_____
_____
_____
_____
_____
_____

Nom _____ Date _____

Leçon 5B
VOCABULARY QUIZ I

1 Corrigez There is a new exchange student in your school who does not know about holidays in the U.S. Provide the correct answers by replacing the underlined words. (5 x 1 pt. each = 5 pts.)

1. *Thanksgiving*, c'est <u>en juin</u>? Non, _____.

2. *Memorial Day*, c'est <u>en janvier</u>? Non, _____.

3. La fête du travail, c'est <u>en mars</u>? Non, _____.

4. Le jour de l'indépendance, c'est <u>en décembre</u>? Non, _____.

5. *Halloween*, c'est <u>en août</u>? Non, _____.

2 La météo Based on this weather report, indicate whether each statement is **Logique** or **Illogique**. (5 x 1 pt. each = 5 pts.)

Aujourd'hui, vendredi 25 avril.	Votre météo pour le week-end:	
Le printemps arrivé! Il va faire beau avec une température de 21 degrés et quelques nuages.	Samedi, il va faire du soleil avec une température de 23 degrés.	Dimanche, encore 23 degrés mais sortez vos imperméables et vos parapluies! Il va pleuvoir toute la journée et il va faire du vent.

_____ 1. Mon père va jouer au golf demain.

_____ 2. Après-demain, nous allons rester à la maison et jouer aux cartes.

_____ 3. Je vais aller au parc aujourd'hui.

_____ 4. Le temps aujourd'hui n'est pas bon pour faire du vélo.

_____ 5. Dimanche après-midi, je vais inviter mon ami à faire de la planche à voile.

3 Répondez Answer these questions with complete sentences. (5 x 2 pts. each = 10 pts.)

1. En quelle saison fait-on du ski?

_____

2. Le mois d'avril est en quelle saison?

_____

3. En quelle saison fait-il chaud?

_____

4. De quoi avez-vous besoin quand il pleut?

_____

5. Quelle est la date aujourd'hui?

_____

Nom _____ Date _____

Leçon 5B
VOCABULARY QUIZ II

1 Questions personnelles Answer these questions with complete sentences. (4 x 1 pt. each = 4 pts.)

1. Quelle est la date de ton anniversaire (*birthday*)?

_____

2. En quelle saison fait-il mauvais où vous habitez?

_____

3. Qu'est-ce que tes amis et toi, vous faites quand il pleut?

_____

4. Quelle est ta saison préférée? Pourquoi?

_____

2 Assemblez Write five sentences using an element from each column. Add any additional words as necessary. (5 x 1 pt. each = 5 pts.)

je/j'	aimer	automne
mes ami(e)s et moi, nous	aller	été
mes voisins	détester	hiver
mon/ma petite ami(e)	faire	printemps
mon professeur	jouer	

1. _____?

2. _____?

3. _____?

4. _____?

5. _____?

3 La météo Write a weather forecast for today. Include the season, date, and a description of the weather in the morning, afternoon, and evening. (11 pts.)

_____

_____

_____

_____

_____

_____

_____

Nom _____ Date _____

Leçon 5B.1

GRAMMAR QUIZ I
Numbers 101 and higher

1 Répondez Your mother is asking you about your friend David. Answer her questions by using the cues in parentheses. Write out all numbers. (5 x 2 pts. each = 10 pts.)

1. En quelle année est-ce que sa sœur va épouser son petit ami? (2022)

   _____

2. Combien d'étudiants y a-t-il à l'université de son frère aîné? (12.837)

   _____

3. Combien de filles travaillent dans le bureau de David? (391)

   _____

4. Est-ce que beaucoup de femmes de son village vont à l'université? (200)

   _____

5. En quelle année est-ce que ses parents partent pour Montréal? (2024)

   _____

2 À Dakar Roland is shopping in Dakar, where the local currency is the **FCFA**. Say what these items cost. Remember to write out all numbers. (5 x 2 pts. each = 10 pts.)

1.230.345 FCFA

1. _____
   _____

718.009 FCFA

2. _____
   _____

5.984 FCFA

3. _____
   _____

87.615 FCFA

4. _____
   _____

300 FCFA

5. _____
   _____

     Leçon 5B.1   Grammar Quiz I

Leçon 5B.1

GRAMMAR QUIZ II
Numbers 101 and higher

1 **Répondez** Answer these questions. Write out all numbers. (5 x 1 pt. each = 5 pts.)

1. Combien d'élèves y a-t-il dans ton cours de français?

_____

2. En quelle année est-ce que tu vas commencer l'université?

_____

3. Combien d'habitants y a-t-il dans ta ville?

_____

4. En général, combien de jours de soleil y a-t-il par an où tu habites?

_____

5. Quand tu cherches un job d'été, combien d'argent as-tu envie de gagner pour la saison?

_____

2 **Cela va arriver?** Write complete sentences about what is going to happen in your life or in the world in these years. Remember to write out the years. (2 x 2 pts. each = 4 pts.)

1. En 2025:

_____

_____

2. En 2050:

_____

_____

3 **Une émission de télé-réalité** Imagine that you are participating in a reality show and have to spend $5,000,000 in one day. Write a paragraph telling at least four ways in which you are going to spend the money. Say what you are going to buy and at what price. Write out all amounts. You are not allowed to give away any money! (11 pts.)

_____

_____

_____

_____

_____

_____

_____

_____

_____

Leçon 5B.2

GRAMMAR QUIZ I
Spelling-change *-er* verbs

1 **Complétez** Fill in the blanks with the correct forms of the verbs in parentheses. (6 x 2 pts. each = 12 pts.)

1. Nous faisons attention à tout et nous _____ (protéger) la nature.

2. Combien d'hommes est-ce qu'ils _____ (employer) pour finir leur maison?

3. Quand l'équipe gagne, les joueurs _____ (célébrer) leur victoire.

4. Magali _____ (payer) l'ordinateur à son fils.

5. Vous _____ (envoyer) un message à vos amis?

6. Qu'est-ce que tu _____ (considérer) comme un bon film?

2 **La suite logique** Use these phrases to write the most logical continuation for each statement.
(8 x 1 pt. each = 8 pts.)

acheter beaucoup de magazines	préférer les boissons froides
espérer avoir de bonnes notes	posséder cinq voitures
essayer une nouvelle recette (*recipe*)	amener les enfants
nettoyer la maison	répéter tous les jours

1. M. et Mme Lotier sont très riches.

_____

2. Marie-Line et sa sœur cadette adorent jouer du piano.

_____

3. Ma grand-mère dépense trop d'argent au kiosque.

_____

4. Mes parents adorent faire la cuisine.

_____

5. Les élèves étudient bien.

_____

6. Nous aidons notre mère à la maison.

_____

7. Je n'aime pas le café.

_____

8. J'invite des copains chez moi ce soir.

_____

Nom _____ Date _____

Leçon 5B.2

GRAMMAR QUIZ II
Spelling-change -er verbs

1 Répondez Answer these questions. (4 x 1.5 pts. each = 6 pts.)

1. Tes professeurs envoient-ils souvent des emails à tes parents?

   _____

2. Est-ce que tes copains et toi, vous préférez le printemps ou l'automne?

   _____

3. Qu'est-ce que tu espères faire cet été?

   _____

4. Est-ce que tes amis achètent souvent sur Internet?

   _____

2 Faites quelque chose! Write a logical command to follow each statement. Choose a different verb from the list for each one. (4 x 1 pt. each = 4 pts.)

acheter	emmener	envoyer	payer	essayer	nettoyer	répéter

1. Je ne joue pas bien au foot. _____

2. Nous avons des invités (*guests*) ce soir. _____

3. Vous passez à l'épicerie? _____

4. Tu n'as pas le numéro de téléphone de M. Amboise? _____

3 Un e-mail Your mother is away for a few days and has left you in charge of the house and your siblings. Write her an e-mail telling her that everyone is fine and what everyone is doing. Use at least five spelling-change **-er** verbs. (10 pts.)

_____

_____

_____

_____

_____

_____

_____

_____

_____

Unité 5
Leçon 5B

LESSON TEST I

1 Une réponse logique Anne-Marie is asking Richard questions about the weather, seasons, and important dates. Select the most logical response to each question. (5 x 4 pts. each = 20 pts.)

1. a. Il fait bon.
   b. C'est le premier.
   c. J'adore le printemps.

2. a. C'est l'automne.
   b. C'est le neuf mai.
   c. Il fait très froid.

3. a. C'est le mois de décembre.
   b. C'est le 4 juillet.
   c. C'est le printemps.

4. a. Oui, le temps est nuageux.
   b. Oui, il fait trois degrés Celsius.
   c. Oui, en hiver.

5. a. C'est le printemps.
   b. C'est le seize août.
   c. C'est vendredi.

2 Quel temps fait-il? Identify the season and write two sentences to describe the weather in each illustration. (4 x 6 pts. each = 24 pts.)

1.

2.

3.

4.

1. _____
   _____

2. _____
   _____

3. _____
   _____

4. _____
   _____

 Leçon 5B Lesson Test I

3 Combien font...? Write out the answers to these math equations. (6 x 3 pts. each = 18 pts.)

1. 700 + 600 = _____

2. 493 + 109 = _____

3. 87.631 – 0 = _____

4. 3.000.000 + 4.000.000 = _____

5. 750.000 - 100 = _____

6. 1.000.000 + 247 = _____

4 Très occupés! Ségolène is trying to organize a get-together, but everyone has something else they are planning to do. Tell what each person is doing by completing the sentence with the correct form of the most logical verb. (6 x 3 pts. each = 18 pts.)

acheter	emmener	espérer
célébrer	envoyer	nettoyer

1. Chantal _____ son appartement.

2. Philippe et Jérôme _____ des e-mails aux copains.

3. Pascal et moi, nous _____ faire une promenade.

4. Caroline, tu _____ ta sœur chez le dentiste, n'est-ce pas?

5. Nicolas _____ son anniversaire.

6. Trinh et Anna _____ un nouveau parapluie.

5 À vous! Write a paragraph of five complete sentences telling what activities you do and don't do in different seasons. (5 x 4 pts. each = 20 pts.)

_____

_____

_____

_____

_____

_____

_____

_____

_____

_____

_____

_____

         Leçon 5B Lesson Test I

Nom _____ Date _____

Unité 5
Leçon 5B

LESSON TEST II

1 Une réponse logique Zaïna is asking Owen questions about the weather, seasons, and important dates in the U.S. Select the most logical response to each question. (5 x 4 pts. each = 20 pts.)

1. a. Il fait vingt-neuf degrés Fahrenheit.
   b. C'est le printemps.
   c. Il fait froid.

2. a. C'est le quatorze juillet.
   b. C'est le neuf mai.
   c. C'est le quatre juillet.

3. a. Il fait froid.
   b. Il fait soleil.
   c. Il neige.

4. a. En avril.
   b. En automne.
   c. Le premier septembre.

5. a. Je vais à la montagne.
   b. J'utilise un parapluie.
   c. Je célèbre mon anniversaire.

2 Quel temps fait-il? Identify the season and write two sentences to describe the weather in each illustration. (4 x 6 pts. each = 24 pts.)

1. _____

   _____

   _____

2. _____

   _____

   _____

3. _____

   _____

   _____

4. _____

   _____

   _____

3 **Combien est-ce que ça coûte?** Write out the following prices. (6 x 3 pts. each = 18 pts.)

1. 1.300 euros _____

2. 22.400 euros _____

3. 423.740 euros _____

4. 5.315 euros _____

5. 3.200.011 euros _____

6. 653 euros _____

4 **Très occupés!** Didier is planning a party but everyone is busy. Tell what everyone is doing by completing the sentences with the correct forms of the appropriate verbs. (6 x 3 pts. each = 18 pts.)

célébrer	espérer	préférer
emmener	nettoyer	répéter

1. Anne et moi, nous _____ l'anniversaire de notre mère.

2. Tu _____ tes amis à l'aéroport.

3. Danielle _____ pour le concert.

4. Aurore et Colette _____ la maison.

5. Je suis triste. Je _____ rester à la maison.

6. Robert et toi, vous _____ faire du camping.

5 **À vous!** Write a paragraph of at least five complete sentences about the activities you do during different seasons. Also mention those activities that you do not do. (5 x 4 pts. each = 20 pts.)

_____

_____

_____

_____

_____

_____

_____

_____

_____

_____

_____

_____

_____

Unité 5
Leçons A et B

UNIT TEST I

1   Souvent ou pas? Listen to these statements. Then, say how often things have happened or are happening. (8 x 1 pt. each = 8 pts.)

1. _____ rarement   _____ souvent
2. _____ rarement   _____ souvent
3. _____ rarement   _____ souvent
4. _____ rarement   _____ souvent
5. _____ rarement   _____ souvent
6. _____ rarement   _____ souvent
7. _____ rarement   _____ souvent
8. _____ rarement   _____ souvent

2   Pourquoi? Choose the most logical reason for each situation.

_____ 1. On utilise un imperméable et un parapluie.

_____ 2. Il fait chaud et soleil tous les jours.

_____ 3. Il gagne.

_____ 4. Marc célèbre son anniversaire.

_____ 5. Nous cherchons de l'argent.

_____ 6. Il fait un temps épouvantable.

_____ 7. Il fait frais et du vent.

_____ 8. Nous avons très, très chaud.

_____ 9. En hiver, Robert part souvent à la montage.

_____ 10. On célèbre la Saint-Valentin.

a. C'est l'automne.

b. Il a 15 ans aujourd'hui.

c. Il fait 100° F.

d. Il pleut.

e. C'est l'été.

f. Il adore faire du ski.

g. Il a beaucoup de points.

h. Il faut payer.

i. Le temps est orageux.

j. C'est le 14 février.

Nom _____ Date _____

3 Les nombres Write each number in digits. (10 x 1 pt. each = 10 pts.)

1. Huit cent quatre-vingt-deux _____

2. Neuf cent un _____

3. Cinq cent dix-sept _____

4. Mille deux _____

5. Deux mille neuf cent douze _____

6. Onze mille cent onze _____

7. Soixante-quatre mille huit cents _____

8. Trente et un millions _____

9. Quatre cent mille soixante-sept _____

10. Six cent mille cent seize _____

4 Grandes dates Write these dates. Remember that the day comes before the month when writing dates in French. (5 x 2 pts. each = 10 pts.)

> *Modèle*

28.06.1914

C'est le vingt-huit juin, mille neuf cent quatorze.

1. 14.07.1789

_____

_____

2. 06.06.1944

_____

_____

3. 12.10.1492

_____

_____

4. 04.07.1776

_____

_____

5. 11.11.1918

_____

_____

Nom _____ Date _____

5 **Le sport** Complete the sentences with the correct forms of the irregular **-ir** verbs in parentheses.
(10 x 1 pt. each = 10 pts.)

1. La soupe _____ (sentir) bon, n'est-ce pas?

2. On _____ (servir) de bons sandwichs dans ce café.

3. Tous les samedis, Élisabeth _____ (partir) faire du golf à Chanvin.

4. Après un long match, je _____ (dormir) toujours très bien.

5. Ces joueurs _____ (courir) mieux que l'équipe adverse (*opposing*).

6. Les joueurs ne _____ (sortir) pas le soir avant (*before*) un gros match.

7. Francine et moi, nous _____ (servir) des boissons froides aux joueuses.

8. L'équipe _____ (sentir) qu'elle va gagner.

9. Allez. Vous _____ (courir) trois fois autour (*around*) du stade maintenant.

10. Quand nous ne gagnons pas le match, nous _____ (dormir) mal.

6 **Que font-ils?** Write a sentence to describe what people are doing in each image. Use each verb from the list only once. (4 x 3 pts. each = 12 pts.)

| acheter | essayer | nettoyer | payer |

1. 2. 3. 4.

1. _____

2. _____

3. _____

4. _____

7   Ils font... Write six sentences to describe what these people are doing at the park. Use only the verbs **faire** and **jouer**. (6 x 2 pts. each = 12 pts.)

1. _____

2. _____

3. _____

4. _____

5. _____

6. _____

8   Des questions You are making small talk with your friend Sabine while waiting for the bus. Ask the questions that elicit her answers. (4 x 2 pts. each = 8 pts.)

1. _____

—On est le 2.

2. _____

—Mon anniversaire est le 21 mars.

3. _____

—Il fait du vent, mais il fait bon.

4. _____

—Il fait presque 20 degrés Celsius.

     Unité 5   Unit Test I

Nom _____ Date _____

9 **À vous!** Write a paragraph about your favorite sport. Say how and where you watch the games, when they usually take place, who your favorite player is, and whether his or her team wins often. If you do not have a favorite sport, write about the one that someone you know likes best. (20 pts.)

_____

_____

_____

_____

_____

_____

_____

_____

_____

_____

_____

_____

_____

_____

_____

_____

Unité 5
Leçons A et B

UNIT TEST II

1 Souvent ou pas? Listen to these statements. Then, say how often things have happened or are happening. (8 x 1 pt. each = 8 pts.)

1. _____ rarement   _____ souvent
2. _____ rarement   _____ souvent
3. _____ rarement   _____ souvent
4. _____ rarement   _____ souvent
5. _____ rarement   _____ souvent
6. _____ rarement   _____ souvent
7. _____ rarement   _____ souvent
8. _____ rarement   _____ souvent

2 Définitions Match each word from Column B with its definition in Column A. Then use the words in a complete sentence. (10 x 1 pt. each = 10 pts.)

A. Match each word with a related context.

	A	B
_____	1. Un sport de montagne	a. sortir
_____	2. Le 23 février, par exemple	b. rarement
_____	3. Aller au restaurant ou au cinéma	c. skier
_____	4. Ne pas marcher	d. date
_____	5. Pas du tout souvent	e. courir

B. Now, use each word from Column B in a complete sentence.

1. _____

_____

2. _____

_____

3. _____

_____

4. _____

_____

5. _____

_____

3 Les nombres What numbers are these? Write each out in letters. (10 x 1 pt. each = 10 pts.)

1. 216 _____

2. 250.001 _____

3. 17.000 _____

4. 900 _____

5. 458 _____

6. 3.000.000 _____

7. 777 _____

8. 5.393 _____

9. 1.088 _____

10. 99.002 _____

4 Que font-ils? Write a complete sentence to describe what people are doing in each image. Use each of these spelling-change **-er** verbs: **acheter**, **envoyer**, **nettoyer**, **payer**, **répéter**. One of them will be used more than once. (6 x 2 pts. each = 12 pts.)

1. elle   2. il   3. nous

4. je   5. tu   6. vous

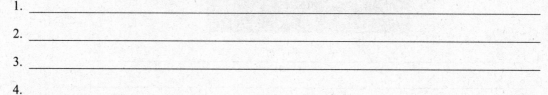

1. _____

2. _____

3. _____

4. _____

5. _____

6. _____

Nom _____ Date _____

5 Nos week-ends Rémi is describing his family's weekend activities. Complete his description with the correct forms of the verbs in parentheses. (10 x 1 pt. each = 10 pts.)

Dans ma famille, on a des passe-temps très différents le week-end. Papi et Mamie (1) _____ (aller) souvent à la pêche. Quand il (2) _____ (pleuvoir), ils (3) _____ (jouer) aux cartes. Papa (4) _____ (faire) du golf les samedi et dimanche après-midis. Maman (5) _____ (préférer) aller au cinéma, mais parfois ils (6) _____ (faire) aussi du tennis ensemble (*together*). Mes frères Jean-Christophe et Patrick (7) _____ (skier) beaucoup en hiver. En été, ils (8) _____ (marcher) en montagne et (9) _____ (bricoler) leurs voitures (cars). Et moi? Je (10) _____ (pratiquer) le football et le basket.

6 À compléter Complete the sentences with the correct forms of irregular **-ir** verbs. Do not use the same verb twice. (6 x 1 pt. each = 6 pts.)

1. Vous ne _____ pas au cinéma ce soir. Demain, il y a un match.

2. Les enfants _____ dans le parc.

3. Mmm! Du café! Ça _____ bon.

4. Le dimanche après un match, nous _____ souvent jusqu'à (*until*) dix heures.

5. Je ne _____ pas de thé à Ludovic, il n'aime pas ça.

6. Demain, je _____ à la pêche vers 10h00.

7 Au stade Write six complete sentences to describe this picture. Include information about: the weather, the players, the game, the team, and how you feel about this sport. (6 x 2 pts. each = 12 pts.)

1. _____

2. _____

3. _____

4. _____

5. _____

6. _____

Nom _____ Date _____

8 Questions personnelles Answer the questions with complete sentences. (6 x 2 pts. each = 12 pts.)

1. Quel temps fait-il aujourd'hui? _____

   _____

2. Quelles sont les températures maximum et minimum pour la journée? _____

   _____

3. Quelle est ta saison préférée? _____

   _____

4. Est-ce que tu aimes la pluie, le froid ou la neige? _____

   _____

5. Dans combien de mois ou de semaines est ton anniversaire? _____

   _____

6. Comment est-ce que tu vas célébrer ton anniversaire? _____

   _____

9 À vous! Write a paragraph about the sport(s) and/or game(s) that you play with your family. For each sport or game, say when, where, with whom, and how often you play. (20 pts.)

_____

_____

_____

_____

_____

_____

_____

_____

_____

_____

_____

_____

_____

_____

_____

_____

_____

OPTIONAL TEST SECTIONS
Unité 5

Leçon 5A

ROMAN-PHOTO

1 Corrigez All of these statements are false. Correct them by rewriting the underlined sections.

1. Le passe-temps favori de David, c'est de <u>regarder le football américain</u>.

   _____

2. Rachid joue souvent <u>au basket</u>.

   _____

3. Sandrine aime bien <u>faire du sport</u> le week-end.

   _____

4. Sandrine adore <u>danser</u>.

   _____

5. Stéphane aime <u>les études</u>.

   _____

Leçon 5B
ROMAN-PHOTO

1   Choisissez Select the responses that best complete these sentences.

1. Stéphane étudie…
   a. l'allemand.
   b. Napoléon.
   c. les sciences po.

2. L'anniversaire de David, c'est le…
   a. 15 janvier.
   b. 20 juillet.
   c. 12 novembre.

3. L'anniversaire de Sandrine, c'est le…
   a. 15 janvier.
   b. 20 juillet.
   c. 12 novembre.

4. Sandrine préfère…
   a. l'été.
   b. l'automne.
   c. le printemps.

5. Cette année, Stéphane va avoir…
   a. dix-sept ans.
   b. dix-huit ans.
   c. dix-neuf ans.

6. Sandrine va fêter ses…
   a. dix-neuf ans.
   b. vingt ans.
   c. vingt et un ans.

OPTIONAL TEST SECTIONS
Unité 5

Leçon 5A
CULTURE

1 Les sports Match the correct letter to each item, based on what you learned about sports in the francophone world.

_____ 1. C'est le sport le plus (*the most*) populaire dans la majorité des pays francophones.

_____ 2. En 1998, l'équipe de France gagne cette compétition.

_____ 3. Cette personne fait de la natation (*swimming*).

_____ 4. Cette personne a joué (*played*) au foot.

_____ 5. Cette personne est championne d'escrime.

a. Laura Flessel

b. les Jeux Olympiques

c. la Coupe du Monde

d. le football

e. la natation

f. Oussama Mellouli

g. Zinédine Zidane

Leçon 5B
CULTURE

1 Choisissez Select the answer that best completes the statement or answers the question, according to the text.

1. Qu'est-ce qu'on ne trouve pas dans les jardins publics en France?
   a. De la géométrie.
   b. De la nature sauvage.
   c. De l'harmonie.

2. Où est-ce qu'on va pour visiter un zoo dans la région parisienne?
   a. Au bois de Vincennes.
   b. Au jardin de Versailles.
   c. Au bois de Boulogne.

3. Pour voir (*see*) une cascade, on va…
   a. au jardin des Tuileries.
   b. au bois de Boulogne.
   c. au jardin du Luxembourg.

4. Pour visiter le parc de la Ligue Arabe, on va…
   a. au Canada.
   b. en Tunisie.
   c. au Maroc.

5. Le Tour de France est une course (*race*)…
   a. automobile.
   b. nautique.
   c. cycliste.

OPTIONAL TEST SECTIONS
Unité 5

Flash culture

1 Complétez Using what you remember from **Flash culture**, complete these sentences with words from the list.

de la gym et de la danse	du jogging	à la pétanque
au cinéma	au tennis	le basket

1. Au centre d'activités d'Aix-en-Provence, quand on aime courir longtemps, on fait

    _____.

2. On peut (*can*) aussi jouer _____ à deux, avec des raquettes, sur un

    terrain vert (*green field*).

3. Il est aussi possible de faire un sport qu'on pratique avec un gros ballon orange,

    c'est _____.

4. L'été, surtout dans le sud (*south*) de la France, on adore jouer _____.

5. À la Maison des Jeunes et de la Culture, on fait _____.

6. La narratrice (*narrator*) adore les films, elle va souvent _____.

Panorama

1 L'Afrique de l'Ouest Select the answer that best completes the statement, according to the text.

1. LAfrique de l'ouest et l'Afrique centrale comprennent (*include*)... pays francophones.
   a. 9
   b. 17
   c. 23

2. Le parc national du Virunga a une grande population de/d'...
   a. perroquets verts.
   b. tigres blancs.
   c. hippopotames.

3. Françoise Mbango-Etone, une athlète olympique, est...
   a. camerounaise.
   b. sénégalaise.
   c. ivoirienne.

4. Dans les cérémonies et les rituels au Gabon, on utilise souvent...
   a. des masques.
   b. de la musique.
   c. des animaux.

5. Pour voir des empreintes (*footprints*) de dinosaures, on va...
   a. dans la forêt tropicale.
   b. au Cameroun.
   c. au Sahara.

6. C'est le genre de musique joué en Côte d'Ivoire...
   a. Le reggae.
   b. Le rock.
   c. Le rap.

7. Bineta Diop dédie sa vie (*life*) professionnelle à la cause...
   a. des enfants.
   b. des femmes.
   c. des animaux.

Nom _____ Date _____

OPTIONAL TEST SECTIONS
Unité 5
Leçon 5A
LECTURE SUPPLÉMENTAIRE

1 **Un sondage** Your friend Ahmed responded to a survey about leisure activities. Read this excerpt from his survey (**sondage**). Then answer the questions using complete sentences.

SONDAGE

Activités culturelles Allez-vous souvent… (si oui, quand?)

au cinéma? _oui, deux/trois fois par semaine_

au spectacle? _rarement (une/deux fois par an)_

au musée? _jamais_

Sports Quels sports pratiquez-vous? Combien de fois par semaine? _jogging (cinq jours par semaine, le matin); volley-ball (deux fois par semaine); vélo (le week-end); tennis (parfois le samedi)_

Lecture Nombre de livres par semaine: _4 livres_ Livres préférés: _les bandes dessinées_

Autres activités de loisir?

Pratiquez-vous les activités suivantes?	oui, souvent	parfois	non, jamais
jouer aux échecs	○	○	✓
jouer aux cartes	✓	○	○
faire la cuisine	✓	○	○
faire des randonnées	○	✓	○
faire du camping	✓	○	○
bricoler	○	○	✓
aller à la pêche	○	✓	○

---

1. Quels sont les livres préférés d'Ahmed? _____

_____

2. Ahmed va souvent au musée? _____

3. Combien de livres est-ce qu'Ahmed lit (*reads*) par semaine? Il lit beaucoup? _____

_____

4. Quel jeu est-ce qu'Ahmed aime beaucoup? _____

_____

5. Dans la catégorie **Autres activités de loisir**, quels sont les passe-temps qu'on pratique surtout à la maison? _____

_____

6. Quel(s) sport(s) est-ce qu'Ahmed pratique parfois le week-end? _____

_____

7. Quel est le sport préféré d'Ahmed, à votre avis (*in your opinion*)? Quand pratique-t-il ce sport?

_____

_____

8. Ahmed va-t-il plus souvent au cinéma ou à la pêche? _____

Nom _____ Date _____

Unité 5

Leçon 5B

LECTURE SUPPLÉMENTAIRE

1 **Quel temps fait-il?** Look at this weather map of France and fill in the missing information in the forecast below. Then answer the questions using complete sentences.

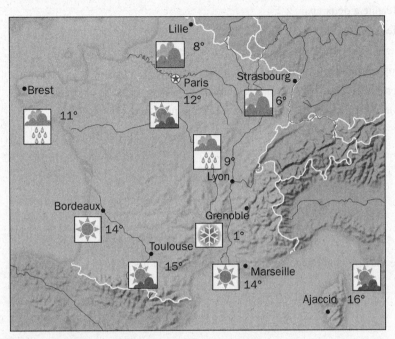

Aujourd'hui, il pleut à (1) _____ et à (2) _____ . À Marseille et à Bordeaux, (3) _____ et il fait (4) _____ degrés. Le temps est un peu nuageux, mais il fait aussi du soleil à (5) _____, à (6) _____ et à (7) _____ . Il (8) _____ et il fait (9) _____ à Grenoble: un degré aujourd'hui! Et à Lille et à Strasbourg, le temps est très (10) _____ . Les (11) _____: Lille, huit degrés et Strasbourg, (12) _____ degrés.

1. Est-ce qu'il fait bon à Strasbourg aujourd'hui?

   _____

2. Quelle température fait-il à Paris?

   _____

3. Où est-ce qu'il fait plus frais: à Toulouse ou à Marseille?

   _____

4. Est-ce qu'on fait du ski près de Grenoble aujourd'hui? Pourquoi?

   _____

5. C'est le mois de novembre ou le mois d'août? C'est quelle saison?

   _____

Unité 6

Leçon 6A

VOCABULARY QUIZ I

1   La vie Indicate which stage of life these people are in. (6 x 1 pt. each = 6 pts.)

_____ 1. Mélanie a deux ans.

_____ 2. Mes cousins vont au lycée.

_____ 3. Henri a soixante-dix-sept ans.

_____ 4. Noah va fêter son anniversaire. Il a vingt ans.

_____ 5. Les nouveaux mariés ont trente-deux ans.

_____ 6. Corinne apprend à faire du vélo avec son papa.

a. l'adolescence

b. l'âge adulte

c. l'enfance

d. la jeunesse

e. la vieillesse

2   Les opposés Give the opposite of each word. (6 x 1 pt. each = 6 pts.)

1. le mariage: _____

2. l'hôte: _____

3. la jeunesse: _____

4. l'adulte: _____

5. la mort: _____

6. séparé: _____

3   Complétez Fill in each blank with an appropriate vocabulary word. (8 x 1 pt. each = 8 pts.)

1. L'_____ s'appelle Sophie. La fête est chez elle.

2. Ce soir j'ai un _____ avec une amie à 8 heures.

3. La glace et les gâteaux sont des _____.

4. M. Lamentin ne va plus (*no longer*) travailler. Il prend sa _____.

5. La mère de Clara prépare un _____ au chocolat pour l'anniversaire de sa fille.

6. La jeunesse et l'adolescence sont deux _____ de la vie.

7. Qu'est-ce que tu vas acheter comme _____ pour son mariage?

8. La fête va être une grande _____ pour Jean-Paul. Il pense qu'il va au cinéma avec Julie.

Nom _____ Date _____

Leçon 6A

VOCABULARY QUIZ II

1 Répondez Answer these questions. (5 x 1 pt. each = 5 pts.)

1. Qu'est-ce que tu fais pour ton anniversaire?

_____

2. Qu'est-ce que tes parents servent quand ils font une fête?

_____

3. Quel jour férié est-ce que tu préfères? Pourquoi?

_____

4. Quelles sont les grandes étapes de la vie?

_____

5. Quelles occasions dans la vie font ressentir (*feel*) du bonheur?

_____

2 Les définitions Define these life stages or events. It is not necessary to answer with complete sentences. (4 x 2 pts. each = 8 pts.)

1. tomber amoureux: _____

_____

2. prendre sa retraite: _____

_____

3. l'adolescence: _____

_____

4. le divorce: _____

_____

3 Une fête You are organizing a party for someone you know. Write an e-mail to a friend in which you tell who the party is for, what the occasion is, who the guests are, and what you are serving. (7 pts.)

_____

_____

_____

_____

_____

_____

_____

Leçon 6A.1

GRAMMAR QUIZ I
Demonstrative adjectives

1   Choisissez Choose the correct item(s) to complete each sentence. (10 x 1 pt. each = 10 pts.)

1. (Cet / Cette) hôtesse est très généreuse!

2. (Ce / Ces) bonbons sont excellents!

3. (Ce / Cette) couple(-ci / -là), à côté de la porte, est très amoureux.

4. —Qui est plus sympa? (Ce / Cette) invitée blonde ou (cet / cette) invité brun?
   —(Ce / Ces) deux invités sont très sympas.

5. —Tu préfères ce crayon(-ci / -là), sur mon bureau, ou ce crayon(-ci / -là), sur le bureau du professeur?
   —Je n'aime pas les crayons. Je préfère (ce / ces) stylo noir.

2   Complétez Fill in the blanks with the appropriate demonstrative adjectives. (10 x 1 pt. each = 10 pts.)

1. _____ café est célèbre (*famous*) pour ses croissants.

2. Ta mère va servir _____ biscuits?

3. Préférez-vous _____ limonade ou _____ boisson?

4. _____ jeunes mariés ont l'air triste!

5. _____ homme-ci est l'oncle de Gloria et Jonas.

6. Mes parents ne sont pas du tout contents de _____ divorce.

7. Quelle est la spécialité de _____ endroit?

8. Tu vas adorer les maisons dans _____ ville.

9. Arrange la table devant _____ chaises!

Nom _____ Date _____

Leçon 6A.1

GRAMMAR QUIZ II
Demonstrative adjectives

1   Écrivez Write a statement, description, or opinion about each item using a demonstrative adjective.
(5 x 1 pt. each = 5 pts.)

> **Modèle**
>
> le Louvre
>
> *Mon frère va visiter ce musée.*

1. le gâteau au chocolat _____

2. les "smarties" _____

3. Paris _____

4. le football _____

5. *Spiderman* et *X-Men* _____

2   Imaginez Write a sentence about each picture using a demonstrative adjective. (4 x 2 pts. each = 8 pts.)

1. _____ 2. _____ 3. _____ 4. _____

1. _____
2. _____
3. _____
4. _____

3   À une fête You are at a party with your best friend. Write a conversation in which the two of you
comment on the guests, the food, and the drinks. Use seven demonstrative adjectives in your conversation.
(7 x 1 pt. each = 7 pts.)

_____

_____

_____

_____

_____

_____

_____

_____

Leçon 6A.2

GRAMMAR QUIZ I
The *passé composé* with *avoir*

1 Complétez Fill in each blank with the correct **passé composé** form of the verb in parentheses.
(5 x 1 pt. each = 5 pts.)

1. Il _____ (fêter) son anniversaire avant hier.

2. Elles _____ (manger) tous les bonbons.

3. Tu _____ (choisir) un cadeau d'anniversaire pour ta mère?

4. Vous _____ (prendre) une limonade avec des glaçons?

5. Nous _____ (dormir) jusqu'à (*until*) onze heures ce matin.

2 Changez le temps Rewrite these sentences in the past tense. (5 x 1 pt. each = 5 pts.)

1. Ethan envoie des bonbons à Louise.

   _____

2. Il ne pleut pas cet après-midi.

   _____

3. Je suis au musée avec mes amis.

   _____

4. Nous avons beaucoup de problèmes.

   _____

5. Buvez-vous du lait?

   _____

3 La fête de fiançailles Your mother is stressed out and cannot remember what has already been done for your sister's engagement party. Answer her using the cues in parentheses to say who did what yesterday.
(5 x 2 pts. each = 10 pts.)

1. Qui va acheter les boissons? (papa)

   _____ hier.

2. Tu vas faire le gâteau au chocolat aujourd'hui? (je)

   _____ hier.

3. Sébastien, quand est-ce que tu choisis la musique? (Julien et moi)

   _____ hier.

4. Célia, n'oublie pas de nettoyer le salon! (Christelle et Zoé)

   _____ hier.

5. Qui va téléphoner aux invités? (toi, tu)

   _____ hier!

| 212 |

Leçon 6A.2

GRAMMAR QUIZ II
The *passé composé* with *avoir*

1 **Questions personnelles** Answer these questions in the past tense. (4 x 1 pt. each = 4 pts.)

1. Où est-ce que tu as été avec tes amis le week-end dernier?

   _____

2. Qu'est-ce que tes amis et toi avez fait samedi dernier?

   _____

3. Qu'est-ce que tu as mangé à la cantine hier?

   _____

4. Qu'est-ce que tu n'as pas encore essayé comme sport?

   _____

2 **Pourquoi?** Write a complete sentence using the **passé composé** to provide an explanation for each situation. (4 x 1 pt. each = 4 pts.)

1. Hélène est fatiguée maintenant.

   _____

2. Christian est très content.

   _____

3. Mes parents vont au supermarché.

   _____

4. Je n'ai pas quitté la maison hier.

   _____

3 **Une soirée** Your parents threw a party last weekend. Describe what everyone did, ate, and drank. Use at least six of the listed verbs in the **passé composé**. (12 pts.)

acheter	faire	finir	organiser	prendre
boire	fêter	manger	parler	servir

_____

_____

_____

_____

_____

_____

_____

_____

Nom _____ Date _____

Unité 6
Leçon 6A

LESSON TEST I

1 Célébrations Listen to each description of a celebration. Then choose the response that best completes the statement. (5 x 5 pts. each = 25 pts.)

1. Laure est... de Christian.
   a. l'amie
   b. la fiancée
   c. la femme/l'épouse

2. Aujourd'hui on ne travaille pas parce que...
   a. c'est un jour férié.
   b. c'est le week-end.
   c. ce sont les vacances.

3. Andréa et Richard sont...
   a. les invités.
   b. les hôtes.
   c. les personnes qui fêtent leur anniversaire.

4. Monsieur Hulot va...
   a. fêter son anniversaire.
   b. organiser une fête.
   c. prendre sa retraite.

5. Le narrateur va fêter... de son neveu.
   a. l'amitié
   b. le bonheur
   c. une étape de vie

2 À la fête You and your family are at a party. Say what each person is having by completing each sentence with the appropriate form of a demonstrative adjective. (5 x 2 pts. each = 10 pts.)

1. Ma mère préfère _____ desserts.

2. Mon frère préfère _____ éclair.

3. Ma sœur préfère _____ boisson gazeuse.

4. Mon père préfère _____ gâteau.

5. Ma tante préfère _____ glaces.

Nom _____ Date _____

3 Des choses à faire! Your older brother is planning a party and his anxiety is annoying his friends. Everything he asks about has already been done. (6 x 4 pts. each = 24 pts.)

> **Modèle**
>
> Il faut nettoyer le salon.
> Mais j'*ai déjà nettoyé* le salon.

Il faut. . .

1. acheter le gâteau. Mais Fatima _____ le gâteau!

2. envoyer les invitations. Mais Karine _____ les invitations!

3. préparer des glaçons. Mais nous _____ les glaçons!

4. décorer l'appartement. Mais Paul et toi, vous _____ l'appartement!

5. téléphoner à Cécile. Mais Thomas _____ à Cécile!

6. apporter les chaises au salon. Mais Gaëlle et Nathalie _____ les chaises au salon!

4 Trop occupé! Everyone had a busy day today. Say what each person did by filling in the blanks with the **passé composé** of the verbs in parentheses. (7 x 3 pts. each = 21 pts.)

1. Ce matin, vous _____ (faire) les courses au supermarché et ensuite vous _____ (préparer) le dîner.

2. Stéphanie _____ (finir) ses devoirs et ensuite elle _____ (dormir) pendant deux heures.

3. Nous _____ (avoir) un accident et nous _____ (emmener) Jean-Luc à l'hôpital.

4. Moi, j'_____ (boire) trop de café.

5 À vous! You organized a party for your father who has just retired. Write a paragraph of five sentences telling what you did, made or served at the party—and something you forgot! (5 x 4 pts. each = 20 pts.)

_____

_____

_____

_____

_____

_____

_____

_____

_____

_____

_____

Unité 6
Leçon 6A

LESSON TEST II

1 Célébrations Listen to each description of a celebration. Then choose the response that best completes the statement. (5 x 4 pts. each = 20 pts.)

1. Madame Fontaine va…
   a. fêter son anniversaire.
   b. organiser une fête.
   c. prendre sa retraite.

2. On fête…
   a. une étape de vie.
   b. l'amitié.
   c. le bonheur.

3. Demain, c'est…
   a. un jour férié.
   b. le week-end.
   c. le jour de l'Indépendance.

4. Christine et Marc sont…
   a. divorcés.
   b. des jeunes mariés.
   c. un couple.

5. Annick…
   a. fête son anniversaire.
   b. organise la fête.
   c. est une invitée à la fête.

2 On fait la fête! Look at the illustration and describe what you see. Write at least five sentences using the vocabulary and grammar from this lesson. (5 x 4 pts. each = 20 pts.)

_____

_____

_____

3 **Ce dessert-ci ou ce dessert-là?** You are having dessert at a café with your friends. Say what each person is having by completing each sentence with the appropriate form of a demonstrative adjective. (4 x 2 pts. each = 8 pts.)

1. Christelle va prendre _____ éclair-ci.

2. Étienne préfère _____ glace-là.

3. Noémie prend _____ biscuits-là.

4. Michel va prendre _____ gâteau-ci.

4 **On a déjà…** You and your cousin are planning a New Year's Eve party, and she wants to know if certain things still need to be done. Everything she asks about has already been done. Express this by using the **passé composé** with **déjà**. (6 x 3 pts. each = 18 pts.)

> **Modèle**
>
> Faut-il envoyer les invitations? Mais non, j'_____ les invitations.
> Mais non, j'*ai déjà envoyé* les invitations.

1. Faut-il nettoyer l'appartement? Mais non, Karine _____ l'appartement.

2. Faut-il faire les desserts? Mais non, nous _____ les desserts.

3. Faut-il préparer les décorations? Mais non, Béa et toi, vous _____ les décorations.

4. Faut-il téléphoner à Ophélie? Mais non, tu _____ à Ophélie.

5. Faut-il apporter des chaises supplémentaires au salon? Mais non, Gaston et Naïma _____ des chaises supplémentaires au salon.

6. Faut-il acheter les boissons? Mais non, Alain _____ les boissons.

5 **Trop occupé!** Everyone has been very busy recently. Say what each person has done by filling in the blanks with the **passé composé** of the verbs in parentheses. (7 x 2 pts. each = 14 pts.)

1. Vous _____ (travailler) pendant dix heures.

2. Ahmed et Bruno _____ (faire du camping) ce week-end avec leurs frères cadets.

3. Mardi soir, nous _____ (courir) dans le parc. Après, nous _____ (faire de l'aérobic) au gymnase.

4. J'_____ (nettoyer) la maison parce qu'on _____ (faire) la fête hier.

5. Jean-Jacques _____ (préparer) un dîner pour vingt personnes.

6 **À vous!** You organized a party for your sister. Write a paragraph of five complete sentences telling what you did or made in preparation for the party, and what you served. Also mention something that you forgot to do. (5 x 4 pts. each = 20 pts.)

_____

_____

_____

_____

Leçon 6B
VOCABULARY QUIZ I

1   Au magasin A salesperson is helping Martine find something. Choose Martine's response to each of the salesperson's statements or questions. (5 x 1 pt. each = 5 pts.)

_____ 1. Vous cherchez quelque chose de spécial, Mademoiselle?

_____ 2. Nous avons de très belles robes en solde aujourd'hui.

_____ 3. Vous aimez cette robe rouge?

_____ 4. Quelle est votre taille?

_____ 5. Cherchez-vous un sac à main pour aller avec cette robe?

a. Non, je n'aime pas le style. Je préfère la robe bleue.

b. Ah oui? Où ça?

c. Je fais du 36.

d. Non, merci. Je prends juste la robe.

e. Oui, Madame, je vais à un mariage et je cherche une robe.

2   Les couleurs Write the masculine singular form of the color(s) you associate with each item. (10 x 1 pt. each = 10 pts.)

1. une banane _____

2. la nuit _____

3. le café au lait _____

4. le drapeau (*flag*) américain _____, _____, _____

5. le dollar américain _____

6. le jus d'orange _____

7. le jambon _____

8. le ciel (*sky*) quand il pleut _____

3   Complétez Fill in the blanks with an appropriate vocabulary word. (5 x 1 pt. each = 5 pts.)

1. Il fait du soleil. Il faut porter des _____ de soleil.

2. Nos pantalons sont trop grands. Nous avons besoin d'une _____.

3. Le _____ montre des anoraks à Sacha.

4. J'ai besoin d'un _____ pour aller à la piscine.

5. Ce pull est trop _____. Vous n'avez pas quelque chose d'un peu plus large?

Leçon 6B
VOCABULARY QUIZ II

1   Les vêtements Write the appropriate clothes or accessories under each category. (9 x 1 pt. each = 9 pts.)

pour l'hiver (quatre choses)	pour aller au parc en été (trois choses)	pour aller à une fête élégante (deux choses)

2   Répondez Answer the questions with complete sentences. (4 x 1 pt. each = 4 pts.)

1. Quelle est ta couleur préférée?

   _____

2. D'habitude, où est-ce que tes ami(e)s et toi achetez vos vêtements?

   _____

3. Qu'est-ce que tu portes aujourd'hui?

   _____

4. Est-ce que tes parents attendent des soldes pour acheter des vêtements?

   _____

3   Je sors! Write an e-mail telling a friend about a special event you attended. In your e-mail, include the type of event, the clothes and accessories you wore, and what color(s) they were. (7 pts.)

Nom _____ Date _____

Leçon 6B.1

GRAMMAR QUIZ I
Indirect object pronouns

1 Complétez Fill in the blanks with the appropriate indirect object pronouns based on the cues in parentheses.
(5 x 1 pt. each = 5 pts.)

1. Tu _____ prêtes de l'argent? (à Omar)

2. Nous _____ posons souvent des questions. (aux professeurs)

3. Je _____ ai envoyé un e-mail hier. (à toi)

4. Vous ne _____ montrez pas votre maison? (à ma copine et moi)

5. Est-ce qu'ils vont _____ téléphoner ce soir? (à Samuel et toi)

2 Mini-dialogues Complete each dialogue with the appropriate indirect object pronoun.
(5 x 1 pt. each = 5 pts.)

1. — Dis Sandrine, comment va Jean-Marc?
   — Je ne _____ ai pas parlé depuis mardi dernier.

2. — Nous n'avons pas assez d'argent pour acheter cette voiture.
   — Est-ce que vos parents ne _____ prêtent pas un peu d'argent?

3. — Quand est-ce que tu _____ téléphones?
   — Je vais t'appeler vers six heures.

4. — Demain, c'est l'anniversaire de mariage de mes parents.
   — Achète-_____ cette belle horloge!

5. — Je ne comprends pas la physique.
   — Allez, je vais _____ expliquer la leçon.

3 Répondez Answer these questions using indirect object or disjunctive pronouns. (5 x 2 pts. each = 10 pts.)

1. Leurs parents ont donné des cadeaux à Mélanie et à Yvonne?
   Oui, _____.

2. Vous allez venir chez Michel dimanche?
   Non, _____.

3. Tu écris souvent à ton cousin?
   Oui, _____.

4. M. Imhoff a acheté des vêtements pour ses enfants?
   Oui, _____.

5. Je t'achète des lunettes de soleil?
   Non, _____.

Leçon 6B.1

GRAMMAR QUIZ II
Indirect object pronouns

1 Répondez Answer each question using an indirect object pronoun. (4 x 2 pts. each = 8 pts.)

1. D'habitude, qu'est-ce que tu achètes à ton/ta meilleur(e) ami(e) pour son anniversaire?

_____

2. Est-ce que tu parles souvent à tes cousins?

_____

3. Tes amis te prêtent-ils leurs livres?

_____

4. Tes amis et toi, que demandez-vous souvent à vos parents?

_____

2 Que faire? Read each of the following statements and respond with a command telling the people what to do. Use a verb from the list and an indirect object pronoun in each command. (6 x 2 pts. each = 12 pts.)

acheter	parler
apporter	poser
donner	prêter
envoyer	téléphoner

1. — Nous avons faim.

   — _____

2. — Ma cousine a invité mon mari et moi à son mariage.

   — _____

3. — J'ai oublié mon anorak chez moi et j'ai froid.

   — _____

4. — Mes amis et moi ne comprenons pas les professeurs!

   — _____

5. — Notre grand-mère est à l'hôpital.

   — _____

6. — Tu es à l'épicerie?

   — _____

Leçon 6B.2

GRAMMAR QUIZ I
Regular and irregular *-re* verbs

1 **Associez** Choose the logical ending to each of the following statements. (6 x 1 pt. each = 6 pts.)

	A		B
_____	1. Émile, tu…	a.	vend pas la voiture de M. Jourdain.
_____	2. Mouna et Surya…	b.	attendez le bus?
_____	3. Kofi et moi…	c.	entends pas le chien.
_____	4. Ma copine et toi…	d.	perds toujours les livres.
_____	5. Véronique ne…	e.	rendons les livres à Roxanne.
_____	6. Je n'…	f.	ne répondent pas à leur mère.

2 **Choisissez** Complete each sentence with the correct form of the appropriate verb. (8 x 1 pt. each = 8 pts.)

1. Mon père et moi _____ (conduire / répondre) à l'agent de police.

2. (vendre / mettre) _____-vous votre maison?

3. Félix ne m'a pas encore _____ (permettre / rendre) mon pull.

4. Nous avons _____ (courir / mettre) une jupe rouge et une chemise noire.

5. Amélie _____ (sourire / perdre) toujours son sac à main.

6. Faites attention quand vous _____ (conduire / descendre) du bus.

7. Ils _____ (détruire / traduire) facilement ces documents en allemand.

8. Je _____ (réduire / sourire) quand je suis heureuse.

3 **Au passé** Write complete sentences using the cues provided and the **passé composé**. Make any necessary changes. (6 x 1 pt. each = 6 pts.)

1. quand / vous / construire / ce / bibliothèque / ?

_____

2. ils / rire / toute la soirée

_____

3. elle / promettre d'acheter / ce / ordinateur

_____

4. je / rendre visite à / ma / nièce / hier

_____

5. tu / ne pas détruire / ce / vieux / maison

_____

6. nous / attendre / devant / musée

_____

Leçon 6B.2

GRAMMAR QUIZ II
Regular and irregular *-re* verbs

1 Imaginez Complete the statements using the verbs listed to say what these people are doing or did. Use each verb only once. (6 x 1 pt. each = 6 pts.)

attendre	conduire	mettre	promettre	rendre	vendre

1. Nous _____.

2. Je _____.

3. Tu _____.

4. Mon père _____.

5. Mes voisins _____.

6. Mon/Ma meilleur(e) ami(e) _____.

2 Répondez Answer these questions with complete sentences. (5 x 1 pt. each = 5 pts.)

1. Le professeur de français traduit-il souvent les phrases en anglais?

_____

2. Est-ce que tes parents te permettent de conduire leur voiture?

_____

3. As-tu promis quelque chose à ton/ta meilleur(e) ami(e)?

_____

4. Qu'est-ce que tu as mis pour venir au lycée aujourd'hui?

_____

5. As-tu perdu quelque chose récemment? Quoi?

_____

3 Le week-end dernier Write a note to your e-mail pal Arnaud telling him what you and your friends did at school last week. Use at least five **-re** verbs. (9 pts.)

_____

_____

_____

_____

_____

_____

_____

_____

Unité 6
Leçon 6B

LESSON TEST I

1 Réponses logiques You are shopping with a friend. Choose the best response to each of your friend's questions. (4 x 4 pts. each = 16 pts.)

1. a. Non, il est bon marché.

    b. Non, il est noir.

    c. Non, il est un peu serré.

2. a. Elle est large.

    b. Elle est rouge.

    c. Elle est à manches courtes.

3. a. un blouson et une écharpe

    b. un short et un tee-shirt

    c. un maillot de bain et une casquette

4. a. marron

    b. 38

    c. des chaussures

2 Les vêtements Write five complete sentences to describe what the people in the illustration are wearing. Use your imagination to specify the colors of the clothing as well. (5 x 3 pts. each = 15 pts.)

_____

_____

_____

_____

_____

_____

_____

_____

3 Aujourd'hui et hier People are doing things today that they did not do yesterday. Express this, following the model. (4 x 4 pts. each = 16 pts.)

> **Modèle**
>
> (conduire) Aujourd'hui, tu _**conduis**_ bien, mais hier, tu _**n'as pas bien conduit**_ .

1. (sourire) Aujourd'hui, Claudine _____ beaucoup, mais hier elle
_____.

2. (traduire) Aujourd'hui, nous _____ du latin, mais hier nous
_____.

3. (mettre) Aujourd'hui, vous _____ votre imperméable, mais hier vous
_____.

4. (construire) Aujourd'hui, mon père _____ un mur (*wall*), mais hier il
_____.

4 Interview You are being interviewed as part of a survey at your school. Answer the interviewer's questions with an indirect object pronoun. (5 x 3 pts. each = 15 pts.)

1. Avez-vous envie de parler au président des États-Unis? Oui, _____
_____

2. Envoyez-vous souvent des e-mails à vos amis? Oui, _____
_____

3. Prêtez-vous votre ordinateur à vos amis? Non, _____
_____

4. Avez-vous déjà demandé de l'argent à vos grands-parents? Oui, _____
_____

5. Est-ce que je vous pose trop de questions? Non, _____
_____

5 **Les soldes** There is a big sale at the mall this weekend and everyone is going. Tell what people are doing by completing each sentence with the correct form of a logical verb from the list. (6 x 3 pts. each = 18 pts.)

attendre	entendre	rendre	répondre
descendre	perdre	rendre visite	vendre

1. Je/J' _____ ma copine et ensuite on va au centre commercial.

2. Vous _____ l'annonce (*announcement*)? Le bus est en retard!

3. J'adore ces magasins. Ils _____ toutes sortes de choses.

4. Regarde cet homme, là! Il _____ son argent! Je lui _____ son argent.

5. Le téléphone sonne (*is ringing*), tu _____?

6 **À vous!** You are going on a two-week vacation. Write a paragraph of at least five complete sentences saying where you are going, what you are planning to do, what clothes you bought for certain activities, etc. (5 x 4 pts. each = 20 pts.)

_____

_____

_____

_____

_____

_____

_____

_____

Nom _____ Date _____

Unité 6
Leçon 6B

LESSON TEST II

1 Réponses logiques You are in a department store and overhear several conversations. Choose the best response to each statement. (4 x 4 pts. each = 16 pts.)

1. a. Un anorak et des gants.
   b. Ma nouvelle jupe et un chemisier.
   c. Un short et un tee-shirt.

2. a. 40
   b. bon marché
   c. bleu

3. a. large
   b. serrée
   c. blanche

4. a. Il te faut un nouveau maillot de bain!
   b. Il te faut un bon chapeau!
   c. Il te faut une belle cravate!

2 Les vêtements Write five complete sentences to describe what the people in the illustration are wearing or doing. Use your imagination to specify the colors of the clothing as well. (5 x 3 pts. each = 15 pts.)

_____
_____
_____
_____
_____
_____
_____
_____
_____
_____
_____
_____

Nom _____ Date _____

3 Interview You are being interviewed for a school newspaper article by another student. Answer the interviewer's questions with indirect object pronouns. (5 x 3 pts. each = 15 pts.)

1. Donnes-tu des cadeaux à tes professeurs? Non, _____.

2. Envoies-tu souvent des lettres à tes grands-parents? Oui, _____.

3. Prêtes-tu tes vêtements à ton/ta meilleur(e) ami(e)? Non, _____.

4. Poses-tu parfois des questions au directeur de l'école? Oui, _____.

5. Est-ce que je te parle de choses ennuyeuses? Non, _____.

4 Les soldes There are many sales downtown this weekend and everyone is going. Complete each sentence with the correct form of the most logical verb from the list. (6 x 3 pts. each = 18 pts.)

attendre	mettre	promettre	répondre à
entendre	perdre	rendre visite	vendre

1. J'adore ce magasin. On _____ des vêtements originaux, mais bon marché.

2. Nous _____ devant cette boutique. Elle ouvre (*opens*) dans cinq minutes.

3. Ils ne _____ pas leur temps. Ils vont dépenser beaucoup d'argent!

4. C'est une bonne idée de _____ des gants quand il fait froid.

5. La vendeuse m'aide beaucoup. Elle _____ toutes mes questions.

6. Tu vas me prêter ce sac, n'est-ce pas? Tu me le _____?

5 Aujourd'hui et hier People are doing things today that they did not do yesterday. Express this, following the model. (8 x 2 pts. each = 16 pts.)

> *Modèle*

(sourire) Aujourd'hui, tu **_souris_** , mais hier, tu **_n'as pas souri_** .

1. (rire) Aujourd'hui, Édouard _____ beaucoup, mais hier il _____.

2. (construire) Aujourd'hui, les hommes _____ une nouvelle maison, mais hier ils _____ de nouvelle maison.

3. (conduire) Aujourd'hui, nous _____ la voiture rouge, mais hier nous _____ la voiture rouge.

4. (mettre) Aujourd'hui, vous _____ un manteau, mais hier vous _____ de manteau.

6 À vous! You are leaving on a two-week vacation. Write a paragraph of five sentences describing where you are going and what you are planning to do. You should also mention what clothes you will bring for different activities, etc. (5 x 4 pts. each = 20 pts.)

_____

_____

_____

Unité 6
Leçons A et B

UNIT TEST I

1 Pour la fête Listen to each statement. Then, choose the pronoun that matches the information that you hear. (8 x 1 pt. each = 8 pts.)

  1. À qui est-ce que M. Teilhard a envoyé les invitations?
     a. à lui
     b. à moi
     c. à elle

  2. Pour qui est-ce que Philippe a acheté des bonbons?
     a. pour vous
     b. pour elles
     c. pour eux

  3. À qui est-ce que tu as parlé?
     a. à eux
     b. à nous
     c. à moi

  4. À qui avez-vous téléphoné vendredi soir?
     a. à elle
     b. à nous
     c. à lui

  5. Pour qui est-ce que j'ai préparé de la musique?
     a. pour lui
     b. pour elles
     c. pour vous

  6. À qui Mlle Ogier a-t-elle oublié d'apporter un cadeau?
     a. à lui
     b. à elles
     c. à moi

  7. À qui est-ce qu'on a prêté une table et des chaises?
     a. à toi
     b. à moi
     c. à elle

  8. À qui avons-nous donné l'adresse?
     a. à eux
     b. à nous
     c. à vous

Nom _____ Date _____

2 Définitions Match each word or expression from Column B with its definition from Column A, then complete the sentences. (10 x 1 pt. each = 10 pts.)

A. Match each word or expression with its definition.

A	B
_____ 1. Pas du tout cher	a. bon marché
_____ 2. À porter quand on fait du ski	b. cravate
_____ 3. Va avec un costume	c. maillot de bain
_____ 4. Beaucoup trop petit	d. anorak
_____ 5. À porter quand on nage	e. serré

B. Complete the sentences with the words from Column B. Make any necessary changes.

6. Ma _____ est rouge aujourd'hui.

7. Ça coûte 10 euros. C'est _____.

8. Il faut acheter un nouveau _____ pour cet été.

9. Yannick a besoin d'un nouvel _____.

10. Cette chemise est beaucoup trop _____.

3 Que portent-ils? Describe what these people are wearing. Use all of the words from the list. (6 x 2 pts. each = 12 pts.)

ceinture	pantalon
chemise	robe à manches longues
costume	robe longue
cravate	sac à main
lunettes	tailleur

M. Duval   Catherine et Jeanne   M. Berthet   Georges et Denise   Mme Malbon

1. M. Duval _____

2. Catherine et Jeanne _____

3. M. Berthet _____

4. Georges _____

5. Denise _____

6. Mme Malbon _____

| 230 |

Nom _____ Date _____

4   Désagréable! A group of friends put together a party for Huguette, but she is ungrateful and criticizes all of their choices. Complete each sentence with an appropriate demonstrative adjective. (10 x 1 pt. each = 10 pts.)

1. Je n'aime pas _____ boisson.

2. _____ cadeau-_____, il est bien, mais je n'ai pas besoin de _____ cadeaux-_____.

3. _____ invité n'est pas mon ami.

4. _____ bonbons sont trop vieux.

5. Je déteste _____ glaces.

6. Mais pourquoi est-ce que vous avez pris _____ gâteau-_____?

5   Nous-mêmes At this wedding, people want to do everything themselves. Express this by using the pronoun that corresponds to the indirect object in parentheses. (8 x 1 pt. each = 8 pts.)

1. Alice et toi, vous _____ faites le gâteau. (à mon fiancé et à moi)

2. Je _____ prépare des invitations. (à toi)

3. Qui _____ a choisi une église? (à toi et à moi)

4. Ses parents _____ achètent sa robe. (à la fiancée)

5. Ses sœurs _____ organisent une fête. (aux deux fiancés)

6. Les invités _____ apportent les cadeaux. (à ton fiancé et à toi)

7. Tu _____ sers du punch. (à moi)

8. Nous _____ avons mis de la musique pour danser. (aux invités)

Nom _____ Date _____

6 **Pour la fête** You and your friends are throwing a party. Rewrite the sentences using the indirect object pronoun indicated by the cues in parentheses. (6 x 2 pts. each = 12 pts.)

> ### Modèle
>
> Vous téléphonez pour les boissons. (à Anouar)
> *Vous lui téléphonez pour les boissons.*

1. Tu demandes la liste des invités. (à Sabine) _____

_____

2. Quentin envoie des invitations. (à tous les invités) _____

_____

3. Vous donnez l'adresse de la fête. (à moi) _____

_____

4. Ambre a prêté son chemisier. (à toi) _____

_____

5. On a donné de l'argent pour les boissons. (à Naguy et à toi) _____

_____

6. Vous avez donné de la musique. (à Laurence et à moi) _____

_____

7 **À compléter** Complete the sentences with the correct forms of the verbs in parentheses. (10 x 1 pt. each = 10 pts.)

1. Qu'est-ce que tu _____ (construire) ici?

2. J'_____ (entendre) les enfants arriver.

3. Il pleut. Tu _____ (mettre) ton imperméable pour sortir.

4. Ils _____ (attendre) leurs copains devant le cinéma.

5. Travaillez bien et ne _____ (perdre) pas votre temps.

6. Louis _____ (promettre) de faire ses devoirs à temps.

7. Nous _____ (rendre) souvent visite à nos grands-parents le dimanche.

8. Vous ne _____ (répondre) jamais à votre téléphone!

9. Ce magasin _____ (vendre) des vêtements chers.

10. Jérôme, tu _____ (traduire) cette phrase pour la classe, s'il te plaît?

Nom _____ Date _____

8 **L'anniversaire** Ten-year-old Damien is describing his grandfather's birthday party. Complete his description with the **passé composé** of the verbs in parentheses. (10 x 1 pt. each = 10 pts.)

Dimanche dernier, ma famille et moi, nous (1) _____ (fêter) les 81 ans de mon grand-père. J' (2) _____ (porter) mon beau costume et mes nouvelles chaussures. Nous (3) _____ (faire) la fête chez ma tante Romane. Papi (4) _____ (adorer) tous ses cadeaux. Puis, on (5) _____ (manger) du gâteau et les adultes (6) _____ (boire) du punch. Ensuite, papi et mamie (7) _____ (danser) ensemble. Moi, j' (8) _____ (jouer) tout l'après-midi avec mes cousins et cousines. On (9) _____ (courir) dans le jardin (*yard*), puis j' (10) _____ (construire) un super vaisseau spatial (*spaceship*) avec Samuel.

9 **À vous!** Write a paragraph with at least five sentences describing a holiday party sponsored by your school. Say when and where the party took place, what you wore, who brought what, and other details about the party. (5 x 4 pts. each = 20 pts.)

_____

_____

_____

_____

_____

_____

_____

_____

_____

_____

_____

_____

_____

_____

_____

_____

_____

_____

_____

Unité 6
Leçons A et B

UNIT TEST II

1 Pour la fête Listen to each statement. Then, choose the pronoun that matches the information that you hear. (8 x 1 pt. each = 8 pts.)

1. À qui est-ce que nous avons envoyé des cadeaux?
   a. à elles
   b. à lui
   c. à toi

2. À qui avez-vous prêté la salle?
   a. à eux
   b. à lui
   c. à nous

3. À qui est-ce qu'on a promis une soirée fantastique?
   a. à toi
   b. à vous
   c. à nous

4. À qui est-ce que Marina a demandé d'amener ses enfants?
   a. à nous
   b. à moi
   c. à elle

5. À qui est-ce que Gérard a téléphoné?
   a. à moi
   b. à eux
   c. à elle

6. À qui est-ce que nous avons donné le gâteau?
   a. à vous
   b. à nous
   c. à elles

7. Pour qui est-ce que Corentin a préparé les boissons?
   a. pour eux
   b. pour lui
   c. pour moi

8. À qui avons-nous fait une bonne surprise?
   a. à nous
   b. à lui
   c. à elles

Nom _____ Date _____

2 Que portent-ils? Describe what these people are wearing. List as many different items of clothing as you can. (6 x 2 pts. each = 12 pts.)

1. M. Hubert _____
   _____

2. Mme Hubert _____
   _____

3. M. Durand _____
   _____

4. Mme Durand _____
   _____

5. M. Moreau _____
   _____

6. Mme Moreau _____
   _____

3 Désagréable! A group of friends put together a party for Charles, but he is ungrateful and criticizes all of their choices. Complete his sentences with an appropriate demonstrative adjective. (10 x 1 pt. each = 10 pts.)

1. _____ fête n'est pas une bonne surprise du tout.

2. _____ cadeau est inutile. _____ cadeaux-_____ ne sont pas beaux.

3. Pourquoi est-ce que vous avez choisi _____ gâteau-_____?

4. _____ glaces sont très mauvaises.

5. Je ne prends jamais _____ soda, et mes amis Nagui et Gilles détestent _____ boisson.

6. Pour qui sont _____ biscuits? Pas pour moi, j'espère!

4 Vous-mêmes Nour asks that everyone contribute to her wedding. Express this by using the pronoun that corresponds to the indirect object in parentheses. (8 x 1 pt. each = 8 pts.)

1. Mamie, tu _____ fais une robe. (à moi)

2. Élise, Margaux et Nasser vont _____ préparer le gâteau. (à mon fiancé et à moi)

3. Je vais _____ trouver une belle église. (à toi)

4. M. et Mme Assouline vont _____ donner l'adresse. (à toi et à ta famille)

5. Marthe va _____ acheter de petits cadeaux. (aux invités)

6. Tu vas _____ choisir un costume. (à Léo)

7. Mes copines vont _____ organiser une grande fête. (à toi et à tes frères et sœurs)

8. Je vais _____ porter (*give*) un toast. (à tes parents)

5 Des conseils Your mother has plenty of advice for you and your siblings. Complete the sentences with the correct forms of the verbs in the list. (10 x 1 pt. each = 10 pts.)

attendre	détruire	perdre	promettre	répondre
conduire	mettre	permettre	rendre	sourire

1. Mathieu, tu ne _____ pas ton temps quand tu fais tes devoirs.

2. Gabriel, tu ne _____ pas tes livres, s'il te plaît!

3. Vous _____ une écharpe et des gants pour sortir quand il fait froid.

4. Mathieu, tu _____ son livre à ton copain Loïc demain, s'il te plaît.

5. Les garçons, vous _____ poliment (*politely*) quand on vous pose une question.

6. Vous _____ tous pour la photo, d'accord?

7. Anne, tu ne _____ pas trop vite quand tu emmènes (*take*) tes frères à l'école.

8. Mathieu, tu _____ ton petit frère après les cours!

9. Vous trois, vous me _____ de bien travailler cette année!

10. Je vous _____ d'aller au cinéma avec vos copains samedi après-midi.

6 **Hier soir** These colleagues attended a work party last night. Complete each sentence with the **passé composé** of the verb in parentheses. (10 x 1 pt. each = 10 pts.)

1. M. Yakout _____ (aimer) le gâteau.

2. Mme Éberlé et Mlle Chapuis _____ (ne pas boire) de boissons.

3. M. Saada _____ (mettre) de la musique.

4. M. Flèche et Mme Dupont _____ (faire) une surprise à M. Vacher.

5. Mlle Rosselet _____ (ne pas chanter).

6. Nous _____ (rire) ensemble.

7. M. Ulliac, vous _____ (oublier) votre manteau.

8. Zoé, tu _____ (nettoyer) après la fête.

9. J'_____ (amener) mon mari.

10. On _____ (promettre) de refaire une fête chaque année.

7 **À la fête** Write six complete sentences to describe what some of these people did at the party yesterday. Use all of the verbs from the list and the **passé composé**. (6 x 2 pts. each = 12 pts.)

chanter	porter
danser	prendre
essayer	répondre

1. _____

2. _____

3. _____

4. _____

5. _____

6. _____

Nom _____ Date _____

8 **Questions personnelles** Answer the questions with complete sentences. (5 x 2 pts. each = 10 pts.)

1. Fais-tu les soldes parfois? _____

_____

2. Que portes-tu le plus (*most*) souvent à l'école? _____

_____

3. Y a-t-il un type de vêtement que tu ne portes jamais? _____

_____

4. Quelles couleurs te vont bien? _____

_____

5. Que fais-tu de tes vieux vêtements? _____

_____

9 **À vous!** You went to a neighborhood party with your entire family last Sunday. Write a paragraph with at least five sentences telling what you and your family wore and brought to the party, what you did there, and something you forgot to do or bring. (5 x 4 pts. each = 20 pts.)

_____

_____

_____

_____

_____

_____

_____

_____

_____

_____

_____

_____

_____

_____

_____

_____

_____

_____

_____

OPTIONAL TEST SECTIONS
Unité 6

Leçon 6A
ROMAN-PHOTO

1 **Expliquez** Using what you remember from **Roman-photo**, tell what is happening in each of
these photos.

 1.　　　　　 2.

1. _____

_____

_____

2. _____

_____

_____

Nom _____ Date _____

Unité 6
Leçon 6B
ROMAN-PHOTO

1 **Choisissez** Match these gifts with the people who gave them to Stéphane.

1. des livres
   a. Sandrine
   b. Madame Forestier
   c. Astrid et Rachid

2. un gâteau
   a. Sandrine
   b. Madame Forestier
   c. Astrid et Rachid

3. une calculatrice
   a. Sandrine
   b. Madame Forestier
   c. Astrid et Rachid

4. un blouson
   a. Sandrine
   b. Madame Forestier
   c. Astrid et Rachid

5. une montre
   a. Sandrine
   b. Madame Forestier
   c. Astrid et Rachid

6. des gants
   a. Sandrine
   b. Madame Forestier
   c. Astrid et Rachid

OPTIONAL TEST SECTIONS
Unité 6
Leçon 6A
CULTURE

1   Les fêtes   Select the answer that best completes the statement, according to the text.

1. Le carnaval fête la fin (*end*)…
   a. de l'été.
   b. de l'hiver.
   c. du printemps.

2. Au carnaval de Québec, on célèbre avec…
   a. des défilés (*parades*) costumés.
   b. des courses de traineaux à chiens (*dogsled races*).
   c. des milliers (*thousands*) de fleurs.

3. En général, le carnaval commence la semaine avant (*before*)…
   a. Noël.
   b. le Carême (*Lent*).
   c. le 14 juillet.

4. À la Martinique et en Guadeloupe, on célèbre…
   a. la fête des Cuisinières.
   b. la fête du Trône.
   c. la fête des Ignames.

5. On célèbre la fête nationale en France…
   a. le 4 juillet.
   b. le 14 juillet.
   c. le 8 mai.

Unité 6

Leçon 6B
CULTURE

1 La mode Select the answer that best completes the statement, according to the text.

1. Le style bon chic bon genre est un style de mode...
   a. hippie.
   b. confortable.
   c. classique.

2. Promod est...
   a. un dessinateur.
   b. une chaîne de magasins.
   c. un grand magasin.

3. En 2010, les Français dépensent... d'argent pour la mode qu'en 1990.
   a. plus
   b. autant (*as much*)
   c. moins

4. Une longue tunique à capuche (*hooded*) que les hommes et les femmes portent en Afrique du Nord s'appelle...
   a. une djellaba.
   b. un madras.
   c. un paréo.

5. Coco Chanel a inventé le concept...
   a. de la petite robe noire.
   b. des accessoires chic.
   c. des cravates pour femmes.

OPTIONAL TEST SECTIONS
Unité 6

Flash culture

1 Choisissez Select the responses that best complete these sentences.

1. Le Jour de l'an, c'est le…
   a. 1er janvier.
   b. 31 décembre.
   c. 1er mai.

2. On célèbre Pâques…
   a. en hiver.
   b. en été.
   c. au printemps.

3. La fête nationale française, c'est le…
   a. 14 juillet.
   b. 18 novembre.
   c. 1er septembre.

4. Le 25 décembre, c'est…
   a. Pâques.
   b. Noël.
   c. le carnaval.

5. La fête de la musique est au mois…
   a. de juin.
   b. de juillet.
   c. d'août.

Panorama

1 Choisissez Select the answer that best completes the statement, according to the text.

1. L'Algérie, la Tunisie et le Maroc font partie (*are part*) de la région...
   a. de l'Afrique de l'Ouest.
   b. du Maghreb.
   c. de l'Union africaine.

2. Dans les oasis du Sahara on fait pousser (*grows*)...
   a. des fruits.
   b. des fleurs (*flowers*).
   c. des jardins exotiques.

3. Assia Djebar est...
   a. écrivaine.
   b. artiste.
   c. femme politique.

4. Pour visiter Casablanca, on va...
   a. en Algérie.
   b. en Tunisie.
   c. au Maroc.

5. Les premiers habitants d'Afrique du Nord étaient (*were*)...
   a. les Arabes.
   b. les Berbères.
   c. les Français.

6. On va au hammam pour...
   a. se laver (*to bathe*).
   b. manger.
   c. travailler.

7. Un symbol du Maroc médiéval est...
   a. la mosquée de Kutubiyya.
   b. la place Djem'a el-Fna.
   c. la ville de Marrakech.

Nom _____   Date _____

OPTIONAL TEST SECTIONS
Unité 6
Leçon 6A
LECTURE SUPPLÉMENTAIRE

1 **Biographie** Read this short biography of Claude Monet, a famous French impressionist painter.
Then answer the questions in French using complete sentences.

1840	Naissance de Claude Monet à Paris. Il passe son enfance au Havre, en Normandie.
1856	Monet apprend les techniques artistiques avec l'artiste Eugène Boudin.
1862–1872	Monet étudie l'art à Paris. Il fait la connaissance de Pierre-Auguste Renoir. Ils fondent ensemble le mouvement impressionniste. Monet rencontre aussi Camille Doncieux. Il tombe amoureux d'elle et le jeune couple se marie. Les jeunes mariés ont leur premier enfant et ils partent habiter à Argenteuil. Six ans plus tard, c'est la mort de Camille. Monet décide de retourner en Normandie où il a passé sa jeunesse. Il s'installe[1] dans une maison à Giverny et il continue à peindre[2].
1892	Deuxième mariage de Monet, avec Alice Hoschede.
1899–1901	Monet fait plusieurs voyages et travaille à Londres, en Angleterre.
1905–1925	Monet continue son travail impressionniste à Giverny.
1926	Mort de Monet.

[1] *settles*   [2] *to paint*

1. Où est-ce que Claude Monet passe son enfance?

   _____

2. Que fait-il pendant son adolescence? Avec qui?

   _____

3. Où est-ce que Monet habite dans les années 1860? Qu'est-ce qu'il fait là-bas?

   _____

4. Avec qui fonde-t-il le mouvement impressionniste?

   _____

5. Qu'est-ce qui arrive (*happens*) quand Monet rencontre Camille Doncieux?

   _____

6. Qu'est-ce que le jeune couple fait après la naissance de leur premier enfant?

   _____

7. Qu'est-ce qui arrive six ans après la naissance du premier enfant de Monet?

   _____

8. Monet reste-t-il (*stays*) veuf après la mort de Camille?

   _____

Unité 6

Leçon 6B

LECTURE SUPPLÉMENTAIRE

1 **Une interview** Read this magazine interview with a young fashion designer from Martinique. Then answer
the questions in French using complete sentences.

MODE JEUNE	Bonjour, Laëtitia. Est-ce que vous pouvez nous parler un peu de votre nouvelle collection de vêtements?
LAËTITIA	Oui, bien sûr. Alors, cette nouvelle collection est ma collection d'été, donc, pour les femmes, il y a surtout des jupes, des robes et des chemisiers.
MODE JEUNE	Et vous faites aussi des vêtements pour hommes, n'est-ce pas?
LAËTITIA	Oui, des shorts et des chemises à manches courtes. Des vêtements simples et agréables, pour l'été.
MODE JEUNE	Quelles sont vos couleurs préférées?
LAËTITIA	J'aime les couleurs chaudes, les couleurs de la Martinique, alors j'utilise beaucoup de rouge et de jaune, et puis aussi le blanc parce que c'est une belle couleur pour l'été. Et le bleu aussi.
MODE JEUNE	Et vous aimez quels tissus pour vos vêtements?
LAËTITIA	Le coton. C'est bien quand il fait chaud. Et puis la soie, parce que c'est beau.
MODE JEUNE	Comment décrivez-vous le style de vos vêtements?
LAËTITIA	Jeune, simple… et bon marché. Oui, bon marché, c'est très important parce que je fais des vêtements pour les jeunes.
MODE JEUNE	Vous avez d'autres projets, après cette collection?
LAËTITIA	Oui, en ce moment, je travaille sur une collection d'accessoires: lunettes de soleil, sacs à main, casquettes, ceintures. Je pense que cette collection va sortir à l'automne.

1. Pour qui est-ce que Laëtitia fait des vêtements? _____
    _____

2. Est-ce que la nouvelle collection de Laëtitia est une collection d'hiver ou d'été? _____
    _____

3. De quelles couleurs sont les vêtements de Laëtitia en général? _____
    _____

4. Quels sont les trois types de vêtements pour femmes que Laëtitia fait? _____
    _____

5. Décrivez le style des créations de Laëtitia. _____
    _____

6. En quoi sont souvent les vêtements de Laëtitia? Pourquoi? _____
    _____

7. Quels sont deux types de vêtements pour hommes que Laëtitia fait? _____
    _____

8. Sur quoi est-ce que Laëtitia travaille en ce moment? Citez deux articles de cette collection.
    _____
    _____
    _____

Leçon 7A

VOCABULARY QUIZ I

1   Ajoutez Select the word that best fits each set. (5 x 1 pt. each = 5 pts.)

un aéroport	la mer
un arrêt	partir en vacances
un bateau	le pays
la campagne	le plan
un départ	une station de ski

1. faire les valises, faire un séjour, _____
2. un vol, une arrivée, _____
3. la plage, bronzer, _____
4. un train, une voiture, _____
5. une gare, une station, _____

2   Le mot juste Fill in each blank with an appropriate vocabulary word. (6 x 1 pt. each = 6 pts.)

1. Il faut souvent avoir un visa pour aller à l'_____.
2. Nous allons passer l'été à la ferme (*farm*) de mes grands-parents à la _____.
3. Je pars jeudi et je reviens (*return*) samedi, alors achète-moi un billet _____.
4. Il faut passer par la _____ pour déclarer nos achats (*purchases*).
5. Mon père ne va pas au bureau. Il a un jour de _____ aujourd'hui.
6. On prend l'_____ pour aller de Chicago à Paris.

3   Répondez Answer these questions with complete sentences. (6 x 1.5 pts. each = 9 pts.)

1. Dans quel pays parle-t-on japonais?

_____

2. Où se trouve Dublin?

_____

3. Où va-t-on pour visiter la ville de Shakespeare?

_____

4. Quels sont deux pays où on parle espagnol?

_____

5. De quelle nationalité est une personne du Brésil?

_____

6. Dans quel pays parle-t-on allemand?

_____

     Leçon 7A   Vocabulary Quiz I

Leçon 7A

VOCABULARY QUIZ II

1 Répondez Answer these questions with complete sentences. (5 x 1 pt. each = 5 pts.)

1. Quand pars-tu en vacances cette année?

    _____

2. Comment vas-tu de ta maison au centre commercial?

    _____

3. Où préfères-tu aller en vacances? Pourquoi?

    _____

4. Est-ce que tes parents ont visité un pays étranger? Quel pays?

    _____

5. Comment tes parents et toi préférez-vous voyager?

    _____

2 Imaginez Cédric and his friends are preparing to go on vacation. Complete these phrases using words of your own choosing and these travel-related expressions: **un billet, faire ses valises, faire un séjour, la mer, un passeport**. (5 x 1 pt. each = 5 pts.)

1. Cédric a déjà _____.

2. Armando va aller _____.

3. Ayesha et Samir ont besoin de/d' _____.

4. Thuy va faire _____.

5. Audrey et Makim n'ont pas _____.

3 On part! You and your family are going to visit friends in England and in two European countries. Write an e-mail to your friends telling them how you are getting to each country, when you are going, and what you are doing to prepare for the trip. (10 pts.)

_____

_____

_____

_____

_____

_____

_____

_____

_____

Leçon 7A.1

GRAMMAR QUIZ I
The *passé composé* with *être*

1 Choisissez Choose the correct form of each verb to complete these sentences. (6 x 0.5 pt. each = 3 pts.)

1. Charles et toi êtes (allé / allées / allés) au cinéma hier?

2. Ses enfants ne sont pas (né / nées /nés) à Strasbourg.

3. Mes poissons sont (morts / mortes / mort)!

4. Nos deux valises sont (restées / restés / resté) dans le taxi.

5. Avec qui Bryan est-il (partie / partis / parti) pour Bruxelles?

6. Elle est déjà (arrivé / arrivée / arrivées) à l'hôtel.

2 Une histoire tragique Lucas is telling his grandfather's story. Complete his narration with the appropriate verbs in the **passé composé**. (7 x 1 pt. each = 7 pts.)

aller	mourir	partir	sortir
monter	naître	retourner	tomber

Mon grand-père (1) _____ en Angleterre en 1945. En 1970, sa famille (2) _____ d'Angleterre et ils (3) _____ au Népal. Il a rencontré ma grand-mère là-bas. En 1980, il (4) _____ à un des sommets (*peaks*) de l'Himalaya avec des amis. En descendant, son ami et lui (5) _____ dans une ravine et ils (6) _____. Après ça, ma grand-mère (7) _____ vivre (*live*) aux États-Unis avec ses parents.

3 On a fait un voyage Bernard is talking about the trip he and his family took to New York City. Write complete sentences using the **passé composé** and the cues provided. **Attention!** One item uses **avoir** instead of **être**. (5 x 2 pts. each = 10 pts.)

1. ma famille / partir / pour New York en avion

   _____

2. nous / arriver / tard la nuit

   _____

3. jeudi matin / ma mère / rester / chez ma tante

   _____

4. Sylvie et ma cousine / monter / dans la statue de la Liberté

   _____

5. moi, je / passer trois heures / au musée

   _____

Nom _____ Date _____

Leçon 7A.1

GRAMMAR QUIZ II
The *passé composé* with *être*

1 **Questions personnelles** Answer these questions with complete sentences. (5 x 1 pt. each = 5 pts.)

1. En quelle année es-tu né(e)?

_____

2. Tes amis et toi êtes sortis le week-end dernier? Où êtes-vous allés?

_____

3. Ton père est-il rentré tard hier soir?

_____

4. Est-ce que tu es déjà passé(e) par la douane? Où?

_____

5. Tes parents sont-ils déjà allés dans un autre pays? Dans quel pays?

_____

2 **Des questions** M. Pomerol is investigating a murder and is questioning one of the suspects, Henri, about his movements and those of his wife yesterday evening. Write five questions M. Pomerol might ask about their activities. Use the **passé composé**. (5 x 1 pt. each = 5 pts.)

1. comment / arriver _____

2. avec qui / sortir _____

3. combien de temps / rester _____

4. pourquoi / aller _____

5. quand / retourner _____

3 **Ma journée** You have lost your calculator and are retracing your steps to figure out where you might have left it. Use the **passé composé** of five verbs from the list to say what you did after you left your house this morning. (5 x 2 pts. each = 10 pts.)

aller	passer	retourner	sortir
arriver	rester	retrouver	tomber

_____

_____

_____

_____

_____

_____

_____

| 250 |

Leçon 7A.2

GRAMMAR QUIZ I
Direct object pronouns

1 **Choisissez** Choose the correct direct object pronoun to replace the direct object in each sentence.
(5 x 1 pt. each = 5 pts.)

1. J'ai conduit Yousef à la banque.
   a. l'   b. la   c. les   d. me
2. Nous avons envoyé les lettres au professeur.
   a. le   b. les   c. nous   d. l'
3. Vous allez visiter les pyramides avec votre amie.
   a. nous   b. votre   c. les   d. la
4. Ils retrouvent Gérard à la gare.
   a. eux   b. les   c. la   d. le
5. Tu donnes ta robe à ta cousine?
   a. me   b. te   c. les   d. la

2 **À l'aéroport** Fabienne is saying what everyone in her family did before their trip to Tunisia. Rewrite her sentences using a direct object pronoun. (5 x 1 pt. each = 5 pts.)

1. Papa a fait les valises.
   _____

2. Nous avons pris le taxi pour aller à l'aéroport.
   _____

3. J'ai oublié ma casquette dans le taxi.
   _____

4. Mon frère a regardé les avions à l'aéroport.
   _____

5. Ma sœur et moi avons acheté le livre sur la Tunisie.
   _____

3 **Répondez** Mme Chandon is asking you a lot of questions. Answer her using a direct object pronoun.
(5 x 2 pts. each = 10 pts.)

1. Ta nièce a choisi sa robe pour le mariage?
   Oui, _____.
2. Est-ce que ton ami et toi avez déjà entendu cette chanteuse?
   Oui, _____.
3. A-t-il invité les élèves chez lui?
   Non, _____.
4. Le professeur va t'emmener à la bibliothèque?
   Oui, _____.
5. Avez-vous pris les journaux ce matin?
   Non, _____.

| 251 | **Leçon 7A.2** Grammar Quiz I

Nom _____ Date _____

Leçon 7A.2

GRAMMAR QUIZ II
Direct object pronouns

1 **Une curieuse** Your aunt Mathilde is curious. Write questions she might ask you about each topic, using the direct object pronoun that corresponds to each one. (5 x 1 pt. each = 5 pts.)

> *Modèle*
>
> la télé: *Tu l'a regardée hier soir?*

1. les garçons/filles: _____?

2. les vêtements: _____?

3. les copains/copines: _____?

4. le français: _____?

5. la plage: _____?

2 **Questions** Write questions for these answers. Pay attention to the direct object pronouns. (5 x 1 pt. each = 5 pts.)

1. _____

   Je les ai mises dans la voiture parce qu'on va partir.

2. _____

   Non, il ne l'a pas invitée.

3. _____

   Nous vous avons attendus devant le café.

4. _____

   Non, elle ne l'a pas prise hier.

5. _____

   Mes parents vont vous emmener sur leur bateau.

3 **Bon voyage!** Karine is going on a school ski trip. Write a conversation in which Karine's mother asks her daughter about her preparations. Use expressions from the list and at least five direct object pronouns. (5 x 2 pts. each = 10 pts.)

faire les valises	organiser ton sac à main
laisser le numéro de l'hôtel	prendre de l'argent
ne pas oublier ton passeport	trouver ton écharpe et tes gants

_____

_____

_____

_____

Unité 7
Leçon 7A

LESSON TEST I

1 Conversations Everyone is traveling! Listen to these incomplete conversations. Then choose the most logical continuation for each. (5 x 4 pts. each = 20 pts.)

1. a. Parce que je n'ai pas encore acheté mon billet.
   b. Parce que le train est en retard.
   c. Parce que je prends un taxi.

2. a. Oui, j'adore prendre le train.
   b. Oui, j'adore skier.
   c. Oui, il faut passer par la douane.

3. a. Oui, je fais un séjour en ville.
   b. C'est ça. Je vais visiter la capitale.
   c. Je vais aussi nager à la mer.

4. a. En bus.
   b. En avion.
   c. En bateau.

5. a. Ils ont fait du shopping.
   b. Ils ont pris l'avion.
   c. Ils l'ont bien aimé.

2 Voyages Everyone is going somewhere. Based on the illustration and the city, write a sentence saying to what country each person is going and how he or she is getting there. (4 x 3 pts. each = 12 pts.)

> **Modèle**
>
> Philippe / Genève
> *Philippe va en Suisse en taxi.*

1.

Heidi / Berlin _____

2.

John / Londres _____

3.

Jean-Claude / Bruxelles _____

4.

Tatsuya / Tokyo _____

3 Fin de semestre It's the end of the semester, and a lot of things have happened. Complete the statements using the appropriate **passé composé** form of the verbs in parentheses. (4 x 4 pts. each = 16 pts.)

> **Modèle**
>
> (ne pas aller) Philippe _____ au supermarché. Philippe **n'est pas allé au supermarché.**

1. (arriver) Mes parents _____ à l'heure.

2 (naître) Ma sœur a eu un bébé—Colline. Elle _____ samedi soir.

3. (ne pas rester) Frédéric et Mahmoud _____ à l'école.

4. (mourir) Mon grand-père _____ ce matin.

4 Où? Use the **passé composé** to say where people went and what they did there. (8 x 2 pts. each = 16 pts.)

1. (aller) Mes frères _____ au stade.
   (assister) Ils _____ à un match de tennis.

2. (partir) Mon copain Loïc _____ pour Montréal.
   (rendre) Il _____ visite à son cousin.

3. (sortir) Ma sœur _____ avec sa copine Apolline.
   (rester) Elle _____ chez Apolline toute la nuit.

4. (aller) Mes copines Delphine et Béatrice _____ à l'aéroport.
   (prendre) Elles _____ l'avion pour Québec.

Nom _____ Date _____

5 Qu'est-ce que tu fais? You are discussing vacation plans with your friends. Answer their questions using a direct object pronoun and the present tense, **futur proche**, or the **passé composé** as appropriate. (4 x 4 pts. each = 16 pts.)

1. — Est-ce que tu m'écoutes? —Oui, je _____.

2. — Est-ce que tu vas faire tes valises? —Oui, je _____.

3. — Est-ce que tu as acheté les billets? —Oui, je _____.

4. — Est-ce que tu vas porter tes lunettes de soleil? —Non, je _____.

6 À vous! Describe a recent trip (real or imaginary) in at least five complete sentences. Tell where you went and with whom, how you got there, one or two things you did or did not do, and when you came home. (5 x 4 pts. each = 20 pts.)

_____

_____

_____

_____

_____

_____

_____

| 255 | **Leçon 7A**   Lesson Test I

Unité 7
Leçon 7A

LESSON TEST II

1 Conversations Everyone is traveling. Listen to these incomplete conversations. Select the most logical continuation for each. (5 x 4 pts. each = 20 pts.)

1. a. Il faut rouler vite!
   b. On rentre vite le chercher!
   c. Vite! Cours à la sortie!

2. a. Parce que j'adore prendre le train.
   b. Parce que je préfère prendre le bus.
   c. Parce que je vais prendre le bateau.

3. a. Elle est partie en vacances.
   b. Elle a eu un jour de congé.
   c. Elle a perdu son passeport.

4. a. Oui, je les ai achetés.
   b. Oui, je l'ai acheté.
   c. Oui, je les ai achetées.

5. a. Moi, j'adore l'Italie aussi!
   b. Moi, j'ai envie d'aller au Japon.
   c. Moi, je suis allé en Suisse.

Nom _____ Date _____

2 **Voyages** Everyone is going somewhere. Based on the illustration and the city, write a sentence saying to what country each person is going and how he or she is getting there. (4 x 2 pts. each = 8 pts.)

> **Modèle**
>
> Carmela / Rome
>
> *Carmela va en Italie en taxi.*

1. Carlos / Rio de Janeiro _____

2. Lei / Hong Kong _____

3. Enrique / Madrid _____

4. Fiona / Dublin _____

3 **Fin de semestre** It's the end of the semester, and a lot of things have or have not happened. Complete the statements using the appropriate **passé composé** form of the verbs in parentheses. (4 x 4 pts. each = 16 pts.)

> **Modèle**
>
> (tomber) Joseph _____ amoureux de Juliette. *Joseph est tombé amoureux de Juliette.*

1. (ne pas partir) Marc et vous, vous _____ en vacances.

2 (naître) Des jumeaux (*twins*)! Mon neveu et ma nièce _____ cet après-midi.

3. (mourir) Malheureusement, Madame Gelineau _____ la semaine dernière.

4. (ne pas aller) Nous _____ au cinéma avec nos copains.

Nom _____ Date _____

4   Où? Say where your friends and family went yesterday and what they did there. (8 x 3 pts. each = 24 pts.)

1. (sortir) Mes copains Jean et Laurent _____ en ville.

(danser) Ils _____ avec Murielle et Nadine.

2. (aller) Mohammed _____ en Belgique.

(visiter) Il _____ la capitale, Bruxelles.

3. (partir) Émilie _____ en vacances en Suisse.

(faire) Elle _____ du ski.

4. (aller) Mes tantes Florence et Hélène _____ à l'hôpital.

(rendre) Elles _____ visite à ma cousine qui a eu un bébé.

5   Qu'est-ce que tu fais? Alex is getting anxious about his vacation plans. Answer his friend's questions using a direct object pronoun and the present tense, **futur proche**, or the **passé composé** as appropriate. (4 x 3 pts. each = 12 pts.)

1. — Est-ce que tu fais tes valises? —Oui, je _____ .

2. — Est-ce que tu a pris le plan? —Oui, je _____ .

3. — Est-ce que tu vas prendre le train? —Oui, je _____ .

4. — Est-ce que tu vas visiter la capitale? —Non, je _____ .

6   À vous! Write a paragraph with five sentences about a favorite vacation (real or imaginary). Tell where you went and with whom, how you got there, and a few things you did or did not do. (5 x 4 pts. each = 20 pts.)

_____

_____

_____

_____

_____

_____

_____

_____

Leçon 7B
VOCABULARY QUIZ I

1 **Notre arrivé** Complete Madelaine's description of her arrival in Paris with the transition words from the list. Use each word only once. (6 x 1 pt. each = 6 pts.)

d'abord	finalement
enfin	pendant
ensuite	puis

1. _____, j'ai appelé l'hôtel de l'aéroport.

2. _____, nous avons pris un taxi pour aller à l'hôtel.

3. _____, on a fait la queue devant la réception _____ une heure.

4. _____, c'était (*was*) notre tour (*turn*).

5. _____, l'hôtelière nous a donné nos clés et nous sommes montées dans notre chambre.

2 **Logique ou illogique?** Indicate whether each statement is **logique (L)** or **illogique (I)**. (5 x 1 pt. each = 5 pts.)

_____ 1. L'hôtelier a montré son passeport aux clients.

_____ 2. M. Rodin appelle l'hôtel pour réserver une chambre.

_____ 3. Nous montons à notre chambre avant de prendre les clés.

_____ 4. Cet hôtel n'a pas de chambre libre alors on va à l'hôtel à côté.

_____ 5. Nous allons à l'agence de voyages pour acheter nos billets.

3 **Le mot juste** Fill in each blank with an ordinal number or another appropriate vocabulary word. (9 x 1 pt. each = 9 pts.)

1. Septembre est le _____ mois de l'année.

2. En France, vendredi est le _____ jour de la semaine.

3. George Washington est le _____ président des États-Unis.

4. *U* est la _____ lettre de l'alphabet.

5. La Saint-Valentin est le _____ jour du mois de février.

6. La réception de l'hôtel se trouve au _____ près de l'entrée.

7. Je voyage seul (*alone*) donc je réserve une chambre _____.

8. Les étudiants n'ont pas beaucoup d'argent, alors ils descendent à l'_____ de jeunesse.

9. L'hôtel n'a pas de chambres; il est _____.

 Leçon 7B Vocabulary Quiz I

Leçon 7B
VOCABULARY QUIZ II

1 Répondez Answer these questions with complete sentences. (4 x 1 pt. each = 4 pts.)

1. Quand ta famille part en vacances, qui fait les réservations d'hôtel?

_____

2. Préfères-tu voyager avec ta famille ou avec la famille des copains? Pourquoi?

_____

3. À quel étage est ta chambre dans ta maison?

_____

4. Dans ta famille, qui est la dernière personne à être prête avant un voyage?

_____

2 Un premier voyage Your friend Brandon is traveling to France for the first time. Write him an e-mail to tell him five things to do to prepare for the trip and make hotel reservations. Use at least six of these expressions. (6 x 1 pt. each = 6 pts.)

après	d'abord	ensuite	puis
avant	donc	finalement	tout de suite

_____

_____

_____

_____

_____

3 Hôtel Sans Souci You are in the lobby of the Sans Souci Hotel trying to reserve rooms for yourself and your family. Write the conversation between you and the person at the front desk. Your conversation should have at least five lines. (10 pts.)

_____

_____

_____

_____

_____

_____

_____

Leçon 7B.1

GRAMMAR QUIZ I
Adverbs

1 Complétez Complete each sentence with the adverb suggested by the adjective in parentheses.
(5 x 1 pt. each = 5 pts.)

1. Mes amis étudient _____ au lycée. (sérieux)
2. Ma grand-mère explique _____ les maths. (patient)
3. Ses filles parlent _____ en français. (constant)
4. Mon frère ne conduit pas _____! (prudent)
5. _____, Denise est très jalouse de toi. (franc)

2 Au contraire! André and Emma do not agree on anything. For every statement André makes, write Emma's response using an adverb that means the opposite of the one André used. (5 x 1 pt. each = 5 pts.)

> *Modèle*

Pierre gagne facilement de l'argent.
Non, Pierre gagne difficilement de l'argent.

1. Mes frères courent lentement.

_____

2. Magali parle méchamment aux enfants.

_____

3. Sarina et Adèle ont bien compris ma question.

_____

4. Tu envoies fréquemment des lettres à tes grands-parents.

_____

5. Guy et moi ne rentrons jamais après minuit.

_____

3 Assemblez Write complete sentences using the cues provided and the adverbial forms of the adjectives.
(5 x 2 pts. each = 10 pts.)

1. Zoé et Alyssa / lire / attentif / la leçon

_____

2. je / dire / absolu / la vérité

_____

3. évident / mes copines et moi / écrire / beaucoup de sms

_____

4. vous / écrire / différent / de votre père

_____

5. vous / dire / constant / des secrets

_____

 Leçon 7B.1 Grammar Quiz I

Leçon 7B.1

GRAMMAR QUIZ II
Adverbs

1 Répondez Answer each question using an adverb in your response. (4 x 1 pt. each = 4 pts.)

1. Qu'est-ce que tu fais avec tes copains le week-end?

   _____

2. Où va ta famille pendant les vacances d'été?

   _____

3. Comment va ta mère?

   _____

4. Tu aimes tes professeurs?

   _____

2 Assemblez Combine elements from each of the three columns to write six complete sentences. Add any additional elements as necessary. (6 x 1 pt. each = 6 pts.)

mon professeur	écrire	bien
je	travailler	mal
mon/ma petit(e) ami(e)	lire	constamment
mes parents	jouer	fréquemment
mon ami(e) et moi	voyager	sérieusement
mes camarades de classe	aider	facilement
mon frère	dire	souvent
ma sœur	dormir	différemment

1. _____
2. _____
3. _____
4. _____
5. _____
6. _____

3 Mes activités Write your grandmother an e-mail with five sentences telling her about your teachers, classes, friends, and activities. Use at least five adverbs in your message and the verbs **dire**, **écrire**, and **lire**. (5 x 2 pts. each = 10 pts.)

_____

_____

_____

_____

_____

Leçon 7B.2

GRAMMAR QUIZ I
The *imparfait*

1 Complétez Choose the correct form of the **imparfait** to complete these sentences. (4 x 1 pt. each = 4 pts.)

1. Est-ce que tu (perdais / perds / as perdu) souvent tes clés?

2. Tes enfants (buvaient / boivent / buvait) du lait chaque matin?

3. Mon père (voyageait / voyage / voyageaient) de temps en temps en Angleterre.

4. Nous (finissons / finissions / finirons) tous nos devoirs après l'école.

2 L'amour Natasha is confiding her feelings to her friend Clarisse. Complete her note with the correct **imparfait** forms of the verbs in parentheses. (8 x 1 pt. each = 8 pts.)

Salut Clarisse! Je suis amoureuse!!! Il s'appelle Nicolas et je l'ai rencontré chez mes cousins.
C' (1) _____ (être) vraiment super à Nice. Il (2) _____
(faire) beau tous les matins et Nicolas et moi (3) _____ (aller) au parc chaque
matin avec Fido, le chien de mes cousins. Parfois, nous (4) _____ (prendre) un
café dans une petite brasserie près du parc et nous (5) _____ (parler) pendant des
heures. Il me (6) _____ (dire) qu'il m' (7) _____
(aimer) aussi! Puis, tout à coup, il est parti! J' (8) _____ (attendre) un message
pendant des semaines. Enfin, il m'a écrit. Comme je suis heureuse! Ne dis pas mon secret à Julie! Tu
promets? Bises, Natasha

3 La vie est différente Your grandfather is comparing life today to how things used to be. Write complete sentences using the **imparfait** and the adverb in parentheses to tell how things used to be. (4 x 2 pts. each = 8 pts.)

> ### Modèle
>
> Maintenant, les gens font impatiemment la queue. (patiemment)
> *Avant, ils faisaient patiemment la queue.*

1. Maintenant, les marchands parlent méchamment aux clients. (gentiment)

   _____

2. Maintenant, on mange fréquemment au restaurant. (rarement)

   _____

3. Maintenant, nous dormons mal la nuit. (bien)

   _____

4. Maintenant, toute la famille va parfois à l'église. (souvent)

   _____

Leçon 7B.2

GRAMMAR QUIZ II
The *imparfait*

1 Questions personnelles Answer these questions using the **imparfait**. (5 x 1 pt. each = 5 pts.)

1. Où habitait ta famille quand tu étais petit(e)?
   _____

2. Comment était ta chambre?
   _____

3. Aimais-tu la ville où tu habitais? Pourquoi?
   _____

4. Qu'est-ce que tu faisais souvent avec ta famille?
   _____

5. Quels sports tes ami(e)s et toi pratiquiez-vous?
   _____

2 Le suspect A burglar broke into your next-door neighbor's house and the police want to know where everyone in your family was and what they were doing at the time of the break-in. Provide alibis by completing these sentences using verbs in the **imparfait**. (5 x 1 pt. each = 5 pts.)

Hier, entre cinq heures et huit heures du soir...

1. Je _____
2. Mes parents _____
3. Mes amis et moi _____
4. Ma sœur Carmen _____
5. Mes frères Jonas et Maxime _____

3 La nostalgie Write a paragraph with at least five sentences comparing how things and people used to be when you were in elementary school to how they are now. Use five different verbs in the **imparfait**. (5 x 2 pts. each = 10 pts.)

_____
_____
_____
_____
_____
_____
_____
_____
_____

Nom _____ Date _____

Unité 7
Leçon 7B

LESSON TEST I

1 Conversations Listen to these conversations among various people regarding hotels and select the most logical continuation for each. (5 x 4 pts. each = 20 pts.)

1. a. Je vous trouve un autre hôtel, d'accord?
   b. Il faut prendre l'ascenseur à droite de la réception.
   c. Désolée, il faut annuler la réservation.

2. a. Oui, voici votre clé.
   b. Oui, il est juste en face.
   c. Oui, c'est à l'étage.

3. a. Si, mais je vais à l'hôtel.
   b. Non, je vais faire une réservation.
   c. Non, il faut annuler ma réservation.

4. a. D'accord. Je réserve une chambre au troisième étage.
   b. D'accord. Je réserve une chambre au rez-de-chaussée.
   c. D'accord. Je réserve une chambre au dernier étage.

5. a. Au deuxième étage.
   b. Près de la réception.
   c. À côté de l'ascenseur.

2 Les étages Write the ordinal numbers that correspond to each of these floors. (6 x 1 pt. each = 6 pts.)

1. 3ᵉ étage _____
2. 5ᵉ étage _____
3. 9ᵉ étage _____
4. 11ᵉ étage _____
5. 31ᵉ étage _____
6. 100ᵉ étage _____

3 En vacances Complete the following statements using the present tense or the **passé composé** of the verbs in parentheses. (6 x 1 pt. = 6 pts.)

1. Nous _____ (écrire) des cartes postales (*postcards*) aux grand-parents.

2. Tu _____ (écrire) un carnet de voyage (*travel journal*)?

3. En général, mes parents _____ (ne pas lire) le journal pendant les vacances.

4. Vous _____ (dire) qu'il y a un bon restaurant juste à côté?

5. Hier, je/j' _____ (lire) une BD génial!

6. On nous _____ (dire) hier que *Le Moulin Vert* est un excellent hôtel.

Nom _____ Date _____

4 **Comment?** How do you and your friends do certain things? Complete each sentence with an adverb formed from the most logical adjective in the list. (6 x 3 pts. each = 18 pts.)

constant	nerveux	poli
élégant	patient	rapide

1. Quand un adulte me pose une question, je réponds _____.

2. Quand Nicole fait du baby-sitting, elle joue _____ avec les enfants.

3. Rudy aime rouler vite; il conduit _____.

4. Avec trois chats et un chien, Annick nettoie _____ sa chambre.

5. Cet hôtel est décoré _____ de beaucoup d'antiquités (*antiques*).

6. Geneviève est très timide. Quand elle parle en public, elle parle _____.

5 **Autrefois** Describe what life was like in your childhood by completing the paragraph with the **imparfait**. (10 x 3 pts. each = 30 pts.)

Quand je/j' (1) _____ (être) jeune, ma famille et moi, nous

(2) _____ (habiter) dans une petite ville au bord de la mer. Mes

parents (3) _____ (travailler) dans un hôtel près de la plage. Beaucoup de

touristes (4) _____ (venir) visiter la région pendant les vacances. Il n'y

(5) _____ (avoir) que trente chambres dans cet hôtel, alors il

(6) _____ (falloir) réserver une chambre bien à l'avance. Parfois, mon frère et

moi, nous (7) _____ (aider) notre père dans le restaurant de l'hôtel pour

le petit-déjeuner. L'après-midi, je (8) _____ (nager) et mon frère

(9) _____ (faire) du vélo sur la plage. Je/J' (10) _____

(adorer) la vie dans cette ville!

6 **À vous!** Write an e-mail to a friend about a real or imaginary experience at a hotel. Tell your friend five things that happened, beginning with when you arrived at the hotel and ending with your departure. Use transition words and vocabulary from this lesson. (5 x 4 pts. each = 20 pts.)

_____

_____

_____

_____

_____

_____

_____

_____

_____

_____

Unité 7
Leçon 7B

LESSON TEST II

1 Conversations Listen to these conversations among various people regarding hotels and select the most logical continuation for each. (5 x 4 pts. each = 20 pts.)

1. a. Oui, chéri. L'hôtel n'a pas d'ascenseur.
    b. Oui, chéri. La chambre est au rez-de-chaussée.
    c. Oui, chéri. La chambre est au onzième étage.

2. a. Est-ce qu'il y a un ascenseur?
    b. C'est à quel étage?
    c. Combien coûte-elle?

3. a. D'accord. Je te réserve une chambre.
    b. D'accord. J'annule ta réservation.
    c. D'accord. Je te donne la clé de la chambre.

4. a. Alors, tu vas la laisser à la réception?
    b. Tu prends les valises?
    c. D'accord, je vais réserver une chambre.

5. a. Oui, voici votre passeport.
    b. Oui, c'est à gauche de la réception.
    c. Oui, c'est au premier étage.

2 Les étages Write the ordinal numbers that correspond to each of these floors. (6 x 1 pt. = 6 pts.)

1. 6ᵉ étage _____

2. 9ᵉ étage _____

3. 12ᵉ étage _____

4. 21ᵉ étage _____

5. 52ᵉ étage _____

6. 100ᵉ étage _____

3 En vacances Complete the following statements using present tense or **passé composé** of the verbs in parentheses. (6 x 1 pt. = 6 pts.)

1. Mes frères _____ (écrire) des cartes postales (*postcards*) aux grand-parents.

2. Je _____ (écrire) un carnet de voyage (*travel journal*).

3. En général, tu _____ (ne pas lire) le journal pendant les vacances.

4. Vous _____ (dire) qu'il y a un bon restaurant juste à côté?

5. Hier, nous _____ (lire) une BD génial!

6. L'hôtelier nous _____ (dire) hier que *Bistro de la gare* est un bon restaurant.

---

4 Comment? How do you and your friends do certain activities? Complete the sentences with an adverb formed from one of the adjectives in the box. (6 x 3 pts. each = 18 pts.)

attentif	franc	mauvais
différent	malheureux	seul

1. Tu as cinq frères et une sœur? Moi, j'ai _____ un frère.

2. _____ non, je n'ai pas beaucoup aimé le dîner.

3. _____ je n'ai pas réservé de chambre et l'hôtel est complet maintenant.

4. Lise parle très _____ l'anglais. C'est bizarre, parce qu'elle habitait à Londres quand elle était petite.

5. C'est normal. Tout le monde fait les choses un peu _____.

6. Surtout avant un examen, les élèves écoutent _____ le professeur.

5 Autrefois Your grandfather is talking about how things were different when he was young. Complete his paragraph with the **imparfait**. (10 x 3 pts. each = 30 pts.)

Moi, quand je/j' (1) _____ (avoir) dix-huit ans, tout le monde

(2) _____ (ne pas aller) à l'université. En général, les gens

(3) _____ (finir) leurs études au lycée et après, beaucoup de

jeunes (4) _____ (commencer) à travailler. Nous

(5) _____ (étudier) à la bibliothèque après l'école, mais nous

(6) _____ (ne pas faire) nos devoirs sur ordinateur. Au dîner, nous

(7) _____ (manger) en famille tous les soirs, sans télévision! Nous

(8) _____ (ne pas parler) tout le temps au téléphone comme les jeunes

d'aujourd'hui! On (9) _____ (rendre) visite plus souvent à nos grands-parents.

On (10) _____ (être) plus proches!

6 À vous! Write a paragraph with at least five sentences about a real or imaginary experience at a hotel. Tell five things that happened, beginning with when you arrived at the hotel and ending with your departure. Use transition words and vocabulary from this lesson. (5 x 4 pts. each = 20 pts.)

_____

_____

_____

_____

_____

_____

_____

_____

_____

_____

| 268 | **Leçon 7B** Lesson Test II

Unité 7
Leçons A et B

UNIT TEST I

1 Conversations Everyone is traveling! Listen to each context statement or question, then choose the most logical response. (6 x 1 pt. each = 6 pts.)

1. Mme Clavel parle à son agent de voyage.

   a. Il est petit, brun et en costume.

   b. Il est au centre-ville, et il est très charmant.

   c. Il est au premier étage.

2. L'hôtelier parle à un client.

   a. J'ai réservé une chambre pas chère.

   b. J'ai réservé avant-hier.

   c. Cette chambre va très bien.

3. La réception téléphone à un client.

   a. Ah, très bien, je pars demain.

   b. Merci, je descends.

   c. C'est pour une chambre, s'il vous plaît.

4. Dans le train:

   a. Les voilà.

   b. J'annule ma réservation.

   c. Où sommes-nous?

5. À l'arrêt de bus, Marie-Françoise demande à un habitué (*a regular*):

   a. Il ne va pas au musée.

   b. Il passe le samedi.

   c. Il va arriver dans 5 minutes.

6. Thomas parle à sa fiancée.

   a. Tu vas faire un séjour?

   b. J'ai acheté mon billet.

   c. Super! On va à la mer!

Nom _____ Date _____

2 **Adverbes** Write the adverb that corresponds to each adjective. Then complete the sentences with the appropriate adverb. (12 x 1 pt. each = 12 pts.)

    A. Write the corresponding adverb for each adjective.

      1. courant _____

      2. évident _____

      3. franc _____

      4. absolu _____

      5. heureux _____

      6. vrai _____

    B. Now, complete each sentence with an appropriate adverb from the list above.

      7. _____, je ne suis pas encore mort!

      8. Nous n'aimons pas trop aller en Irlande l'hiver, _____.

      9. _____, nous sommes arrivés à l'aéroport à temps pour prendre notre avion!

     10. Comment? Tu as _____ fini tous tes devoirs en cinq minutes?

     11. Nos enfants sont bilingues, ils parlent _____ français et espagnol.

     12. Je ne vais _____ jamais changer d'opinion, c'est tout.

3 **Identifiez** Underline both the direct object pronouns and the nouns they are replacing in the sentences. (6 x 2 pts. each = 12 pts.)

    1. J'ai déjà acheté un ticket de métro hier soir, mais je l'ai laissé sur mon bureau.

    2. Ce livre est super intéressant. Tu l'as déjà lu?

    3. Alexis et Maxime rentrent demain. On va les chercher à la gare.

    4. Quand nous partons en vacances, nous laissons les clés à nos voisins. Comme ça, ils les utilisent en cas de problème.

    5. Cette année, je vais 15 jours à la mer. Je vais les passer à dormir et à bronzer sur la plage.

    6. Le Brésil est un pays fascinant. Il faut absolument le visiter un jour.

4 **En Italie** Tariq is describing his last vacation in Italy. Complete the sentences with the **imparfait** of the verbs in parentheses. (10 x 1 pt. each = 10 pts.)

1. L'hôtel _____ (être) ancien, mais très confortable.

2. Le matin, nous _____ (descendre) prendre le petit-déjeuner au rez-de-chaussée.

3. À midi et le soir, on _____ (aller) toujours dans des restaurants différents.

4. Je _____ (visiter) des musées et des monuments tous les jours.

5. Roxane _____ (faire) un peu de shopping.

6. Le soir, nous _____ (rester) rarement à l'hôtel.

7. Nous _____ (sortir) plutôt (*rather*) au spectacle.

8. On _____ (réserver) les billets avec l'aide du concierge.

9. On ne _____ (lire) pas les journaux.

10. On n' _____ (utiliser) pas nos ordinateurs. Quel séjour relaxant!

5 **Les amies** Magalie is describing how she became Caroline's friend. Complete her story with the **passé composé** of the verbs in parentheses. (10 x 1 pt. each = 10 pts.)

Je (1) _____ (partir) en vacances à la mer avec ma famille. Mais le premier jour à l'hôtel, je (2) _____ (tomber) sur Caroline, de l'école. Nous (3) _____ (passer) la semaine ensemble. Surtout, nous (4) _____ (faire) du shopping et nous (5) _____ (bronzer) à la plage. Caroline est très sympa, mais aussi un peu folle. Un jour, elle (6) _____ (lire) absolument tous les journaux. Puis, elle m' (7) _____ (décrire) en détail tous les problèmes des stars. Un autre jour, elle (8) _____ (aller) au cinéma avec ses lunettes de soleil, et un matin, nous (9) _____ (retourner) de la plage sans son petit frère. Mais une belle amitié (10) _____ (naître) entre nous!

Nom _____ Date _____

6 **Hier** Write a sentence to tell what each of these people did yesterday. Use each verb from the list and the **passé composé**. (4 x 2 pts. each = 8 pts.)

> aller   partir
> arriver rentrer

 1.    2.    3.    4.

1. _____

2. _____

3. _____

4. _____

7 **Avez-vous...** Answer the questions by using a pronoun to replace the underlined words. Make sure that the past participle agrees with the direct object. (6 x 2 pts. each = 12 pts.)

> **Modèle**
>
> Avez-vous choisi <u>votre destination</u>?
>
> *Oui, je l'ai choisie.*

1. Tu as réservé <u>la chambre</u>?
   Non, je _____

2. Vous avez déjà pris <u>ces vols</u>?
   Oui, nous _____

3. Ont-ils bien aimé <u>leurs vacances</u>?
   Oui, ils _____

4. Est-ce qu'Abraham a annulé <u>sa réservation</u>?
   Oui, il _____

5. As-tu fait <u>tes valises</u>?
   Non, je _____

6. Est-ce que tu as décrit <u>les chambres</u>?
   Oui, je _____

8 **En vacances** Write a sentence to tell what these people did on a regular basis last summer. Use each verb from the list, an adverb or adverbial expression, and the **imparfait** to say how often they did these things. (6 x 2 pts. each = 12 pts.)

bronzer	écouter de la musique	explorer la mer
dormir sur la plage	écrire	jouer aux cartes

 1.  2.  3.

 4.  5.  6.

1. _____

2. _____

3. _____

4. _____

5. _____

6. _____

9 **À vous** Write a paragraph to describe a real or imaginary trip by plane, bus, or train. Tell where you were going, how you bought your ticket, how long you waited at the station or airport, and what you did while you were waiting there. (18 pts.)

_____

_____

_____

_____

_____

_____

_____

_____

_____

_____

_____

 Unité 7 Unit Test I

Unité 7
Leçons A et B

UNIT TEST II

1 Conversations Everyone is traveling! Listen to each context statement or question, then choose the most logical response. (6 x 1 pt. each = 6 pts.)

1. Mme Demaya pose une question à sa fille.

   a. Je vais partir à Londres.

   b. Mon avion part à 6h00.

   c. Je vais prendre un taxi.

2. Lucas discute avec son copain.

   a. L'Allemagne, peut-être Berlin.

   b. Je n'aime pas rouler en voiture trop longtemps.

   c. Je vais réserver une chambre.

3. À l'auberge de jeunesse:

   a. Non, une chambre pour quatre.

   b. Non, nous sommes fatigués.

   c. Vous avez de l'eau chaude?

4. Dans l'ascenseur de l'hôtel:

   a. Je n'ai pas de valise.

   b. Je vais au rez-de-chaussée.

   c. J'ai réservé une chambre.

5. David pose une question à sa femme.

   a. J'ai encore une semaine. Pourquoi?

   b. Je pense aller à Madrid cet été.

   c. On passe nos vacances ensemble.

6. Un touriste pose une question à la réception de l'hôtel.

   a. Oui monsieur, il y a des taxis.

   b. Oui monsieur, c'est une très belle plage.

   c. Oui monsieur, prenez le 34, en face de l'hôtel.

2 **Adverbes** Write the adverb that corresponds to each adjective. Then use each adverb in a sentence. (12 x 1 pt. each = 12 pts.)

    A. Write the corresponding adverb for each adjective.

      1. gentil _____

      2. constant _____

      3. bon _____

      4. malheureux _____

      5. mauvais _____

      6. poli _____

    B. Now, use each adverb in a sentence.

      1. _____

      2. _____

      3. _____

      4. _____

      5. _____

      6. _____

3 **Tout va mal** Mme Aunale's last trip went badly. Complete her description with the **passé composé** of the verbs in parentheses. (8 x 1 pt. each = 8 pts.)

    1. Quand nous _____ (partir) en taxi à l'aéroport avec mon mari, ma valise _____ (rester) à la maison!

    2. Nous _____ (retourner) la prendre.

    3. À l'aéroport, je _____ (sortir) du taxi, et je _____ (tomber).

    4. Notre avion _____ (arriver) très en retard.

    5. Jean-Paul et moi, nous _____ (monter) dans l'avion les derniers.

    6. Puis, nous _____ (redescendre) tout de suite. Le vol était annulé!

    | 275 |

Nom _____ Date _____

4 Lundi dernier Write a sentence to say what these people did last Monday. Use the **passé composé** of these verbs: **aller**, **arriver**, **partir**, **rentrer**, **sortir**. (5 x 2 pts. each = 10 pts.)

1.   2.   3.   4.   5.

1. _____

2. _____

3. _____

4. _____

5. _____

5 Avant Tell how things used to be by completing the sentences with the **imparfait** of the verbs in parentheses. (8 x 1 pt. each = 8 pts.)

1. Avant, on _____ (bronzer) beaucoup.

2. Les gens _____ (prendre) rarement l'avion.

3. Nous _____ (avoir) moins de (*fewer*) jours de congés.

4. Les trains _____ (arriver) toujours à l'heure.

5. On _____ (mourir) d'ennui (*boredom*) à la campagne.

6. Peu de gens _____ (rouler) en voiture.

7. Nous _____ (faire) moins de séjours à l'étranger.

8. On _____ (utiliser) une clé pour entrer dans sa chambre d'hôtel.

6   On est prêt? Your family is getting ready to leave on a trip. Rewrite the replies using a direct object pronoun to avoid repetition. (8 x 2 pts. each = 16 pts.)

1. —Où as-tu mis les valises?
    —J'ai descendu les valises au rez-de-chaussée.

    _____

    _____

2. —J'ai appelé un taxi pour aller à l'aéroport.
    —On va attendre le taxi devant la maison.

    _____

    _____

3. —J'ai mis les billets dans ton sac, n'est-ce pas?
    —Oui, j'ai les billets avec moi.

    _____

    _____

4. —Est-ce que les enfants sont prêts à partir?
    —Je vais appeler les enfants dans une minute.

    _____

    _____

5. —Tu n'as pas oublié nos passeports, j'espère?
    —Tu as préparé les passeports toi-même.

    _____

    _____

6. —On va aussi avoir besoin du plan.
    —Malheureusement, je n'ai pas retrouvé le plan.

    _____

    _____

7. —Est-ce que tu as les clés de la maison?
    —Non, tu as mis les clés dans ton blouson.

    _____

    _____

8. —L'adresse de l'hôtel était sur une feuille, non?
    —J'ai écrit l'adresse ici.

    _____

    _____

Nom _____ Date _____

7 En vacances Write a sentence to tell what each of these people was doing during his or her vacation based on the photos. Use the **imparfait**. (5 x 2 pts. each = 10 pts.)

 1.   2.  3.   4.   5.

1. _____

2. _____

3. _____

4. _____

5. _____

8 Questions personnelles Answer the questions with complete sentences. (5 x 2 pts. each = 10 pts.)

1. Est-ce que tu aimes voyager ou est-ce que tu préfères rester chez toi?

   _____

2. Est-ce que tu es déjà parti(e) à l'étranger?

   _____

3. Plus tard, est-ce que tu vas voyager dans des pays étrangers? Lesquels?

   _____

4. Est-ce que tu as déjà été triste de partir quelque part (*somewhere*)?

   _____

5. Un proverbe français dit: «Partir, c'est mourir un peu». Est-ce que tu es d'accord?

   _____

9 À vous Write a paragraph about a real or imaginary trip you and your family took. Tell how you found information about your destination, how you booked your tickets and/or your trip, and how you stayed in touch with friends while away. (20 pts.)

_____

_____

_____

_____

_____

_____

_____

_____

_____

_____

_____

_____

_____

_____

_____

_____

_____

_____

_____

_____

_____

_____

_____

_____

_____

_____

 Unité 7 Unit Test II

OPTIONAL TEST SECTIONS
Unité 7
Leçon 7A
ROMAN-PHOTO

1 Vrai ou faux? Indicate whether these statements are **vrai** or **faux** according to what David saw and did in Paris. Correct the false statements.

	Vrai	Faux
1. David est descendu dans un hôtel près du musée du Louvre.	_____	_____
2. David a pris un bateau-mouche sur la Seine.	_____	_____
3. David a visité Paris en voiture.	_____	_____
4. David est allé aux Galeries Lafayette.	_____	_____
5. David a visité le musée d'Orsay.	_____	_____
6. David a dîné dans une brasserie.	_____	_____
7. David a pris un taxi.	_____	_____
8. David a visité des monuments.	_____	_____

Leçon 7B
ROMAN-PHOTO

1 Choisissez Select the responses that best answer these questions.

1. Qui trouve un hôtel pas cher à Albertville?
   a. Sandrine
   b. Amina
   c. Pascal

2. Qui correspond avec Cyberhomme?
   a. Amina
   b. Sandrine
   c. Rachid

3. Qui téléphone à Sandrine?
   a. David
   b. Amina
   c. Pascal

4. Où est-ce que Sandrine a envie de passer ses vacances?
   a. à Paris
   b. à Megève
   c. à Albertville

5. Avec qui est-ce que Sandrine va fêter Noël?
   a. Avec sa famille.
   b. Avec Amina.
   c. Avec Pascal.

OPTIONAL TEST SECTIONS
Unité 7

Leçon 7A
CULTURE

1 Vrai ou faux? Indicate whether these statements are **vrai** or **faux**. Correct the underlined part in the false statements only.

	Vrai	Faux
1. Tahiti se trouve <u>dans le sud de l'océan Pacifique</u>.	_____	_____
2. Une des langues officielles à Tahiti est <u>l'anglais</u>.	_____	_____
3. La ville principale de Tahiti est <u>Port-au-Prince</u>.	_____	_____
4. Pour voir (*see*) le train le plus long du monde, on va <u>en Europe</u>.	_____	_____
5. À l'origine, le musée d'Orsay était <u>une gare</u>.	_____	_____

Leçon 7B
CULTURE

1 Les vacances Select the answer that best completes the statement or answers the question, according to the text.

1. Aujourd'hui, les Français ont… semaines de vacances par an.
   a. deux
   b. quatre
   c. cinq

2. Une des destinations de vacances à l'étranger préférées des Français est…
   a. l'Espagne.
   b. les États-Unis.
   c. l'Allemagne.

3. Les Français qui restent en France pour leurs vacances préfèrent aller…
   a. à la campagne.
   b. en ville.
   c. au bord de la mer.

4. Les stations de ski préférées des Français sont dans…
   a. les Alpes.
   b. les Vosges.
   c. les Pyrénées.

5. Une île française située dans la mer des Antilles est…
   a. la Réunion.
   b. la Martinique.
   c. Tahiti.

OPTIONAL TEST SECTIONS
Unité 7

Flash culture

1 **Complétez** Using what you remember from **Flash culture**, complete these sentences with words from the list.

le taxi
la gare
un train
autobus
l'avion
le car

Pour arriver en Provence, on va à l'aéroport et on prend (1) _____, ou alors il y a
(2) _____ spécial, le TGV.
À (3) _____ routière, on prend (4) _____ pour aller d'une ville à l'autre.
En ville, il y a le choix entre l'(5) _____ ou (6) _____.

   Unité 7   Flash culture and **Panorama**   Test Items

Panorama

1 Choisissez Select the answer that best completes the statement, according to the text.

1. Les ruines d'Angkor Vat sont au…
   a. Cambodge.
   b. Viêt-Nam.
   c. Laos.

2. Laos, Viêt-Nam et Cambodge faisaient partie d'une ancienne colonie française qui s'appellait…
   a. la Polynésie française.
   b. l'Indochine.
   c. les Australes.

3. Le Français qui a redécouvert Angkor Vat s'appelle…
   a. Paul Gauguin.
   b. Henri Hiro.
   c. Henri Mouhot.

4. Une industrie importante en Polynésie française est la production …
   a. des perles noires.
   b. du riz.
   c. du caoutchouc (*rubber*).

5. En Asie du Sud-Est, on voit (*sees*) l'influence de la culture française dans la gastronomie et…
   a. les arts.
   b. l'architecture.
   c. les divisions politiques.

6. Le *banh-mi*, un exemple de la fusion des cuisines vietnamienne et française, est…
   a. un plat au riz.
   b. une soupe.
   c. un sandwich de baguette.

7. Un aliment (*food*) que les Français ont introduit au Viêt-Nam est…
   a. le bœuf.
   b. le porc.
   c. le poulet.

8. Les femmes polynésiennes figurent souvent dans les tableaux de…
   a. Célestine Hitiura Vaite.
   b. Hô Chi Minh.
   c. Paul Gauguin.

OPTIONAL TEST SECTIONS
Unité 7
Leçon 7A
LECTURE SUPPLÉMENTAIRE

1 Brochure de voyage Read this brochure from a travel agency. Then answer the questions using complete sentences.

> Week-end dans la capitale
>
> Les transports
>
> Train TGV au départ de Valence (départ le vendredi à 6h55, arrivée à Paris Gare de Lyon à 9h04)
>
> L'hôtel
>
> Hôtel confortable à 2 minutes d'un arrêt d'autobus et 5 minutes de la station de métro Maubert-Mutualité
>
> Activités
>
> Visite de la cathédrale Notre-Dame
>
> Musée du Louvre
>
> Promenade en bateau-mouche sur la Seine
>
> Promenade à pied[1] dans le quartier Latin et shopping

[1]by foot

1. Comment va-t-on à Paris?

   _____

2. Quel jour et à quelle heure part-on de Valence?

   _____

3. À quelle heure arrive-t-on à Paris?

   _____

4. À quelle station de métro est-ce qu'on descend pour aller à l'hôtel?

   _____

5. Comment va-t-on se promener dans Paris?

   _____

6. Que va-t-on faire pendant le week-end à Paris?

   _____
   _____

7. Avez-vous envie de faire ce voyage? Pourquoi?

   _____
   _____

Nom _____ Date _____

Unité 7

Leçon 7B

LECTURE SUPPLÉMENTAIRE

1 Le fax Read this message from a travel agent to his client. Then indicate whether each of the statements is **vrai** or **faux**. Justify your answers in complete sentences.

Monsieur,

  Je vous écris pour vous confirmer les détails de votre voyage et de votre séjour à l'hôtel Gaspard, à Montréal. J'ai réservé votre billet aller-retour Paris-Montréal, sur le vol Air Canada 56, départ le 18 mars, à 8h55, arrivée à 11h40, et retour le 26 mars (départ de Montréal à 18h58). Vous n'avez pas besoin d'un visa, mais n'oubliez pas votre passeport. Je vous ai aussi réservé une chambre avec un grand lit à l'hôtel Gaspard. C'est un hôtel confortable de quatre étages avec ascenseur, situé au centre-ville. Votre numéro de réservation est le 812RV2. À votre arrivée, donnez ce numéro à la réception pour obtenir votre clé. Votre chambre est au deuxième étage. L'hôtel a une salle avec des ordinateurs et accès Internet au rez-de-chaussée, près de la réception.

  Je vous souhaite un agréable voyage et un bon séjour.

Cordialement,
Lionel Richard
Agence Valtour

	Vrai	Faux
1. L'agent de voyages a réservé un vol aller-retour pour le Canada.	_____	_____
2. La date d'arrivée à Montréal est le 26 mars.	_____	_____
3. Le client a choisi une petite auberge de jeunesse.	_____	_____
4. L'hôtel Gaspard a plus d'un étage.	_____	_____
5. La chambre du client est au rez-de-chaussée.	_____	_____
6. L'agent a réservé une chambre avec deux lits.	_____	_____
7. Pour obtenir la clé de sa chambre, on donne son passeport à l'hôtelier.	_____	_____
8. La réception de l'hôtel est au rez-de-chaussée.	_____	_____

   Unité 7 **Lectures supplémentaires** Test Items

Leçon 8A

VOCABULARY QUIZ I

1 Associez Match each verb in Column A with the room in Column B associated with that action. Use each room only once. (6 x 1 pt. each = 6 pts.)

A

_____ 1. dormir

_____ 2. déjeuner

_____ 3. garer (*park*) la voiture

_____ 4. admirer les fleurs

_____ 5. regarder la télé

_____ 6. stocker des choses

B

a. le garage

b. la salle de séjour

c. le jardin

d. la cave

e. la chambre

f. la salle à manger

2 Ajoutez Add the word from the list that belongs with each group. (5 x 1 pt. each = 5 pts.)

| une affiche | une commode | un lavabo |
| des rideaux | un fauteuil | un studio |

1. une maison, un appartement, _____

2. une douche, une baignoire, _____

3. un balcon, une fenêtre, _____

4. une chaise, un canapé, _____

5. un mur, un miroir, _____

3 Complétez Complete each sentence with the vocabulary word that best fits. (9 x 1 pt. each = 9 pts.)

1. Les voisins sont bizarres et il y a trop de criminalité dans ce _____!

2. Je n'ai pas d'argent pour payer le _____ à la propriétaire.

3. Range (*Put away*) tous tes vêtements dans l'_____.

4. Mon frère va _____ à Paris parce que sa fiancée habite là-bas.

5. Où as-tu acheté le beau _____ sous la table?

6. Mes cousines habitent dans une _____ moderne avec piscine.

7. Quand est-ce que tu vas _____ dans ton nouvel appartement?

8. La commode de Véronique a six _____.

9. Ma grand-mère est très faible et elle ne peut pas (*cannot*) monter les _____.

Nom _____ Date _____

Leçon 8A
VOCABULARY QUIZ II

1 Les catégories Write two vocabulary words that fit each category. (6 x 1 pt. each = 6 pts.)

Au mur	Où on met des vêtements	Dans la salle de bains

2 Une conversation M. Cambu is looking for a furnished one-bedroom apartment. Write a four-line conversation between M. Cambu and a potential landlord in which they discuss the living room and bedroom furniture. (4 x 1 pt. each = 4 pts.)

_____

_____

_____

_____

_____

_____

_____

_____

_____

3 Ma maison idéale Write a paragraph about the house of your dreams. Tell how many rooms it has and describe their layout. Use prepositions of location. (10 pts.)

_____

_____

_____

_____

_____

_____

_____

_____

_____

_____

_____

Nom _____ Date _____

Leçon 8A.1

GRAMMAR QUIZ I
The *passé composé* vs. the *imparfait* (Part 1)

1 Choisissez Select the correct past tense form to complete each sentence. (6 x 0.5 pt. each = 3 pts.)

1. Nous (déménagions / avons déménagé) plusieurs fois cette année.

2. Les professeurs de l'autre lycée (ont été / étaient) toujours gentils.

3. Mon père (a fait / faisait) du cheval quand il avait cinq ans.

4. J'(avais / ai eu) de mauvaises notes en chimie l'année dernière.

5. Ses filles (ne sont pas nées / ne naissaient pas) dans cet hôpital.

6. (Achetais-tu / As-tu acheté) tes vêtements quand tu étais petit(e)?

2 Complétez Complete these sentences with the correct **passé composé** or **imparfait** form of the verbs in parentheses. (7 x 1 pt. each = 7 pts.)

1. Aminata _____ (mettre) une belle robe blanche pour aller à son interview.

2. Ton mari et toi _____ (avoir) fréquemment envie de partir?

3. Mon oncle _____ (lire) le journal chaque matin à six heures.

4. Tu penses que Fabrice et Denis _____ (monter) au deuxième étage pour l'interview?

5. Flora et Laure _____ (rentrer) à minuit hier.

6. Baptiste et moi _____ (choisir) un bel appartement près de l'aéroport.

7. Il _____ (falloir) souvent louer le studio aux touristes.

3 Mettez au passé Rewrite each sentence using the **passé composé** or the **imparfait** as appropriate. (5 x 2 pts. each = 10 pts.)

1. Mes parents et moi allons au restaurant deux fois par semaine.

_____

2. D'habitude, êtes-vous fatigués après un match de football?

_____

3. Tes grands-parents jouent régulièrement au tennis.

_____

4. Le concert commence à huit heures.

_____

5. Elle meurt dans un accident.

_____

| 289 | **Leçon 8A.1** Grammar Quiz I

Nom _____ Date _____

Leçon 8A.1

GRAMMAR QUIZ II
The *passé composé* vs. the *imparfait* (Part 1)

1 Questions personnelles Answer these questions using complete sentences. (5 x 1 pt. each = 5 pts.)

1. Quel âge avais-tu quand on t'a offert/acheté ton premier vélo?

_____

2. Qu'est-ce que ta famille et toi avez fait pendant les dernières fêtes de fin d'année?

_____

3. À quelle heure ton cours de français a-t-il commencé?

_____

4. Qu'est-ce que tu aimais faire quand tu étais petit(e)?

_____

5. Où habitaient tes parents quand ils étaient jeunes?

_____

2 Imaginez Complete these sentences using the **passé composé** or the **imparfait**. (5 x 1 pt. each = 5 pts.)

1. La semaine dernière, mes parents…

_____

2. D'habitude, le matin je…

_____

3. Hier au lycée, mes amis et moi…

_____

4. Quand j'étais à l'école primaire…

_____

5. L'année dernière, mon/ma meilleur(e) ami(e) ne/n'…

_____

3 Un(e) bon(ne) ami(e) Write a short paragraph about your first best friend. Say how old you both were, describe him or her, say what you used to do together and how long you stayed best friends. (10 pts.)

_____

_____

_____

_____

_____

_____

Nom _____ Date _____

Leçon 8A.2

GRAMMAR QUIZ I
The *passé composé* vs. the *imparfait* (Part 2)

1 Choisissez Select the appropriate past tense verb to complete each sentence. (4 x 1 pt. each = 4 pts.)

1. Nous _____ au stade quand Michel _____.
   a. allons / a appelé   b. allions / a appelé   c. sommes allés / appelait

2. Quand mon ami _____, je _____.
   a. est arrivé / dessinais   b. arrivait / ai dessiné   c. arrivait / dessinait

3. Nous _____ du cheval quand sa fille _____.
   a. faisons / est tombée   b. avons fait / tombait   c. faisions / est tombée

4. Je/J' _____ sur la piste de ski quand mon oncle _____.
   a. arrivais / a téléphoné   b. suis arrivé / téléphonais   c. arrivais / téléphonait

2 Une mauvaise expérience Cédric had a bad experience during his last family vacation. Rewrite each underlined verb in the **passé composé** or the **imparfait**. (12 x 1 pt. each = 12 pts.)

Toute la famille (1) part en vacances. Papa (2) appelle l'hôtel le matin pour réserver une chambre. Nous (3) arrivons à l'hôtel mais on (4) ne trouve pas notre réservation. Papa (5) n'est pas du tout content et mon petit frère (6) commence à pleurer (*cry*). Nous (7) attendons à la réception pendant deux heures et finalement l'hôtelier (8) réussit à trouver une autre chambre. Nous (9) prenons la clé et nous (10) montons l'escalier pour aller au deuxième étage. Nous (11) entrons dans la chambre et… il n'y (12) a pas de lit (*bed*)! Quelle horreur!

1. _____   5. _____   9. _____

2. _____   6. _____   10. _____

3. _____   7. _____   11. _____

4. _____   8. _____   12. _____

3 Assemblez Write complete sentences in the past tense using the cues. Pay attention to words that signal which past tense to use. (4 x 1 pt. each = 4 pts.)

1. tout à coup / Mme Dialo / avoir peur

   _____

2. mes cousines / boire / parfois / thé

   _____

3. nous / vivre en Chine / pendant deux ans

   _____

4. vous / être médecin / quand / vous / rencontrer / Clarisse / ?

   _____

Leçon 8A.2

GRAMMAR QUIZ II
The *passé composé* vs. the *imparfait* (Part 2)

1 Imaginez Complete these sentences using the **passé composé** or the **imparfait** as appropriate.
(5 x 1 pt. each = 5 pts.)

1. Nous avons acheté un anorak parce que/qu' _____.
2. J'ai écrit à mes grands-parents parce que/qu' _____.
3. Il était minuit quand _____.
4. Ma mère est descendue au sous-sol parce que/qu' _____.
5. Mon voisin voyageait en Europe quand _____.

2 Assemblez Write five complete sentences using an element from each column in every sentence. Use the **passé composé** and/or the **imparfait** as appropriate. Add other words as necessary. (5 x 1 pt. each = 5 pts.)

je/j'	aller à la bibliothèque		prendre un avion
tu	téléphoner à la police		avoir un accident
mes copains et moi	maigrir beaucoup	quand	faire de la gym
mes professeurs	conduire à l'aéroport	parce que	rendre des livres
on	regarder sa montre		tomber dans la salle de bains
mes tantes	dormir à la maison		manger des fruits
ma sœur	avoir douze ans		arriver de Paris

1. _____
2. _____
3. _____
4. _____
5. _____

3 Un jour occupé Write a paragraph with five sentences describing what you did yesterday. Tell where you and your friends or family went, what you did, and how you felt about the day. Use the **passé composé** and the **imparfait**. (10 pts.)

_____

_____

_____

_____

_____

_____

Unité 8
Leçon 8A

LESSON TEST I

1 Chez moi Listen to Thierry describe different rooms in his house. Choose the room that corresponds to each description you hear.

1. a. le salon
   b. la chambre
   c. la cave

2. a. les toilettes
   b. le couloir
   c. l'escalier

3. a. la salle à manger
   b. la cuisine
   c. la salle de bains

4. a. la salle de séjour
   b. le sous-sol
   c. le balcon

5. a. le garage
   b. le jardin
   c. le salon

2 Qu'est-ce que c'est? Complete each sentence logically based on the illustration. (6 x 3 pts. each = 18 pts.)

1. Dans la chambre, il y a trois _____ avec des livres.

2. La femme au téléphone est assise (*sitting*) dans _____ et
   elle a les pieds (*feet*) sur _____.

3. Sur le mur, il y a _____.

4. Si on descend un étage, on arrive _____.

5. Dans la chambre, il y a deux _____: un lit et une commode.

Nom _____ Date _____

3 **Les vacances** Emmanuelle is talking about her vacation. Complete her statements with the correct form of the **passé composé** or the **imparfait** of the verbs in parentheses. (6 x 3 pts. each = 18 pts.)

1. Je _____ (partir) en vacances en Italie.

2. Je/J' _____ (rendre) visite à mon cousin, Giovanni.

3. En général, le matin, je/j' _____ (aller) au marché.

4. Il _____ (pleuvoir) seulement une fois pendant mon séjour.

5. Un jour, nous _____ (faire) un pique-nique à la campagne.

6. Ce/C' _____ (être) vraiment fantastique!

4 **Une mauvaise expérience!** Jean-Luc's family rented a vacation apartment, but it wasn't quite what they expected. Complete the paragraph about their experience with the **passé composé** or the **imparfait**. (8 x 3 pts. each = 24 pts.)

Le mois dernier, nous (1) _____ (louer) un appartement pendant (*for*) une semaine. D'abord, on (2) _____ (avoir) beaucoup de difficultés à trouver l'adresse et en plus, il (3) _____ (pleuvoir). Finalement, nous (4) _____ (trouver) l'appartement. Il se trouvait (*was located*) au cinquième étage d'un vieil immeuble et il n'y (5) _____ (avoir) pas d'ascenseur! Nous (6) _____ (monter) l'escalier avec toutes nos valises. Et figure-toi que, quand nous (7) _____ (entrer) dans l'appartement, on a réalisé qu'il (8) _____ (ne pas être) meublé (*furnished*)! Quel cauchemar (*nightmare*)!

5 **À vous!** In a paragraph of at least five complete sentences, describe the home you lived in when you were a child. Tell whether it was a house or an apartment, how many rooms there were, and how each was furnished. (5 x 4 pts. each = 20 pts.)

_____

_____

_____

_____

_____

_____

_____

_____

_____

_____

_____

_____

Unité 8
Leçon 8A

LESSON TEST II

1 Conversations Aline and Noah are talking about where they live. Choose the location that corresponds to each description you hear. (5 x 4 pts. each = 20 pts.)

1. a. un immeuble
   b. un quartier
   c. un studio

2. a. un appartement
   b. un quartier
   c. un logement

3. a. un appartement
   b. un quartier
   c. un studio

4. a. un jardin
   b. un garage
   c. un couloir

5. a. la salle de bains
   b. la salle à manger
   c. la cuisine

2 Qu'est-ce qu'il y a? Write a description of each photo. Tell what room it is and list the furniture you see. (2 x 9 pts. each= 18 pts.)

A

B

A. _____
   _____
   _____

B. _____
   _____
   _____

   Leçon 8A Lesson Test II

Nom _____ Date _____

3 Quel cauchemar! Muriel and her mother had an unpleasant vacation. Complete Muriel's sentences with the **passé composé** or the **imparfait** of the verbs provided. (6 x 3 pts. each = 18 pts.)

1. Maman _____ (perdre) son passeport à l'aéroport.

2. Nous _____ (arriver) très tard à l'hôtel.

3. On _____ (annuler) notre réservation.

4. L'hôtelier nous _____ (donner) la seule chambre libre au rez-de-chaussée.

5. La chambre _____ (avoir) deux petits lits pas très confortables.

6. La salle de bains _____ (ne pas être) très propre (*clean*).

4 Une bonne surprise! Farid is talking about what happened last weekend. Complete his paragraph with the **passé composé** or the **imparfait** of the verbs provided. (8 x 3 pts. each = 24 pts.)

Le week-end dernier, il (1) _____ (neiger) et il (2) _____ (faire) un temps épouvantable. Je (3) _____ (ne pas avoir) envie de sortir. Alors, je (4) _____ (rester) à la maison toute la journée samedi. Je (5) _____ (lire) un roman quand quelqu'un (6) _____ (frapper) à la porte. Ce/C' (7) _____ (être) ma meilleure amie, Ayesha! Elle (8) _____ (venir) de Tunisie pour me rendre visite. Quelle merveilleuse surprise!

5 À vous! Write a paragraph of at least five complete sentences, describing the home you lived in when you were in elementary school. Tell whether it was a house or an apartment, how many rooms there were, what furniture was in each room, and if there was a yard and/or a garage. (5 x 4 pts. each = 20 pts.)

_____

_____

_____

_____

_____

_____

_____

_____

_____

_____

_____

_____

Nom _____ Date _____

Leçon 8B

VOCABULARY QUIZ I

1 Chassez l'intrus Select the word that does not belong in each group. (5 x 1 pt. each = 5 pts.)

1. débarrasser la table, faire le lit, laver la vaisselle
2. un oreiller, un drap, une poubelle
3. un sèche-linge, un appareil électrique, un balai
4. un évier, un lavabo, un tapis
5. un lave-vaisselle, un fer à repasser, un frigo

2 Au travail Read each situation. Then complete the statement that follows to say what chore needs to be done. Use the infinitive form of the verb. (5 x 1 pt. each = 5 pts.)

1. La maison n'est pas propre. On a besoin de/d' _____.
2. Tout est en désordre (*messy*). On a besoin de/d' _____.
3. On a lavé la vaisselle. On a besoin de/d' _____.
4. Le tapis est sale. On a besoin de/d' _____.
5. On va manger dans la salle à manger. On a besoin de/d' _____.

3 Le ménage Mme. Sarteau is telling her kids to do various chores around the house. Complete these sentences with the appropriate words. (10 x 1 pt. each = 10 pts.)

1. Mets les vêtements _____ dans le lave-linge!
2. N'oublie pas de mettre la glace dans le _____ et le beurre dans le
   _____.
3. Mets la belle _____ que j'ai achetée sur ton lit!
4. Tu vas faire des toasts? Voilà le _____.
5. Toute la famille a déjà dîné. Rémy, tu _____ la table?
6. Camille, réchauffe (*reheat*) la soupe dans le _____.
7. Le gâteau est tout chaud dans le _____. C'est notre dessert pour ce soir.
8. Prépare le café avec la _____!
9. Françoise, fais attention à la sauce sur la _____, s'il te plaît!

Leçon 8B

VOCABULARY QUIZ II

1 Complétez Tell what chores you and your family do. Complete these phrases without repeating any chores. (5 x 1 pt. each = 5 pts.)

1. D'habitude, mon père _____.

2. Chez moi, maman _____.

3. Hier, je/j' _____.

4. Je déteste _____.

5. Quand j'avais dix ans, je _____ tous les jours.

2 Un nouvel appartement You and your family just moved into a new apartment. Write an e-mail to your grandparents telling them about all the appliances, linens, and accessories that you have in your new home. (7 pts.)

_____

_____

_____

_____

_____

_____

_____

3 Une note à maman Your mother left you in charge of making sure that you and your siblings finish all the household chores. Leave a note telling her four things you and your siblings did. (4 x 2 pts. each = 8 pts.)

_____

_____

_____

_____

_____

_____

_____

_____

_____

_____

Nom _____ Date _____

Leçon 8B.1

GRAMMAR QUIZ I
The *passé composé* vs. the *imparfait* (Summary)

1 Mettez au passé Rewrite these sentences in the **passé composé** or the **imparfait** using the cues provided. (5 x 1 pt. each = 5 pts.)

1. La vieille femme descend au sous-sol. (tout à coup)

   _____

2. Christophe et Danielle montent ces escaliers. (souvent)

   _____

3. Saliou et toi perdez vos calculatrices. (hier soir)

   _____

4. Marianne part pour Paris. (un jour)

   _____

5. Simon et moi mangeons au restaurant japonais. (parfois)

   _____

2 Quelle expérience! Caroline is talking about a discovery that she and her brother Jean-Paul once made. Put the verbs in parentheses in the **passé composé** or the **imparfait**. (5 x 1 pt. each = 5 pts.)

Quand nous (1) _____ (être) jeunes, mon frère et moi (2) _____ (aller) souvent à la plage pendant les vacances d'été. Nous (3) _____ (nager) tranquillement dans la mer. Un jour, Jean-Paul (4) _____ (trouver) une petite boîte rouge dans le sable (*sand*). Et dans la boîte, il y (5) _____ (avoir) un trésor (*treasure*) inimaginable!

3 Assemblez Write complete sentences in the past tense using the cues provided. Use the **passé composé** and the **imparfait** as needed. (5 x 2 pts. each = 10 pts.)

1. Nadine / faire la lessive / quand / ses copines / arriver

   _____

2. mes parents / dormir / quand / horloge / tomber du mur

   _____

3. nous / balayer la cuisine / quand / Hubert / sortir la poubelle

   _____

4. vous / jouer ensemble / quand / nous / quitter la maison

   _____

5. il / ranger sa chambre / quand / son ami / appeler

   _____

Nom _____ Date _____

Leçon 8B.1

GRAMMAR QUIZ II
The *passé composé* vs. the *imparfait* (Summary)

1 **Des excuses** Martin and his siblings did not finish their chores. He explains to his mother what interrupted each of them. Complete their conversation in a logical manner. (5 x 1 pt. each = 5 pts.)

MAMAN	Pourquoi n'as-tu pas passé l'aspirateur?
MARTIN	Je _____.
MAMAN	Et Simone et Valérie n'ont pas balayé la cuisine?
MARTIN	Elles _____.
MAMAN	Regarde toutes ces chemises qui sont toujours dans le lave-linge! Où est Chloé?
MARTIN	Elle _____.
MAMAN	Et la vaisselle?
MARTIN	Noah et moi _____.
MAMAN	Et je suppose que Benjamin n'a pas rangé sa chambre?
MARTIN	Il _____.

2 **Assemblez** Use elements from each column to write five sentences using the **passé composé** or the **imparfait**. Add words as necessary. (5 x 1 pt. each = 5 pts.)

parfois	je	faire la lessive
souvent	tu	rentrer à la maison
une, deux fois…	mon père	rencontrer…
l'année dernière	mon/ma meilleur(e) ami(e) et moi	parler à…
tous les jours	mes grands-parents	tomber
soudain		aller…

1. _____
2. _____
3. _____
4. _____
5. _____

3 **Hier** Write a paragraph with five sentences about what was going on at your house when your parent(s) came home from work. Use the **passé composé** and the **imparfait**. (5 x 2 pts. each = 10 pts.)

_____

_____

_____

_____

_____

Nom _____ Date _____

Leçon 8B.2

GRAMMAR QUIZ I
The verbs *savoir* and *connaître*

1 Quel verbe? Choose **savoir** or **connaître** to complete each sentence. (5 x 1 pt. each = 5 pts.)

1. Vincent (sait / connaît) tous les clubs de jazz.
2. Karine ne (sait / connaît) pas comment aller au musée?
3. Le voisin (sait / connaît) tous les membres de ma famille.
4. (Sait / Connaît)-elle où envoyer les lettres?
5. Mon oncle ne (sait / connaît) pas quoi dire quand Cécile raconte ses problèmes.

2 Complétez Complete each conversation with the present or a past tense of **savoir** or **connaître**. (10 x 1 pt. each = 10 pts.)

1. — Est-ce que tu _____ la sœur de Marco?
   — Non, mais je/j' _____ ses parents l'année dernière à Rome.

2. — Tu _____ faire de la planche à voile?
   — Oui, mais malheureusement, je ne _____ pas de bonnes plages près d'ici.

3. — _____-ils parler espagnol?
   — Oui, ils _____ beaucoup d'élèves mexicains.

4. — Ton amie ne _____ pas qu'il y avait une fête?
   — Non, elle le/l' _____ seulement ce matin et elle a été très fâchée!

5. — Ton frère _____-il cette fille?
   — Non, mais il _____ son numéro de téléphone!

3 Répondez Answer the questions using the cues provided. (5 x 1 pt. each = 5 pts.)

1. Thomas connaît-il les enfants de Stéphanie? (hier)
   _____

2. Pourquoi prenez-vous le bus? (ne pas savoir conduire)
   _____

3. Tu n'as pas dit bonjour à la sœur de Maurice hier? (ne pas reconnaître)
   _____

4. Où est-ce que Léo et Claudine vont dîner? (connaître un bon restaurant québécois)
   _____

5. Léa et toi allez préparer quelque chose à manger? (ne pas savoir faire la cuisine)
   _____

Leçon 8B.2

GRAMMAR QUIZ II
The verbs *savoir* and *connaître*

1 Questions personnelles Answer these questions using **savoir** or **connaître**. (5 x 1 pt. each = 5 pts.)

1. Qui dans ta famille sait parler une langue étrangère?

    _____

2. Est-ce que tes parents connaissent des chansons françaises?

    _____

3. Connais-tu bien la ville où tu habites?

    _____

4. Est-ce que tes parents savent jouer d'un instrument? De quel instrument?

    _____

5. Tes amis et toi, connaissez-vous de bons restaurants dans votre quartier?

    _____

2 Parce que… Write a logical explanation for each statement. Use **savoir** or **connaître** in each response. (4 x 2 pts. each = 8 pts.)

1. Mon ami dîne toujours au restaurant.

    _____

2. Les enfants n'aiment pas aller à la plage.

    _____

3. Damien n'a pas parlé à la nouvelle étudiante.

    _____

4. Rosalie va rendre visite à ses cousines en France et elle est très nerveuse.

    _____

3 Mon correspondant Write an e-mail to a French e-pal to find out what sports or activities he knows how to do and and how familiar he is with North American culture (food, movies, actors, singers, etc.). Ask your e-pal at least four questions using **savoir** and **connaître**. (7 pts.)

_____

_____

_____

_____

_____

_____

Unité 8
Leçon 8B

LESSON TEST I

1 Une réponse logique A group of exchange students is staying with your family for a few days. Select the most logical response to each person's question(s) or statement. (6 x 4 pts. each = 24 pts.)

1. a. On les met dans le grille-pain.
   b. On les met dans l'aspirateur.
   c. On les met dans le congélateur.

2. a. Oui, ils sont gentils.
   b. Oui, ils sont pénibles.
   c. Oui, ils sont sales.

3. a. Tu essuies la table.
   b. Tu fais la vaisselle.
   c. Tu enlèves la poussière.

4. a. Tu vas faire la vaisselle?
   b. Tu vas sortir la poubelle?
   c. Tu vas faire ton lit?

5. a. Alors, achète une cafetière!
   b. D'accord, je vais les chercher.
   c. Il est où, le lave-linge?

6. a. Il faut mettre la table.
   b. Il faut débarrasser la table.
   c. Il faut faire la lessive.

2 Qu'est-ce que c'est? Identify the items in the illustrations. Don't forget to include appropriate articles! (10 x 2 pts. each = 20 pts.)

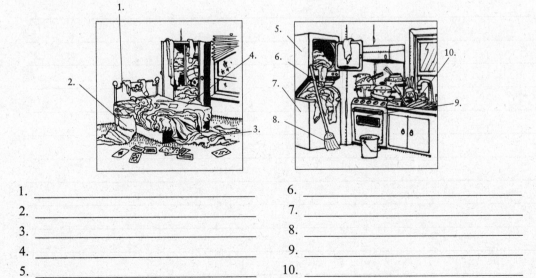

1. _____
2. _____
3. _____
4. _____
5. _____

6. _____
7. _____
8. _____
9. _____
10. _____

Nom _____ Date _____

3 **Interruptions** Say that something happened while something else was already going on. Use the **passé composé** and the **imparfait**. (8 x 3 pts. each = 24 pts.)

1. M. Robert _____ (déménager) quand il _____ (commencer) à pleuvoir.

2. Je _____ (balayer) quand Christine _____ (téléphoner).

3. Mon frère et ma sœur _____ (finir) leurs devoirs quand Karine et Alice _____ (sortir).

4. Pascal _____ (faire) la vaisselle quand elle _____ (arriver).

4 **Savez-vous...** A group of your older brother's friends are renting a house for a year. Complete the sentences with the correct forms of either **savoir** or **connaître**. (6 x 2 pts. each = 12 pts.)

1. Tu _____ ce quartier?

2. Non, mais je _____ qu'il y a beaucoup de restaurants.

3. On va partager les tâches ménagères. Claudine et Paul, est-ce que vous _____ repasser?

4. Non, mais nous _____ une femme qui adore faire ça.

5. Pierre et toi, vous _____ cette femme?

6. Non, mais Claudine et Paul la _____

5 **À vous!** Write a paragraph of at least five complete sentences in which you tell three household chores you regularly do now and two chores you used to do when you were younger. (5 x 4 pts. each = 20 pts.)

_____
_____
_____
_____
_____
_____
_____
_____
_____
_____
_____
_____
_____
_____
_____
_____

Unité 8
Leçon 8B

LESSON TEST II

1 Une réponse logique A group of exchange students is staying with your family for a few days. Select the most logical response to each person's question(s) or statement. (6 x 4 pts. each = 24 pts.)

1. a. Tu balaies la cuisine.
   b. Tu utilises un fer à repasser.
   c. Tu ranges ta chambre.

2. a. Il est dans le frigo.
   b. Il est dans le four.
   c. Il est dans le placard.

3. a. Il faut mettre la table.
   b. Il faut repasser le linge.
   c. Il faut débarrasser la table.

4. a. Dans le grille-pain.
   b. Dans le congélateur.
   c. Dans le lave-vaisselle.

5. a. Non, je ne trouve pas l'oreiller.
   b. Non, je ne trouve pas l'évier.
   c. Non, je ne trouve pas la cuisinière.

6. a. Du lave-vaisselle.
   b. De la cafetière.
   c. Du lave-linge.

Nom _____ Date _____

2 Qu'est-ce que c'est? Write two sentences for each image. Tell what the person is doing in the first
sentence and name the objects and/or appliances you see in the second. (4 x 5 pts. each = 20 pts.)

1.   2.   3.   4.

1. _____

_____

_____

2. _____

_____

_____

3. _____

_____

_____

4. _____

_____

_____

Nom _____ Date _____

3 Interruptions Say that something interrupted something else that was already going on. Use the passé composé and the imparfait to complete these sentences. (8 x 3 pts. each = 24 pts.)

1. Je/J' _____ (aller) sortir quand tu _____ (téléphoner).

2. Frédéric _____ (passer) l'aspirateur quand nous _____ (partir).

3. Vous _____ (écrire) un e-mail quand Sylvie _____ (arriver).

4. Monsieur et Madame Rousseau _____ (faire) une promenade quand il _____ (commencer) à neiger.

4 Savez-vous... A group of your older brother's friends is renting a house together. Complete the sentences with the correct forms of either **savoir** or **connaître**. (6 x 2 pts. each = 12 pts.)

1. Patrice, tu _____ la propriétaire de cette maison?

2. Non, mais Thierry la _____.

3. Oui, elle est extraordinairement sympa. Vous _____ qu'elle va faire toutes nos tâches ménagères?

4. C'est excellent! Moi, je ne _____ même pas faire la vaisselle.

5. Et nous ne _____ pas repasser le linge. On a vraiment de la chance!

6. Eh, vous deux! Vous me _____ mal! C'est une blague.

5 À vous! Write a paragraph of at least five complete sentences in which you tell three household chores you regularly do now and two chores you used to do when you were younger. (5 x 4 pts. each = 20 pts.)

_____
_____
_____
_____
_____
_____
_____
_____
_____
_____
_____
_____
_____
_____

Nom _____ Date _____

Unité 8
Leçons A et B

UNIT TEST I

1 Dans le passé Listen to these statements. Then decide whether these events happened at a specific moment in the past (**Événement unique**) or if they happened repeatedly (**Habitude**). (8 x 1 pt. each = 8 pts.)

1. _____ Événement unique _____ Habitude
2. _____ Événement unique _____ Habitude
3. _____ Événement unique _____ Habitude
4. _____ Événement unique _____ Habitude
5. _____ Événement unique _____ Habitude
6. _____ Événement unique _____ Habitude
7. _____ Événement unique _____ Habitude
8. _____ Événement unique _____ Habitude

2 Quel appareil? Say which appliance you need to do these things. Do not forget to use the corresponding definite articles. (10 x 1 pt. each = 10 pts.)

1. Pour faire le café: _____
2. Pour repasser les vêtements: _____
3. Pour faire cuire (*bake*) un gâteau: _____
4. Pour garder le lait frais (*fresh*): _____
5. Pour réchauffer (*reheat*) une boisson: _____
6. Pour faire des toasts: _____
7. Pour nettoyer la vaisselle: _____
8. Pour sécher les vêtements: _____
9. Pour laver les draps: _____
10. Pour faire des glaçons: _____

3 Dans le passé These events happened in the past. Write the correct form of the **passé composé** or the **imparfait** of verb in parentheses to complete each statement. (8 x 1 pt. each = 8 pts.)

1. Soudain, l'aspirateur _____ (tomber).
2. D'habitude, je _____ (balayer) ma chambre moi-même.
3. Les voisins _____ (déménager) tout à coup.
4. Mme Lacroix _____ (louer) tous les étés le même appartement.
5. Un jour, toi et tes frères, vous _____ (faire) toutes les tâches ménagères dans la maison.
6. À la campagne, nous _____ (salir) souvent nos chaussures.
7. Est-ce que tu _____ (nettoyer) ta chambre parfois le week-end?
8. Céline _____ (descendre) une fois au sous-sol.

| 308 | **Unité 8** Unit Test I

4 Savoir et connaître Complete each sentence with the correct infinitive or present tense form of **savoir**, **connaître**, or **reconnaître**. (10 x 1 pt. each = 10 pts.)

1. Je _____ faire la cuisine chez moi parce que je _____ bien ma cuisinière.

2. Vraiment, tu _____ ranger ta chambre? Prouve-le!

3. Nous allons déménager, mais nous ne _____ pas encore où.

4. Est-ce que tu _____ les propriétaires de cet immeuble? Ils habitent près d'ici?

5. Avant, ils _____ bien ce quartier, mais maintenant, tout a changé. C'est presque impossible de le _____.

6. On _____ que la cuisine est à droite, et le salon à gauche. Mais où sont les chambres?

7. Vous _____ cette lampe et ce tapis? Je les ai achetés dans votre magasin préféré.

8. Nous _____ mal les gens de l'appartement 32. Ils ont emménagé hier soir.

5 Autrefois et l'année dernière Use the correct form of the **passé composé** or the **imparfait** of the verbs in parentheses to say how things once were and what happened later. (12 x 1 pt. each = 12 pts.)

1. Autrefois, je ne _____ (savoir) pas faire le linge, mais l'année dernière j' _____ (apprendre).

2. Autrefois, nous ne _____ (connaître) pas Guillaume. Nous l' _____ (rencontrer) l'année dernière.

3. Autrefois, vous ne _____ (savoir) pas passer l'aspirateur. L'année dernière, vous _____ (essayer) une fois.

4. Autrefois, ils _____ (ne pas connaître) de problèmes dans le quartier, mais l'année dernière ils _____ (connaître).

5. Autrefois, M. Vasseur _____ (savoir) quand les voisins partaient en vacances, mais l'année dernière il _____ (ne pas savoir).

6. Autrefois, tu _____ (connaître) bien ton placard, mais l'année dernière tu _____ (acheter) trop de vêtements et de chaussures.

6 On a nettoyé You and some friends cleaned your house. Say in what state everything was and what you did. Use the correct past tense forms of the verbs in parentheses. (12 x 1 pt. each = 12 pts.)

1. La vaisselle _____ (être) sale, donc je l'_____ (laver).

2. Il y _____ (avoir) de la poussière partout, donc nous la/l' _____ (enlever).

3. Les tapis n'_____ (être) pas propres, donc Samantha et Frédéric _____ (passer) l'aspirateur.

4. Il y _____ (avoir) du désordre (*mess*) partout, donc on _____ (ranger) la maison.

5. C'_____ (être) le jour des poubelles, donc nous les _____ (sortir).

6. Il _____ (falloir) laver les vêtements, et après, j'_____ (repasser) les chemises.

7   Chez moi M. Coquelin is talking about where he has lived. Complete his story using the correct **passé composé** or **imparfait** forms of the verbs in parentheses. (10 x 1 pt. each = 10 pts.)

Quand j' (1) _____ (être) encore lycéen, j' (2) _____ (habiter) avec mes
parents. C' (3) _____ (être) pratique et confortable. Maman (4) _____ (faire)
ma lessive et (5) _____ (nettoyer) aussi parfois ma chambre. Puis, je/j' (6) _____
(déménager) pour aller à l'université. Je/J' (7) _____ (louer) un petit studio et je/j'
(8) _____ (habiter) seul pour la première fois. Évidemment, j' (9) _____
(apprendre) très vite à faire toutes les tâches ménagères. Deux années plus tard, je/j' (10) _____
(savoir) même faire la cuisine!

8   Au même moment Write a sentence to describe what these people were doing when something
else happened. Use the **imparfait** or the **passé composé** as appropriate. (5 x 2 pts. each = 10 pts.)

1.   2.   3.

4.   5.

1. _____
   _____

2. _____
   _____

3. _____
   _____

4. _____
   _____

5. _____
   _____

Nom _____ Date _____

9 **À vous!** Write a paragraph with five sentences that describes your actual home or one you dream of. In your paragraph, tell where you live, how many and what the rooms are, other features your home has (yard, garage, balcony, etc.), and some of its furnishings. (5 x 4 pts. each = 20 pts.)

_____

_____

_____

_____

_____

_____

_____

_____

_____

_____

_____

_____

_____

_____

_____

_____

_____

_____

_____

_____

_____

_____

_____

     Unité 8 Unit Test I

Unité 8
Leçons A et B

UNIT TEST II

1 Une histoire Listen to each statement and decide whether it narrates facts in a story (**Action**) or describes the setting (**Cadre**). (8 x 1 pt. each = 8 pts.)

1. _____ Action   _____ Cadre
2. _____ Action   _____ Cadre
3. _____ Action   _____ Cadre
4. _____ Action   _____ Cadre
5. _____ Action   _____ Cadre
6. _____ Action   _____ Cadre
7. _____ Action   _____ Cadre
8. _____ Action   _____ Cadre

2 Quel appareil? Say how or for what you use these appliances. (5 x 2 pts. each = 10 pts.)

> **Modèle**
>
> le grille-pain: *pour préparer des sandwichs*

1. le lave-linge: _____
2. la cafetière: _____
3. l'aspirateur: _____
4. le fer à repasser: _____
5. le lave-vaisselle: _____

3 Autrefois et l'année dernière Use the correct form of the **passé composé** or the **imparfait** of the verbs in parentheses to say how things once were and what happened later. (10 x 1 pt. each = 10 pts.)

1. Autrefois, je/j' _____ (habiter) avec ma mère, mais l'année dernière
   j'_____ (emménager) avec mon père.

2. Autrefois, tu _____ (faire) des promenades dans le quartier avec ton chien, mais
   l'année dernière ton chien _____ (mourir).

3. Autrefois, nous _____ (reconnaître) tous nos voisins. Mais, pendant les deux dernières
   années, le quartier _____ (changer).

4. Autrefois, vous _____ (louer) votre maison. L'année dernière, vous
   l'_____ (acheter).

5. Autrefois, Aude et sa sœur _____ (vivre) avec leur famille. L'année dernière, elles
   _____ (prendre) un appartement.

Nom _____ Date _____

4 **Le ménage** You and a few friends cleaned your house. Complete each sentence using a different verbal expression and the **passé composé** to say what everyone did. (5 x 2 pts. each = 10 pts.)

1. La vaisselle était propre, donc je l'_____.

2. Les draps et les vêtements étaient sales, alors Khaled et Théo les _____.

3. Le lavabo n'était pas propre, donc je l'_____.

4. Les poubelles sentaient mauvais, donc Brigitte les _____.

5. Le sol (*floor*) de la cuisine était sale, alors nous l'_____.

5 **Notre appartement** Your aunt and uncle found an apartment for rent. Complete their story by using the correct **passé composé** or **imparfait** forms of the verbs in parentheses. (8 x 1 pt. each = 8 pts.)

Nous (1) _____ (passer) tout samedi dernier à visiter des appartements. Le premier
(2) _____ (être) en plein centre-ville et assez grand, mais il n' (3) _____
(avoir) pas de salle de bain! Les autres n' (4) _____ (avoir) pas de jardin, mais nous
(5) _____ (finir) par louer le cinquième. Dimanche, ton oncle et moi, on
(6) _____ (commencer) à emménager. Il (7) _____ (mettre) le canapé
dans le salon et j' (8) _____ (passer) l'aspirateur dans la chambre.

6 **On sait...** Finish each of these sentences by using an appropriate present-tense form of **savoir** or **connaître**. Use the statements provided as cues. (6 x 2 pts. each = 12 pts.)

> ### Modèle
> Chérifa et moi, on va à l'école ensemble le matin.
> Je *connais bien Chérifa.*

1. Justin fait son lit tous les matins.
   Il _____.

2. Ma propriétaire n'a jamais rencontré mes parents.
   Elle _____.

3. Mes amis ne sont jamais venus dans mon immeuble.
   Ils _____.

4. Hervé et son frère sont incapables de faire leur lessive.
   Ils _____.

5. Vous allez au musée du Louvre quand vous êtes à Paris.
   Vous _____.

6. Je cuisine tout le temps.
   Je _____.

Nom _____ Date _____

7 **Quel désordre!** Élisa hasn't cleaned for a while. Write four complete sentences using the **imparfait** and the **passé composé** to describe the mess in the illustration and say what Élisa did or did not do. (4 x 3 pts. each = 12 pts.)

> *Modèle*

Il y avait des toasts dans le grille-pain, mais elle ne les a pas mangés.

1. _____
   _____
2. _____
   _____
3. _____
   _____
4. _____
   _____

8 **Questions personnelles** Answer the questions with complete sentences. (5 x 2 pts. each = 10 pts.)

1. Est-ce que tu as déjà déménagé? Combien de fois et quand? _____
   _____

2. Quels meubles est-ce que tu as choisis pour ta chambre? _____
   _____

3. Est-ce que tu as mis des affiches au mur? De quoi? _____
   _____

4. Est-ce que tu as déjà fait la poussière dans ta chambre? _____
   _____

5. Est-ce que tu as déjà partagé la même chambre avec un de tes frères ou sœurs? _____
   _____

9 À vous Write a paragraph with five sentences about the last time you helped clean up around the house. In your paragraph, tell what chores you did and in which rooms you did them, say what appliances or tools you used, and tell something you didn't do because you don't know how. (5 x 4 pts. each = 20 pts.)

_____

_____

_____

_____

_____

_____

_____

_____

_____

_____

_____

_____

_____

_____

_____

_____

_____

_____

_____

_____

_____

_____

_____

Unité 8 Unit Test II

Nom _____   Date _____

OPTIONAL TEST SECTIONS
Unité 8
Leçon 8A
ROMAN-PHOTO

1   L'appartement de Sandrine What rooms in Sandrine's apartment are pictured below?

_____ 1.

_____ 2.

_____ 3.

_____ 4.

_____ 5.

    a. le salon

    b. la salle à manger

    c. la chambre

    d. la cuisine

    e. la salle de bains

Nom _____ Date _____

Leçon 8B

ROMAN-PHOTO

1 Choisissez Select the responses that best answer these questions according to what happened in **Roman-photo**.

1. Qui fait son lit?
   - a. Stéphane
   - b. Valérie
   - c. Michèle

2. Qui sort les poubelles?
   - a. Stéphane
   - b. Valérie
   - c. Michèle

3. Qui fait la lessive?
   - a. Stéphane
   - b. Valérie
   - c. Michèle

4. Qui range sa chambre?
   - a. Stéphane
   - b. Valérie
   - c. Michèle

5. Qui débarrasse la table?
   - a. Stéphane
   - b. Valérie
   - c. Michèle

OPTIONAL TEST SECTIONS
Unité 8

Leçon 8A
CULTURE

1 Choisissez Select the answer that best completes the statement, according to the text.

1. La majorité de la population française habite…
   a. en ville.
   b. à la campagne.
   c. en banlieue.

2. En France, on trouve des maisons à colombages (*half-timbered*) dans…
   a. le sud (*south*).
   b. le nord (*north*).
   c. l'est (*east*).

3. On trouve des maisons en briques qui ont des toits en ardoise (*slate roofs*)…
   a. dans le nord.
   b. dans le sud.
   c. dans la région parisienne.

4. Pour voir (*see*) des maisons construites sur pilotis (*stilts*), on va en Afrique centrale et de l'Ouest et…
   a. au Viêt-nam.
   b. aux Antilles.
   c. au Canada.

5. Le château Frontenac est…
   a. dans la vallée de la Loire.
   b. en Provence.
   c. à Québec.

Leçon 8B

CULTURE

1   Vrai ou faux? Indicate whether these statements are **vrai** or **faux**. Correct the false statements.

	Vrai	Faux

1. Les logements français sont en général plus grands que les logements américains. _____ _____
   _____

2. On trouve plusieurs appartements dans un immeuble. _____ _____
   _____

3. Les appartements ont toujours un lave-vaisselle. _____ _____
   _____

4. Les riads sont des bâtisses de terre (*earth dwellings*) qu'on trouve dans le
   Sud marocain. _____ _____
   _____

5. Le Corbusier est l'inventeur de l'unité d'habitation, un concept sur les
   logements collectifs. _____ _____
   _____

Unité 8

Flash culture

1 Choisissez Using what you remember from **Flash culture**, select the answer that best completes each sentence.

1. La vieille ville d'Aix-en-Provence est un _____ très pittoresque.
   a. escalier
   b. quartier
   c. loyer

2. Au centre-ville, les gens habitent normalement des _____.
   a. logements
   b. oreillers
   c. appartements

3. Pour les étudiants de l'Université d'Aix, il y a des _____.
   a. résidences
   b. couloirs
   c. murs

4. On trouve des _____ avec jardin près du centre-ville.
   a. lavabos
   b. maisons
   c. immeubles

5. En France, les appartements ont très souvent des _____.
   a. garages
   b. terrasses
   c. balcons

Panorama

1   Choisissez Select the answer that best completes the statement, according to the text on Paris.

1. Paris est divisée en _____ arrondissements (*districts*).
   a. deux
   b. dix
   c. vingt

2. Simone de Beauvoir est une _____ parisienne.
   a. écrivain
   b. actrice
   c. chanteuse

3. On visite _____ pour voir (*to see*) les squelettes d'environ six millions de personnes.
   a. le Louvre
   b. les catacombes
   c. la tour Eiffel

4. La construction de la tour Eiffel marque le centième anniversaire de _____.
   a. la Révolution française
   b. l'Exposition universelle
   c. la ville de Paris

5. Pendant les mois de juillet de d'août, on apporte _____ aux Parisiens.
   a. la plage
   b. la mer
   c. la montagne

6. _____ est un des plus grands musées du monde.
   a. Le musée d'Orsay
   b. Le centre Georges Pompidou
   c. Le Louvre

7. _____ a créé la pyramide du Louvre.
   a. Gustav Eiffel
   b. Hector Guimard
   c. I.M. Pei

8. Beaucoup d'entrées du métro à Paris reflète le style _____.
   a. Art Déco
   b. Art Nouveau
   c. néo-classique

Nom _____ Date _____

OPTIONAL TEST SECTIONS
Unité 8

Leçon 8A
LECTURE SUPPLÉMENTAIRE

1 **Annonces immobilières** Read this list of available houses and apartments at a real estate agency. Then answer the questions as completely as possible.

Agence Immobilière de la Comédie

12 Place de la Comédie 34000 MONTPELLIER 04.67.89.57.23

À LOUER	À VENDRE
Studio meublé 24 m², centre-ville	Maison de banlieue, quartier calme
Boulevard des Arceaux	20 minutes du centre-ville
Cuisine américaine équipée	Rez-de-chaussée: salon, salle à
Salle de bains (douche) rénovée, W.-C. séparés	manger, cuisine (nombreux placards)
Meublé (canapé, armoire, table/chaises, étagères)	1er étage: 3 chambres, salle de bains
Tout confort	(baignoire et douche) et toilettes
Proche arrêt de bus universités	Jardin, piscine et garage
Libre 01/12	Près centre commercial et parc
490 €	390.000 €
Grand appartement dans résidence de charme	Appartement 2 pièces
Quartier hôpitaux / universités	Centre-ville
Grande salle de séjour, cuisine équipée,	Près cinéma et musée
2 chambres avec grands placards,	Salon, cuisine, chambre,
salle de bains (douche), W.-C.	salle de bains (douche), W.-C.
3ème étage dans immeuble 4 étages avec ascenseur	2ème étage
2 balcons, cave, garage	Quartier jeune et agréable
Libre 01/01	80.000 €
1.200 €	

---

1. Combien d'appartements y a-t-il à louer? _____

2. Où est le grand appartement? _____

3. Quelles sont trois caractéristiques <u>uniques</u> du grand appartement? _____
_____

4. Quel logement n'est pas dans un immeuble? Donnez deux caractéristiques <u>uniques</u> de ce logement.
_____
_____

5. Comment est le quartier de l'appartement 2 pièces? Qu'est-ce qu'il y a dans ce quartier?
_____
_____

6. Quels logements n'ont pas de baignoire? _____

7. Quels meubles y a-t-il dans l'appartement meublé? _____
_____

8. Quel est le logement idéal pour un jeune étudiant qui n'a pas beaucoup d'argent. Pourquoi?
_____
_____
_____

| 322 |

Nom _____ Date _____

Unité 8
Leçon 8B
LECTURE SUPPLÉMENTAIRE

1 **Au pair** Nadine, a student from Martinique, is now attending **la Sorbonne** in Paris and working as an **au pair**. Read her letter, then answer the questions using complete sentences.

> Cher papa, chère maman,
>   Me voilà à Paris! Ma première semaine à la Sorbonne a été bonne. J'adore mes cours et j'ai déjà rencontré des étudiants très sympas. La famille Arceneaux est super et je suis vraiment contente. Les enfants ont sept et cinq ans. Ils sont très gentils et ils aident pas mal à la maison, alors moi, je n'ai pas beaucoup de travail. Le matin, les enfants mettent leur chocolat chaud dans le four à micro-ondes et leurs toasts dans le grille-pain, alors c'est facile! Quand j'arrive dans la cuisine, le café est souvent tout chaud dans la cafetière, parce que Madame Arceneaux aime le préparer tôt le matin. Après, les enfants font la vaisselle dans l'évier et moi, je range un peu la cuisine. Ensuite, nous faisons les lits, puis nous partons. J'emmène les enfants à l'école à 8h30 et après, je vais à la fac. Le soir, c'est Monsieur Arceneaux qui fait la cuisine. Madame Arceneaux déteste ça! Elle préfère faire la vaisselle après le repas (les Arceneaux n'ont pas de lave-vaisselle parce que leur cuisine est trop petite). Les enfants mettent et débarrassent la table. Moi, deux ou trois fois par semaine, je fais la lessive. Nous avons un lave-linge et un sèche-linge dans l'appartement. C'est pratique. Le samedi matin, nous faisons le ménage ensemble. Les enfants rangent leur chambre, Madame Arceneaux passe l'aspirateur et moi, j'enlève la poussière. Voilà notre routine!
>
>   Grosses bises,
>   Nadine

1. Le matin, en général, que font d'abord les enfants Arceneaux? _____

2. Nadine prépare-t-elle souvent le café, le matin? Comment le savez-vous? _____

3. Que font Nadine et les enfants avant de partir à l'école? _____

4. Qui prépare les repas dans la famille Arceneaux? Pourquoi? _____

5. Où fait-on la vaisselle chez les Arceneaux? Pourquoi? _____

6. Que fait Nadine plusieurs fois par semaine? Est-ce qu'elle quitte l'appartement pour ça? Pourquoi ou pourquoi pas? _____

7. Le week-end, que fait chaque personne pour aider à la maison? _____

8. Est-ce que Nadine aime habiter avec la famille Arceneaux? Comment le savez-vous? _____

Unités 5–8
Leçons 5A–8B

EXAM I

1 Questions et réponses In a typical day, various people ask you different questions. Listen to the questions, then choose the most logical response. (10 x 1 pts. each = 10 pts.)

1. a. Il est dix heures.
   b. Nous sommes jeudi.
   c. C'est le seize août.

2. a. Oui, elle te va très bien.
   b. Non, elle est blanche.
   c. Oui, tu as de la chance.

3. a. Parce que j'ai soif.
   b. Parce qu'il coûte cher.
   c. Parce que j'aime cette couleur.

4. a. Je joue aux échecs.
   b. Je suis vendeur.
   c. J'ai un rendez-vous.

5. a. Il est bon marché.
   b. Il est serré.
   c. Il est marron.

6. a. Je préfère bricoler.
   b. J'adore le volley-ball.
   c. Je vais au stade.

7. a. Je fais une randonnée.
   b. Je fais de la planche à voile.
   c. Je fais de l'aérobic.

8. a. Oui et il va faire 30°C.
   b. Oui et il va aussi faire très chaud.
   c. Oui et il va aussi faire très froid.

9. a. Oui, il a soixante-six ans.
   b. Oui, c'est un jour férié.
   c. Oui, c'est le divorce.

10. a. Cette casquette grise.
    b. Ces chaussures noires.
    c. Ce maillot de bain blanc.

2 Que font-ils? It's the weekend and everyone is doing something different. Write a sentence for each photo telling what the people are doing. (4 x 1 pt. each = 4 pts.)

1.   2.   3.   4.

1. _____

2. _____

3. _____

4. _____

3 Le ménage Complete the sentences about each photo to tell what the person is doing and where he is or what appliance he is using. (4 x 1 pt. each = 4 pts.)

1.   2.   3.   4.

1. Il _____. Il est dans _____.

2. Il _____. Il utilise _____.

3. Il _____. Il utilise _____.

4. Il _____. Il utilise _____.

   Unités 5–8 Exam I

4 C'est la fête! Today, several friends are celebrating their birthdays together. Complete the conversation with the correct present-tense form of the verbs from the list. (8 x 0.5 pt. each = 4 pts.)

acheter	célébrer	essayer	posséder
amener	espérer	nettoyer	préférer

—On (1) _____ plusieurs anniversaires aujourd'hui.

—Oui! Tu (2) _____ quelque chose pour tout le monde?

—Bien sûr! Et Jeanne est dans la cuisine. Elle (3) _____ de faire un gâteau.

—Alors, qu'est-ce qu'on fait maintenant? Je (4) _____ le salon?

—Oui, parce que Lise et Jamel (5) _____ danser.

—Mais Abdul et moi, nous (6) _____ manger.

—Et Ludovic (7) _____ sa copine Fatou, n'est-ce pas?

—Oui. Eh, Corinne! On m'a dit que ta sœur et toi, vous (8) _____ une belle collection de musique.

—Oui, on va apporter de la musique.

5 Complétez Complete each sentence with the correct present-tense form of the verb in parentheses. (7 x 1 pt. each = 7 pts.)

1. Daniel _____ (sortir) tous les week-ends avec ses amis.

2. Salim et Floriane _____ (promettre) de bien travailler.

3. J' _____ (apprendre) à faire la cuisine.

4. Caroline et toi, vous _____ (partir) pour l'Asie.

5. Je _____ (courir) un kilomètre par jour.

6. Mes voisins _____ (construire) des maisons pour les pauvres.

7. On _____ (dormir) huit heures par nuit.

Nom _____ Date _____

6 **Hier** Say what various people did yesterday by completing the sentences with the **passé composé** of the verb in parentheses. (8 x 1 pt. each = 8 pts.)

1. Hier, Caroline _____ (faire) du shopping. Elle _____ (acheter) un nouveau jean.

2. Hier, Rémi et moi, nous _____ (fêter) l'anniversaire de notre colocataire.

3. Hier, je/j' _____ (prendre) quelques aspirines.

4. Hier, ma sœur _____ (obéir) à mes parents et elle _____ (nettoyer) sa chambre.

5. Hier, Mahmoud et Jean-Luc _____ (courir) dix kilomètres.

6. Hier, Emma, tu _____ (préparer) ton examen de physique, n'est-ce pas?

7 **Un super week-end** Agnès is writing an e-mail to Gilles describing her weekend in Paris. Use the correct form of the **passé composé** of the verbs in parentheses to complete her message. (10 x 0.5 pt. each = 5 pts.)

Cher Gilles,

Quel week-end génial à Paris chez ma cousine Nathalie. Je (1) _____ (arriver) à la gare de Lyon vendredi soir. Nathalie et son copain Pascal (2) _____ (passer) me chercher. Nous (3) _____ (aller) chez Nathalie, ensuite Pascal (4) _____ (rentrer) chez lui. Samedi matin, Nathalie et moi (5) _____ (prendre) le petit-déjeuner et nous (6) _____ (sortir). Nous (7) _____ (passer) trois heures au Louvre et ensuite nous (8) _____ (prendre) le métro pour aller au quartier Latin. Nous déjeunions tranquillement en terrasse quand Pascal, qui passait dans le quartier, nous (9) _____ (entendre)! Nous (10) _____ (rentrer) chez Nathalie ensemble. (À suivre… [*To be continued…*])

8 **Toujours des questions!** Your parents want to know what you have done. Complete the answers to their questions using an indirect object pronoun and a verb in the appropriate tense. (5 x 1 pt. each = 5 pts.)

> **Modèle**
>
> Est-ce que tu vas téléphoner à ta tante Vivienne?
> Oui, je vais *lui téléphoner*.

1. Est-ce que tu as acheté un cadeau à Karine? Oui, je _____ un cadeau.

2. Est-ce que tu parles souvent avec tes copains? Oui, je _____ souvent au téléphone.

3. Est-ce que tu as envoyé des e-mails à Annick et Laure? Oui, je _____ des e-mails.

4. Est-ce que tu m'as posé une question? Non, je _____ de question.

5. Est-ce que tu vas nous prêter ton ordinateur? Oui, je _____ mon ordinateur.

9 Les tâches Martine's older brother wants to know if she has completed her chores. Complete her answers using direct object pronouns. Use the underlined phrases as cues and the correct verb tense. (4 x 1 pt. each = 4 pts.)

—Tu as mis <u>la table</u>?

—Oui, je (1) _____.

—Tu as fait <u>les lits</u>?

—Oui, je (2) _____.

—Tu as nettoyé <u>la cuisine</u>?

—Non, mais je vais (3) _____.

—Tu as passé <u>l'aspirateur</u>?

—Je (4) _____ tout de suite.

10 Un super week-end Agnès continues her e-mail to Gilles. Use the correct form of the **imparfait** of the verbs in parentheses to complete her message. (10 x 0.5 pt. each = 5 pts.)

Samedi soir j' (1) _____ (être) chez Nathalie. Nous (2) _____ (réfléchir) à ce qu' (*what*) on (3) _____ (aller) faire dimanche quand Henri et Michelle, les parents de Nathalie, sont arrivés. Nous (4) _____ (espérer) passer la journée ensemble. Mais se mettre d'accord (*to agree on*) sur nos activités (5) _____ (ne pas être) facile parce que Henri, Michelle et Nathalie (6) _____ (avoir) de différentes choses à faire. Enfin, on a pris des décisions. Le dimanche matin, Henri est allé à un café qu'il (7) _____ (connaître) pendant que Michelle (8) _____ (essayer) de trouver des fleurs pour la maison. Nathalie (9) _____ (faire) du shopping et moi, je (10) _____ (prendre) des photos. À midi, tout le monde est rentré chez Nathalie pour déjeuner ensemble. (À suivre…)

11 Expliquez Complete the following explanations with the correct form of the **imparfait** and the **passé composé** of the verbs in parentheses. (6 x 1 pt. each = 6 pts.)

1. Comme il _____ (faire) bon, David et moi _____ (partir) bronzer à la plage.

2. Rachida _____ (préférer) un sandwich sans (*without*) mayonnaise et une bouteille d'eau parce qu'elle _____ (être) au régime (*diet*).

3. Tu _____ (avoir) un peu de temps libre ce matin, alors tu _____ (réussir) à ranger ta chambre?

4. Comme vous _____ (ne pas savoir) utiliser la cuisinière, vous _____ (préparer) un repas froid.

5. Je _____ (ne pas aller) bien du tout, alors je _____ (rentrer) chez moi.

6. Ils _____ (désirer) passer du temps ensemble, alors ils _____ (louer) une maison à la campagne pour deux semaines.

Nom _____ Date _____

12 **Exactement** Rewrite each of the following sentences using an adverb based on the adjective in parentheses to provide additional detail about each situation. (6 x 1 pt. each = 6 pts.)

> **Modèle**
>
> Il explique les tâches ménagères à sa sœur. (poli)
> *Il explique poliment les tâches ménagères à sa sœur.*

1. Noah reconnaît sa cousine sur la photo. (facile)

   _____

2. Je balaie souvent, mais je ne passe pas l'aspirateur. (constant)

   _____

3. Pour ne pas réveiller les enfants, descendons au salon. (doux)

   _____

4. Il pleuvait quand ils sont sortis du métro. (fort)

   _____

5. Tu vas donner la grande chambre à ton frère? (gentil)

   _____

6. Ils sont arrivés! (bon)

   _____

13 **Un super week-end** Agnès finishes her e-mail to Gilles. Use the **imparfait** or the **passé composé** of the verbs in parentheses to complete her message. (12 x 1 pt. each = 12 pts.)

Dimanche après-midi, nous (1) _____ (aller) tous ensemble au marché du livre. Autrefois, ce/c' (2) _____ (être) vraiment quelque chose que je (3) _____ (détester) faire, mais avec Nathalie, je/j' (4) _____ (bien aimer). Je/J' (5) _____ (prendre) beaucoup de photos. L'après-midi, nous (6) _____ (rendre) visite à sa grand-mère. Nous (7) _____ (rester) chez elle quelques heures. On (8) _____ (parler) de ce que (*what*) tous les petits-enfants (9) _____ (faire) quand ils (10) _____ (arriver) chez elle. Elle (11) _____ (connaître) aussi beaucoup d'histoires drôles. Je/ J' (12) _____ (passer) une excellente journée et un week-end tout à fait relax.

Amitiés,

Agnès

Nom _____ Date _____

14 **À vous!** An exchange student is coming to stay with your family for a year. Write him or her an e-mail of at least five sentences about what you and your friends typically do at different times throughout the year. In your e-mail, include activities you do during the different seasons and in different weather conditions. Close your e-mail by suggesting one or two items you think the exchange student should bring to fully participate in these activities. (10 pts.)

_____

_____

_____

_____

_____

_____

_____

_____

_____

_____

_____

_____

_____

_____

15 **À vous!** Write a paragraph with at least five sentences in which you describe a real or imaginary trip you took. In your paragraph, tell where you went, how you got there, what your hotel room was like, where you ate, and anything else you feel is important. (10 pts.)

_____

_____

_____

_____

_____

_____

_____

_____

_____

_____

_____

_____

_____

_____

Unités 5–8 Exam I

Unités 5–8
Leçons 5A–8B

EXAM II

1 **Questions personnelles** Régine, an exchange student from France, wants to get to know you better. Listen to her questions and choose the appropriate response to each question you hear.

1. a. Il fait froid.
   b. C'est le 12 avril.
   c. Il fait 20°C.

2. a. Le premier juin.
   b. Au printemps.
   c. En 2002.

3. a. Je joue au volley.
   b. Je joue aux échecs.
   c. Je fais de la cuisine.

4. a. En bus.
   b. En avion.
   c. En bateau.

5. a. Un maillot de bain.
   b. Un costume.
   c. Un jean et un tee-shirt.

6. a. Elle a deux étages et sept pièces.
   b. Elle est dans un bon quartier.
   c. Elle n'est pas loin du centre-ville.

7. a. Un lit, un armoire et un bureau.
   b. Un canapé, deux fauteuils et une table.
   c. Une bagnoire et un lavabo.

8. a. Je fais du sport.
   b. Je débarasse la table.
   c. Je leur envoie des SMS.

9. a. J'attends le bus.
   b. Je pars à la plage.
   c. Je vis avec ma famille.

10. a. Il est toujours nuageux.
    b. Je fais souvent des promenades.
    c. On fait un voyage.

Nom _____ Date _____

2 Que font-ils? It's the weekend and everyone is doing something different. Write a sentence for each illustration telling what the people are doing. (4 x 1 pt. each = 4 pts.)

 1.    2.    3.    4.

1. _____

2. _____

3. _____

4. _____

3 Le ménage Complete the sentences about each photo to tell what the person is doing and where he or she is or what appliance he or she is using. (4 x 1 pt. each = 4 pts.)

 1.    2.    3.    4.

1. Elle _____ le jus. Elle est dans _____ .

2. Il _____ . Il est dans _____ .

3. Elle _____ . Elle utilise _____ .

4. Il _____ un tee-shirt. Il utilise _____ .

4 Quel verbe? Complete each sentence with the appropriate present-tense form of the most logical verb from the list. (8 x 0.5 pt. each = 4 pts.)

célébrer	emmener	envoyer	protéger
considérer	employer	payer	répéter

1. Pour pratiquer mon français, je _____ souvent des phrases à voix haute.

2. Tu _____ ta copine au restaurant ce week-end pour fêter son anniversaire?

3. Ce soir, on _____ le mariage de Marguerite et Ahmed.

4. Xavier et moi, nous _____ Richard comme un ami de la famille.

5. Bien sûr, les parents _____ leurs enfants de tout danger possible.

6. Le restaurant _____ beaucoup d'étudiants pendant l'été.

7. Combien est-ce que vous _____ pour ce voyage?

8. Pauline _____ des cadeaux à sa famille à toutes les grandes occasions.

5 **Complétez** Complete the sentences with the correct present-tense form of the verb in parentheses.
(7 x 1 pt. each = 7 pts.)

1. Tu _____ (sourire) plus aux gens (*people*).

2. Je _____ (répondre) poliment à mes parents.

3. Christian _____ (ne pas perdre) tout son temps au café.

4. Nous _____ (mettre) des fleurs sur la table pour le dîner.

5. Guillaume et Jacques _____ (dormir) plus.

6. Marc et toi, vous _____ (rendre) visite à ta grand-mère à l'hôpital.

7. Les restaurants de la ville _____ (servir) de la cuisine plus saine (*healthy*).

6 **Hier** Say what various people did yesterday by completing the sentences with the correct form of the **passé composé** of the verb in parentheses. (8 x 1 pt. each = 8 pts.)

1. Hier, Frédéric et Raphaël _____ (faire) une surprise à leur mère.

2. Hier, Élise _____ (commencer) ses devoirs pour le cours de français.

3. Hier, tu _____ (réussir) à comprendre la leçon de chimie, n'est-ce pas?

4. Hier, Robert et moi, nous _____ (boire) beaucoup d'eau.

5. Hier, vous _____ (regarder) une série à la télévision parce qu'il
_____ (pleuvoir) toute la journée.

6. Hier, je/j' _____ (avoir) très sommeil. Je/J' _____ (dormir)
tout l'après-midi.

7 **Le week-end dernier** Magali is writing an e-mail to Delphine talking about her weekend in Lyon. Complete her message using the **passé composé**. (10 x 0.5 pt. each = 5 pts.)

Salut Delphine,

Ça va? Moi, ça va plutôt bien. Le week-end dernier, je (1) _____ (aller) à Lyon où je (2) _____ (rester) chez ma cousine, Lucie. Nous (3) _____ (passer) chez son nouveau petit ami, Ahmed. Il est super sympa. Tu sais où il (4) _____ (naître)? Au Maroc. Il (5) _____ (arriver) en France après la mort de sa mère. Malheureusement, elle (6) _____ (mourir) assez jeune. Elle avait cinquante-cinq ans. C'est triste. Mais il aime bien la France. Lucie (7) _____ (faire) sa connaissance à Paris. Ils (8) _____ (monter) dans le même (*same*) train. Puis, Ahmed (9) _____ (descendre) la valise de Lucie. Gentil, n'est-ce pas? Après ça, ils (10) _____ (tomber) amoureux. C'est romantique, n'est-ce pas? (À suivre…)

Nom _____ Date _____

8 **Toujours des questions!** Your parents are making sure you've done everything you're supposed
   to do. Reassure them in your responses using indirect object pronouns. Pay attention to verb tenses.
   (5 x 1 pt. each = 5 pts.)

   > **Modèle**
   >
   > Est-ce que tu vas prêter ton ordinateur à ton frère?
   > Oui, je vais *vais lui prêter* mon ordinateur.

   1. Est-ce que tu as parlé à tes professeurs? Oui, je _____.

   2. Est-ce que tu vas envoyer un message à ta tante? Oui, je _____
      un message.

   3. Est-ce que tu as donné le cadeau à tes grands-parents? Oui, je _____
      le cadeau.

   4. Est-ce que tu achètes des livres à tes sœurs? Oui, je _____ des livres.

   5. Est-ce que tu as montré les photos à Madame Dupont? Non, je _____
      les photos.

9 **Du travail** Olivier's father wants to know if he finished his chores. Complete Olivier's answers using direct
   object pronouns. Use the underlined phrases as cues and pay attention to the verb tenses.
   (4 x 1 pt. each = 4 pts.)

   —Tu as rangé le salon?   —Tu as essuyé la table?
   —Non, mais je vais (1) _____.   —Je (3) _____ tout de suite.
   —Tu as sorti les poubelles?   —Tu as fait la lessive?
   —Oui, je (2) _____.   —Oui, je (4) _____.

10 **Le week-end dernier** Magali continues her e-mail to Delphine. Complete her message using the
   imparfait. (8 x 0.5 pt. each = 4 pts.)

   Samedi matin chez Lucie, nous avons fait des projets pour la journée. Je lui ai dit que
   j' (1) _____ (avoir) envie de faire du shopping dans la rue Mazarin et de
   manger quelque chose dans le petit restaurant lyonnais, Chez Josette et Pierre-Yves. Nous
   (2) _____ (aller) partir à midi et demie. Ahmed (3) _____ (être)
   là, lui aussi, mais il (4) _____ (préférer) rester chez Lucie parce qu'il
   (5) _____ (préparer) un examen de philosophie important. Ma cousine et moi, nous
   (6) _____ (ne pas savoir) quoi faire: attendre Ahmed ou partir sans lui? Finalement,
   comme je (7) _____ (commencer) à avoir très faim, nous sommes parties à midi pendant
   qu'Ahmed, étudiant brillant et sérieux, (8) _____ (finir) ses devoirs.

   (À suivre…)

11 **Causes et conséquences** Complete the following explanations with the correct form of the **imparfait** and the **passé composé** of the verbs in parentheses. (6 x 1 pt. each = 6 pts.)

1. Comme elle _____ (dîner) chez vous, vous _____ (faire) des steaks.

2. Le garage _____ (être) très sale, alors il l'_____ (nettoyer).

3. L'ascenseur _____ (ne pas marcher), alors les clients _____ (prendre) l'escalier pour monter au cinquième étage.

4. Comme tu _____ (connaître) bien le quartier, tu _____ (faire) une description détaillée.

5. Elle _____ (ne pas savoir) utiliser son plan, alors elle _____ (demander) de l'aide à un commerçant.

6. Nous _____ (dire) au revoir à Patrick parce que son train _____ (arriver) en gare.

12 **Des détails** Rewrite each of the following sentences using an adverb based on the adjective in parentheses to provide additional detail about each situation. (6 x 1 pt. each = 6 pts.)

> *Modèle*
>
> Ces pêches ont l'air délicieuses! (absolu)
> ***Ces pêches ont l'air absolument délicieuses!***

1. Tout le monde va bien! (heureux)

_____

2. Ce menu est original. (vrai)

_____

3. Vous attendez dans la gare. (patient)

_____

4. Tu as rangé l'appartement pour la visite de mes parents? (complet)

_____

5. Cette librairie est trop chère. (franc)

_____

6. Ce week-end, à la plage, nous avons bronzé. (rapide)

_____

Nom _____ Date _____

13 **Le week-end dernier** Magali finishes her e-mail to Delphine. Complete her message using the **imparfait** or the **passé composé** of the verbs in parentheses. (12 x 1 pt. each = 12 pts.)

Il (1) _____ (pleuvoir) quand on (2) _____ (quitter) l'appartement. Alors, nous (3) _____ (prendre) un taxi pour aller au restaurant. Nous (4) _____ (avoir) très faim toutes les deux. Nous (5) _____ (vite choisir) ce que (*what*) nous (6) _____ (aller) prendre. La serveuse (7) _____ (arriver) tout de suite et nous (8) _____ (prendre) deux plats du jour (*daily specials*) et deux bouteilles d'eau minérale. On (9) _____ (manger) déjà quand Ahmed (10) _____ (arriver). Ses devoirs finis, il (11) _____ (avoir) le temps de manger avec nous! C' (12) _____ (être) vraiment un week-end agréable!

Bisous,

Magali

14 **Chez nous** You and your family are hosting an exchange student this year. Write him or her an e-mail of at least five sentences describing the holidays, parties, and/or celebrations you have throughout the year. In your e-mail, tell what the celebrations are, when they are, how you celebrate, and what you wear for each one and why. Close your e-mail by suggesting one or two items you think the exchange student should bring to fully participate in these activities. (10 pts.)

_____

_____

_____

_____

_____

_____

_____

_____

_____

_____

_____

_____

_____

_____

15 À vous! Write a paragraph with at least five sentences in which you describe a real or imaginary weekend off you had. In your paragraph, tell where you went, how you got there, where you stayed, what you did, and what the weather was like. (11 pts.)

_____

_____

_____

_____

_____

_____

_____

_____

_____

_____

_____

_____

_____

_____

_____

_____

 Unités 5–8 Exam II

Unités 1-8
Leçons 1A–8B

EXAM I

1 À l'écoute Look at the four photos. You will hear various people make comments or ask questions. Select the scene that most logically goes with each comment or question. (10 x 1 pt. each = 10 pts.)

A.

B.

C.

D.

1. A   B   C   D
2. A   B   C   D
3. A   B   C   D
4. A   B   C   D
5. A   B   C   D
6. A   B   C   D
7. A   B   C   D
8. A   B   C   D
9. A   B   C   D
10. A   B   C   D

2 Au café Delphine and Valentine are at a café. Complete their conversation with the correct definite, indefinite, or partitive article. (8 x 0.5 pt. each = 4 pts.)

VALENTINE Alors, qu'est-ce que tu prends, Delphine, (1) _____ chocolat ou
(2) _____ café?

DELPHINE Je préfère (3) _____ chocolat aujourd'hui. Et toi?

VALENTINE Je n'ai pas très soif, mais j'ai un peu faim. Je prends (4) _____ frites.

DELPHINE C'est tout? Tu n'as pas envie (5) _____ soupe?

VALENTINE Non, je n'aime pas tellement (6) _____ soupe. Mais je vais peut-être prendre
(7) _____ croissant avec (8) _____ beurre.

        Unités 1–8 Exam I

3 On est occupé Complete each sentence with the appropriate present-tense form of the most logical verb to say what people are doing today. (8 x 1 pt. each = 8 pts.)

1. François _____ sa copine après les cours. (attendre / entendre)

2. Nous _____ à l'examen. (perdre / penser)

3. Paul et Thomas _____ l'anniversaire de Marie ce soir. (fêter / grossir)

4. Moi, je _____ visite à ma tante Béatrice. (rendre / réussir)

5. Tu _____ l'après-midi au centre commercial. (tomber / passer)

6. Jean-Luc _____ ses devoirs. (finir / rencontrer)

7. Nous _____ à nos e-mails ce soir. (maigrir / répondre)

8. Anna et Frédéric _____ leurs cours pour le semestre prochain. (choisir / penser)

4 Toujours tort Raphaël always gets information wrong. Write a response to each of his questions using the correct form of the adjectives in parentheses and the verb **avoir**. (4 x 1 pt. each = 4 pts.)

> *Modèle*
>
> Ta maison est petite et blanche? (grand / gris) *Mais non, j'ai une grande maison grise.*

1. Ton ordinateur est nouveau et noir? (vieux / bleu) _____
_____

2. Tes sœurs sont paresseuses et méchantes? (travailleur / gentil) _____
_____

3. Ta voisine est sympathique et intéressante? (pénible / ennuyeux) _____
_____

4. Tes frères sont laids et timides? (beau / sociable) _____
_____

5 Comment décrit-on…? Look at the two photos. Then describe the scenes by completing each sentence with **c'est**, **il est**, or **elle est**. (6 x 1 pt. each = 6 pts.)

1. _____ actif.

2. _____ un nouveau vélo.

3. _____ un vélo anglais.

4. _____ serveuse.

5. _____ française.

6. _____ jeune et travailleuse.

6 Complétez Complete each of these sentences with the correct present-tense form of **être**, **avoir**, **faire**, or **aller**. (6 x 1 pt. each = 6 pts.)

1. Ton copain _____ l'air triste aujourd'hui.
2. Mais non, il _____ très bien.
3. Tes frères _____ quinze ans maintenant?
4. Quel jour _____-nous?
5. Vous _____ la cuisine ce soir?
6. Comment _____-vous, monsieur?

7 Toujours occupé Say what various people are busy doing tonight. Use the correct present-tense form of the verbs in parentheses. (6 x 1 pt. each = 6 pts.)

1. Élisa _____ (promettre) de faire ses devoirs.
2. Fahrid et Olivier _____ (sortir) ce soir.
3. J' _____ (acheter) un nouveau manteau.
4. Votre séjour à la montagne _____ (finir) sous la pluie.
5. Vous _____ (essayer) de faire une réservation pour cet hôtel.
6. Nathan _____ (partir) visiter son frère à Paris.

8 Il a tort There was a road race yesterday. Later, the first place winner was disqualified. Adjust everyone's results by moving them up one place and writing the correct ordinal number in the space. (3 x 1 pt. each = 3 pts.)

1. Daniel est arrivé douzième? Non, il est arrivé _____
2. Mehdi est arrivé sixième? Non, il est arrivé _____
3. Bernard est arrivé deuxième? Non, il est arrivé _____

9 Descriptions Complete these descriptions with **ce**, **cet**, **cette**, or **ces**. (5 x 1 pt. each = 5 pts.)

1. Est-ce que vous aimez _____ gâteau?
2. _____ chaussures sont nouvelles.
3. _____ homme a soixante ans.
4. Qui t'a acheté _____ cadeaux?
5. _____ montre est vieille.

10 Le week-end dernier Say what various people did or did not do last weekend. Use the **passé composé** of the verbs in parentheses. (8 x 1 pt. each = 8 pts.)

1. Hélène et Nicole _____ (aller) à Paris.

2. Nicole _____ (ne pas finir) de visiter le musée.

3. Toi, Romain, tu _____ (rendre) visite à Anne-Marie?

4. Malika _____ (sortir) avec des amis.

5. Je/J' _____ (avoir) un problème avec mon ordinateur.

6. Nous _____ (emmener) les enfants à la plage.

7. Nouredine _____ (tomber) de son vélo.

8. Vous _____ (ne pas essayer) le nouveau restaurant.

11 Déjà fait Complete the responses to each of these questions using a direct or indirect object pronoun. (8 x 1 pt. each = 8 pts.)

1. —Tu écris des e-mails à tes parents?
   —Oui, je _____ écris des e-mails.

2. —Tu vas lire ce livre?
   —Oui, je vais _____ lire.

3. —Tu as entendu la nouvelle?
   —Non, je ne _____ ai pas entendue.

4. —Tu as rendu visite à Alice?
   —Oui, je _____ ai rendu visite.

5. —Tu nous écoutes, Pierre?
   —Oui, je _____ écoute.

6. —Tu as appelé ta tante?
   —Non, je ne _____ ai pas appelée.

7. —Tu m'achètes un cadeau?
   —Oui, je _____ achète un cadeau.

8. —Tu va retrouver tes copains au café?
   —Non, je vais _____ retrouver à la bibliothèque.

Nom _____ Date _____

12 **Les soldes d'hiver** Pilar is remembering how she loved to go shopping with her friends during the winter sales in Paris. Complete her message using the **imparfait**. (8 x 1 pt. each = 8 pts.)

Quand j' (1) _____ (habiter) à Paris, j'(2) _____
(aller) chaque année faire les soldes d'hiver avec mes copines Sabine et Manou. Nos magasins préférés
(3) _____ (vendre) alors des vêtements fabuleux à bon marché. En général,
nous (4) _____ (acheter) des cadeaux pour toute la famille, une cravate pour
papa, des gants pour mamie, un pull pour le grand frère... Souvent, nous (5) _____
(faire) une pause chez Philippe et Candy. Ils nous (6) _____ (servir) un
bon chocolat chaud et hop, nous (7) _____ (repartir) avec énergie. On
(8) _____ (finir) la journée super fatiguées, mais contentes!

13 **Des pronoms** Rewrite the sentences replacing the nouns underlined with pronouns. (3 x 2 pts. each = 6 pts.)

1. <u>Mes parents</u> sont fiers de <u>mon frère</u>.

_____

2. <u>Caroline</u> travaille pour <u>Monsieur et Madame Lévesque</u>.

_____

3. <u>Paul</u> va chez <u>Carine</u>.

_____

14 **Parce que…** Write a logical explanation for each statement. Use **savoir** or **connaître** in each response.
(8 x 1 pt. each = 8 pts.)

1. Mon frère ne dîne jamais chez lui.

_____

2. Mes parents n'aiment pas aller au parc.

_____

3. Bernard rend visite à ses beaux-parents et il s'inquiète.

_____

4. Les touristes sont perdus.

_____

5. Michèle patine pour la première fois. Elle tombe souvent.

_____

6. Gwen Stefani va sortir avec mon oncle.

_____

7. Personne n'a parlé aux nouveaux élèves.

_____

8. Nous regardons la carte de l'Europe.

_____

15 **Chez vous** Write a paragraph with five sentences about something funny or unusal that happened once when you and your family were doing chores around your house. In your paragraph, tell what everybody was doing and where they were when the event happened. Then tell how everyone reacted and what happened afterwards. Use the **imparfait** and the **passé composé** to tell your story. (10 pts.)

_____

_____

_____

_____

_____

_____

_____

_____

_____

_____

_____

_____

_____

_____

_____

_____

_____

_____

_____

_____

_____

_____

_____

_____

_____

Nom _____ Date _____

Unités 1–8
Leçons 1A–8B

EXAM II

1 À l'écoute Look at the four photos. You will hear various people make comments or ask questions. Select the scene that most logically goes with each comment or question. (10 x 1 pt. each = 10 pts.)

A.

B.

C.

D.

1.	A	B	C	D
2.	A	B	C	D
3.	A	B	C	D
4.	A	B	C	D
5.	A	B	C	D
6.	A	B	C	D
7.	A	B	C	D
8.	A	B	C	D
9.	A	B	C	D
10.	A	B	C	D

2 Au café Joseph and Ahmadou are at a café. Complete their conversation with the correct definite, indefinite, or partitive article. (8 x 0.5 pt. each = 4 pts.)

JOSEPH Alors, tu prends quoi, Ahmadou, (1) _____ thé ou (2) _____ limonade?

AHMADOU Je préfère (3) _____ limonade aujourd'hui. Et toi?

JOSEPH Moi, je n'ai pas très soif, mais j'ai très faim. Je prends (4) _____ soupe et (5) _____ sandwich au jambon.

AHMADOU Tu ne prends pas (6) _____ frites avec le sandwich?

JOSEPH Non, je n'aime pas tellement (7) _____ frites.

AHMADOU Bon. Où est (8) _____ serveur?

| 344 |

Nom _____ Date _____

3   On est occupé Complete each sentence with the appropriate present-tense form of the most logical verb to say what people are doing. (8 x 1 pt. each = 8 pts.)

1. Vous _____ le train pour aller en Allemagne. (prendre / sourire)

2. Moi, je _____ de vacances demain. (rentrer / conduire)

3. Nous _____ le café de maman. (dormir / sentir)

4. Juliette _____ de la salade et des pommes de terre. (partir / servir)

5. Jean-François est tombé amoureux d'Isabelle. Il la/l' _____. (épouser / divorcer)

6. Tu _____ ta copine à la fête ce soir. (emmener / apporter)

7. Les filles _____ parce qu'il fait chaud. (patiner / nager)

8. Daniel _____ sa voiture à son frère. (prêter / permettre)

4   Toujours tort Emma always gets information wrong. Write a response to each of his questions using the correct form of the adjectives in parentheses and the verb **avoir**. (4 x 1 pt. each = 4 pts.)

> **Modèle**
>
> Ton chien est grand et noir? (petit / brun) *Mais non, j'ai un petit chien brun.*

1. Ta tante est grande et blonde? (petit / roux) _____

_____

2. Tes livres sont nouveaux et utiles? (vieux / inutile) _____

_____

3. Ton appartement est laid et cher? (beau / bon marché) _____

_____

4. Tes cousines sont drôles et vieilles? (jeunes / sérieux) _____

_____

5   Comment décrit-on…? Look at the two photos. Then describe the scenes by completing each sentence with **c'est**, **il est**, or **elle est**. (6 x 1 pt. each = 6 pts.)

1. _____ un vélo cher.

2. _____ rapide.

3. _____ sportif.

4. _____ française.

5. _____ une athlète.

6. _____ sympa et sérieuse.

Nom _____ Date _____

6 Complétez Complete each sentence with the correct present-tense form of **être**, **avoir**, **faire**, or **aller**. (6 x 1 pt. each = 6 pts.)

1. Je _____ de l'aérobic le samedi.

2. Vous _____ dentiste, n'est-ce pas?

3. Et toi, _____-tu en ville cet après-midi?

4. Nous _____ faim et soif.

5. Est-ce que vous _____ des frères et sœurs?

6. Aymeric et moi, nous _____ de la planche à voile cet été.

7 Toujours occupé Say what various people are doing or not doing. Use the correct present-tense form of the verb in parentheses. (6 x 1 pt. each = 6 pts.)

1. Tu _____ (répéter) constamment pour le récital.

2. Moi, je _____ (partir) en vacances demain.

3. Adèle et moi, nous _____ (réfléchir) à nos projets de vacances.

4. Monsieur Ducharme _____ (ne pas sourire).

5. Vous _____ (ne pas vendre) votre maison.

6. Ils _____ (envoyer) leurs enfants faire un séjour en Angleterre.

8 Elle a tort The first place winner in a road race was disqualified yesterday. Adjust everyone's results by moving them up one place and writing the correct ordinal number in the space. (3 x 1 pt. each = 3 pts.)

1. Nora est arrivée troisième? Non, elle est arrivée _____.

2. Aurélie est arrivée cinquième? Non, elle est arrivée _____.

3. Asta est arrivée neuvième? Non, elle est arrivée _____.

9 Descriptions Complete these descriptions with **ce**, **cet**, **cette**, or **ces**. (5 x 1 pt. each = 5 pts.)

1. Est-ce qu'ils vont aimer _____ surprise?

2. _____ lunettes sont jolies.

3. _____ hôtel est bon marché.

4. Qui t'a donné _____ chien?

5. _____ robe est trop chère.

10 **Samedi dernier** Say what various people did last Saturday. Use the **passé composé** of the verbs in parentheses. (8 x 1 pt. each = 8 pts.)

1. Je/J' _____ (partir) skier avec des copains.

2. Zaïna _____ (réussir) à marcher 15 kilomètres.

3. Vous _____ (aller) au cinéma avec votre mari.

4. Nous _____ (écrire) une lettre à nos grands-parents.

5. Ahmed _____ (ne pas acheter) de livres.

6. Vous _____ (prendre) le train de dix heures.

7. Tu _____ (dormir) tard.

8. Robert et Michelle _____ (choisir) un hôtel pour leur séjour à Londres.

11 **Déjà fait** Complete the responses to each of these questions using a direct or indirect object pronoun. (8 x 1 pt. each = 8 pts.)

1. —Tu as fait les valises?

   —Oui, je _____ ai faites.

2. —Tu nous as entendus?

   —Oui, je _____ ai entendus.

3. —Tu parles à ta mère?

   —Non, je ne _____ parle pas.

4. —Tu vas envoyer des e-mails à Sylvie et à Christophe?

   —Oui, je vais _____ envoyer des e-mails.

5. —Tu me téléphones ce soir?

   —Non, je _____ téléphone demain.

6. —Tu as emmené Charlotte au cinéma?

   —Oui, je _____ ai emmenée au cinéma.

7. —Tu vas prêter ta voiture à tes cousins?

   —Non, je ne vais pas _____ prêter ma voiture.

8. —Tu apportes le gâteau à la fête?

   —Oui, je _____ apporte à la fête.

12 **Chez tante Yvonne** Léonard is remembering how he and his sister Romane used to spend time at their aunt's house in the mountains. Complete his story using the **imparfait**. (8 x 1 pt. each = 8 pts.)

Quand on (1) _____ (avoir) envie d'aller aux sports d'hiver, nous

(2) _____ (partir) visiter tante Yvonne dans les Alpes. Elle nous

(3) _____ (recevoir) toujours avec plaisir. Toi et moi, nous (4) _____

(faire) beaucoup de ski là-bas! Souvent le matin, je (5) _____ (conduire) prudemment

jusqu'au (*to the*) village et j' (6) _____ (acheter) les croissants. Le soir, tante Yvonne et

toi, vous (7) _____ (jouer) aux cartes, mais elle (8) _____ (gagner)

presque à chaque fois!

13 **Des pronoms** Rewrite the sentences replacing the nouns underlined with pronouns. (3 x 2 pts. each = 6 pts.)

1. Virginie et Émilie vont chez Matthieu ce soir.

   _____

2. Nicolas est près de ses cousins.

   _____

3. Les professeurs sont devant les étudiantes.

   _____

14 **Parce que…** Write a logical explanation for each statement. Use **savoir** or **connaître** in each response. (8 x 1 pt. each = 8 pts.)

1. Henri rend visite à ses cousins suisses et il s'inquiète.

   _____

2. Les touristes sont complètement perdus.

   _____

3. Mes parents ne mangent jamais chez eux.

   _____

4. Mes grands-parents n'aiment pas aller au centre-ville.

   _____

5. Viviane n'a pas parlé au nouvel élève.

   _____

6. Nous regardons la carte de la France.

   _____

7. Gérard fait du ski pour la première fois. Il vient de tomber.

   _____

8. Ta tante va sortir avec Tom Hanks.

   _____

Unités 1–8 Exam II

15 Une fois Write a paragraph with five sentences about something funny or unusal that happened once when you and your family were doing chores around the house. In your paragraph, tell what everybody was doing and where they were when the event happened. Then tell how everyone reacted and what happened afterwards. Use the **imparfait** and the **passé composé** to tell your story. (10 pts.)

_____

_____

_____

_____

_____

_____

_____

_____

_____

_____

_____

_____

_____

_____

_____

_____

_____

_____

_____

_____

_____

_____

_____

_____

_____

_____

_____

_____

_____

_____

_____

_____

_____

LISTENING SCRIPTS

Unité 1
Leçon 1A
LESSON TEST I

1. Comment t'appelles-tu?
   Je m'appelle Isabelle.
2. Merci, Madame.
   Je vous en prie.
3. Au revoir. À demain.
   Oui, à demain.
4. Merci, Mademoiselle.
   Il n'y a pas de quoi, Monsieur.
5. Bonjour, Madame. Je vous présente
   Pierre Dupin.
   Enchantée.
6. Bonne journée.
   Merci. À bientôt.

LESSON TEST II

1. Ça va, Marie?
   Oui, ça va très bien, merci.
2. Merci, Ousmane.
   De rien, Véronique.
3. Bonjour, Monsieur. Je vous présente Léa
   Deschênes.
   Enchantée.
4. À plus tard, Mélanie!
   À tout à l'heure, Jérôme!
5. Comment allez-vous?
   Bien, merci.
6. Comment vous appelez-vous?
   Je m'appelle Virginie. Et vous?

Leçon 1B
LESSON TEST I

1. Qui est-ce?
2. Qu'est-ce que c'est?
3. Comment est-il?
4. Tu es de quelle origine?
5. Il y a combien de filles dans la classe?
6. Tu es suisse?

LESSON TEST II

1. Comment est-il?
2. Tu es de quelle origine?
3. Vous êtes canadien?
4. Henri est sympa?
5. Qu'est-ce que c'est?
6. Qui est-ce?

Unité 1
UNIT TEST I

1. —Bonjour, ça va?
   —Bien, et toi?
   —Pas mal, merci.
2. —Salut, tu vas bien?
   —Ah... Bonne journée!
3. —Ça va bien?
   —Bof... Comme ci, comme ça. Et toi?
   —Patrick Morandeau.
4. —Je me présente. Je m'appelle Fabrice
   Durand, et vous?
   —Moi, c'est Macha Zemoure. Enchantée!
5. —Comment vous appelez-vous?
   —Simon. Et toi, tu vas bien?
6. —Pardon, M. Kaufman, s'il vous plaît?
   —Bureau 37.
   —Merci beaucoup.
   —Je vous en prie.
7. —La classe de français, c'est ici?
   —Non, c'est là-bas.
8. —Merci et à plus tard.
   —Il n'y a pas de quoi. À bientôt!
9. —Salut! À demain.
   —Moi aussi.
10. —Maman, je te présente David, un camarade
    de classe.
    —Bonjour, David.

UNIT TEST II

1. —Le prof, c'est M. Vicard.
   —Ah. Il est bien?
   —Pas mal. Intéressant.
2. —Je suis de Québec.
   —Ah... c'est amusant, je suis de Boston!
3. —Combien il y a de cahiers?
   —Vingt-trois.
   —Et combien de stylos?
   —Vingt-cinq.
4. —Qu'est-ce que c'est, là-bas? Un café?
   —Non, c'est Jean-François.
5. —Une chanteuse charmante, c'est
   Céline Dion.
   —Oui, il est brillant.
6. —Mlle Trébet, bonsoir.
   —Bonsoir, Mme Bouamaza.
7. —C'est un garçon ou une fille?
   —Une fille. Elle s'appelle Marie.
8. —Il y a vingt-sept élèves ici.
   —Ah bon? Et combien de camarades
   de classe?
9. —Qui est-ce?
   —C'est Dylan Rigemont, un acteur.
10. —Voilà un dictionnaire de français.
    —Ah merci! Qu'est-ce que c'est?

Listening Scripts to Tests and Exams

LISTENING SCRIPTS

Unité 2
Leçon 2A
LESSON TEST I

1. **FRANÇOISE** Aimes-tu travailler?
   JULIEN Non, je n'aime pas tellement travailler.
2. **JULIEN** Qu'est-ce que tu cherches?
   FRANÇOISE Je cherche ma calculatrice.
3. **FRANÇOISE** Est-ce que tu aimes parler français?
   JULIEN Oui, mais j'aime mieux parler anglais.
4. **FRANÇOISE** Qu'est-ce que tu aimes étudier, Julien?
   JULIEN J'adore l'informatique. Et toi?
   FRANÇOISE Moi, j'aime mieux la chimie et la physique.
5. **JULIEN** Françoise, où est Caroline?
   FRANÇOISE Elle est à la bibliothèque.
   JULIEN Elle étudie?
   FRANÇOISE Non, elle retrouve un copain.

LESSON TEST II

1. **ALINE** Matthieu, tu aimes les mathématiques, n'est-ce pas?
   MATTHIEU Non, je n'aime pas tellement les mathématiques.
2. **ALINE** Qu'est-ce que tu aimes mieux étudier?
   MATTHIEU J'adore les langues étrangères. Et toi?
   ALINE Moi, j'aime mieux l'histoire et la géographie.
3. **ALINE** Est-ce que tu penses que c'est facile d'être reçu à l'examen de psychologie?
   MATTHIEU Oui, je pense que c'est très facile.
4. **ALINE** Où est Olivier?
   MATTHIEU Il est à la cantine.
   ALINE Il mange?
   MATTHIEU Non, il retrouve Aya. Ils étudient pour l'examen d'anglais.
5. **MATTHIEU** Aimes-tu manger à la cantine.
   ALINE Non, pas tellement. J'aime mieux manger au café. Et toi?
   MATTHIEU Moi, j'adore manger à la cantine. C'est délicieux!

Leçon 2B
LESSON TEST I

1. **ANNE-LAURE** À quelle heure est le film, Patrick?
   PATRICK À seize heures quarante-cinq.
2. **ANNE-LAURE** Eh Christine, tu as ton examen aujourd'hui?
   CHRISTINE Non, j'ai mon examen mercredi.
3. **ANNE-LAURE** Dis Étienne, quel jour sommes-nous?
   ÉTIENNE C'est vendredi. Pourquoi?
   ANNE-LAURE Super! Demain c'est samedi— et c'est le week-end!
4. **ANNE-LAURE** Imad, tu étudies avec moi ce soir?
   IMAD À quelle heure?
   ANNE-LAURE À 7h30.
   IMAD Pas aujourd'hui. J'ai rendez-vous avec Abdul. Demain?
   ANNE-LAURE D'accord pour demain.
5. **ANNE-LAURE** Vivienne, tu travailles ce week-end?
   VIVIENNE Oui, malheureusement.
   ANNE-LAURE Pourquoi malheureusement?
   VIVIENNE Parce que j'ai envie de retrouver mes copains au parc.

LESSON TEST II

1. **CHRISTOPHE** Quel jour sommes-nous, Faustin?
   FAUSTIN C'est mercredi.
   CHRISTOPHE Zut! L'examen de philosophie, c'est demain!
2. **CHRISTOPHE** Jeanne, est-ce que Frédéric a une bourse?
   JEANNE Non, il n'a pas de bourse. Et toi?
   CHRISTOPHE Oui, j'ai une bourse. J'ai de la chance.
3. **CHRISTOPHE** Laure, à quelle heure est-ce que le cours de géographie commence?
   LAURE À huit heures cinq.
4. **CHRISTOPHE** Lise, tu retrouves des amis au parc avec moi?
   LISE Oui, bonne idée. À quelle heure?
   CHRISTOPHE Après les cours. 16h45?
   LISE D'accord. À tout à l'heure!
5. **CHRISTOPHE** Dis, Luc, j'ai besoin d'étudier. Et toi?
   LUC Oui, j'ai un examen demain.
   CHRISTOPHE Bon. On a rendez-vous à la bibliothèque à dix heures. D'accord?
   LUC C'est parfait!

Unité 2

UNIT TEST I

1. Tu passes un examen aujourd'hui?
2. Regarde! Ce n'est pas Delphine là-bas?
3. La psychologie, c'est bien?
4. Quel jour sommes-nous?
5. Est-ce que les notes de chimie arrivent bientôt?
6. Tu n'as pas trop chaud?
7. Tu aimes bien Albert, n'est-ce pas?
8. Mais pourquoi?

UNIT TEST II

1. Tu as le livre d'informatique?
2. Aujourd'hui, c'est le dernier cours de l'année?
3. Je pense que l'économie est utile, pas toi?
4. Téléphone à Marion, d'accord?
5. Il est bientôt quatorze heures?
6. Est-ce que Mademoiselle Pillet a l'air patiente?
7. Demain matin, on visite la bibliothèque?
8. Je suis reçue à l'examen de français, et toi?

LISTENING SCRIPTS

Unité 3
Leçon 3A
LESSON TEST I

1. Bonjour! Je m'appelle Madame Dostert. Je suis de Lyon, en France.
2. Je suis veuve.
3. J'ai deux filles et un fils.
4. J'ai aussi quatre petits-enfants.
5. Je suis l'aînée de ma famille.
6. Je n'ai pas de chien, mais j'ai deux chats et un oiseau.

LESSON TEST II

1. Est-ce que vous avez des frères ou des sœurs?
2. C'est le fils de votre sœur sur cette photo?
3. Est-ce que vous avez des poissons?
4. Est-ce que votre frère est marié?
5. Vos nouveaux voisins sont sympas?
6. Comment est votre sœur?

Leçon 3B
LESSON TEST I

1. **ISABELLE** C'est qui sur cette photo?
   PIERRE C'est ma tante.
   ISABELLE Elle est gentille?
2. **ISABELLE** Où habite-t-elle?
   PIERRE À Montréal.
   ISABELLE Elle est canadienne?
3. **ISABELLE** Est-ce qu'elle travaille à Montréal?
   PIERRE Oui, bien sûr.
   ISABELLE Quelle est sa profession?
4. **ISABELLE** Elle est mariée?
   PIERRE Non, elle est veuve.
   ISABELLE Elle est active?
5. **ISABELLE** Elle a des enfants?
   PIERRE Oui, deux fils et trois filles.
   ISABELLE Comment sont-ils?

LESSON TEST II

1. Le dentiste n'est pas méchant, il est gentil.
2. Monsieur Fontaine est athlète, mais il n'est pas très sportif.
3. Les enfants de Madame Amouret sont doux et pénibles.
4. Les serveurs au café sont lents parce qu'ils sont paresseux.
5. Notre médecin est étranger; il est de Mexique.

Unité 3
UNIT TEST I

1. Combien de personnes y-a-t-il dans ta famille?
2. Quel âge a ta mère?
3. Qui est le père de ton demi-frère?
4. Comment sont les cheveux de ta sœur?
5. Quelle est la profession de ton oncle?
6. Tu as des animaux?
7. Tes parents sont sportifs, non?
8. Comment est ta cousine?

UNIT TEST II

1. Quel âge as-tu?
2. Quelle est la profession de ta mère?
3. Est-ce que tu as un chat?
4. Comment sont tes parents?
5. Qui est le cadet dans ta famille?
6. Comment sont les cheveux de ton père?
7. Qui est le père de ta demie-sœur?
8. Combien de cousins as-tu?

LISTENING SCRIPTS

Unité 4
Leçon 4A
LESSON TEST I

1. Où est-ce que tu vas pour trouver des journaux?
2. Pourquoi préfères-tu déjeuner sur la terrasse d'un café?
3. Combien de magasins est-ce qu'il y a sur la place?
4. Quand vas-tu en ville?
5. Qui fréquente les cafés?
6. À quelle heure commence le déjeuner dans les restaurants?

LESSON TEST II

1. Quelle heure est-il?
2. On va au café?
3. Où va-t-on après?
4. Quel magasin aimes-tu?
5. Comment est-il?
6. Combien d'argent vas-tu dépenser?

Leçon 4B
LESSON TEST I

1. Anaïs est au café. Le serveur arrive.
   SERVEUR Vous désirez, Mademoiselle?
   ANAÏS Un sandwich au fromage, s'il vous plaît.
   SERVEUR Et comme boisson?
2. Monsieur et Madame Foussereau sont au café.
   SERVEUR Vous désirez?
   M. FOUSSEREAU Je voudrais de la pizza et un café.
   SERVEUR Et pour vous, Madame?
   MME FOUSSEREAU Une limonade, s'il vous plaît.
   SERVEUR Quelque chose à manger?
3. Hassan et Gaëtan regardent dans le réfrigérateur.
   HASSAN Qu'est-ce qu'il y a dans le réfrigérateur?
   GAËTAN Il y a du pain, du beurre, du jambon…
   HASSAN Il y a quelque chose à boire?
4. Nathalie et Inès préparent un pique-nique.
   NATHALIE Qu'est-ce qu'il y a pour préparer des sandwichs?
   INÈS Il y a du fromage et du jambon.
   NATHALIE Et comme boisson?
5. Stéphanie et Roger mangent à sept heures du matin.
   ROGER Du café?
   STÉPHANIE Oui, donne-moi une tasse de café, s'il te plaît.
   ROGER Et il y a quelques croissants aussi.

LESSON TEST II

1. Geoffroy est au café. La serveuse arrive.
   SERVEUSE Vous désirez, Monsieur?
   GEOFFROY Un croissant, s'il vous plaît.
   SERVEUSE Et comme boisson?
2. Monsieur et Madame Ouellette sont au café.
   SERVEUR Vous désirez?
   M. OUELLETTE Je voudrais un sandwich au fromage et une limonade.
   SERVEUR Et pour vous, Madame?
   MME OUELLETTE Un thé, s'il vous plaît.
   SERVEUR Quelque chose à manger?
3. Sabine et Zoé préparent le déjeuner.
   SABINE Est-ce qu'il y a des baguettes pour des sandwichs?
   ZOÉ Oui. Et il y a aussi du jambon et du fromage.
   SABINE Et qu'est-ce qu'on boit?
4. Simone et Alexie prennent le petit-déjeuner.
   SIMONE Du jus d'orange?
   ALEXIE Non, merci. Donne-moi du jus de pomme, s'il te plaît.
   SIMONE Il y a aussi quelques croissants.
5. Benoît et Arnaud regardent dans le réfrigérateur.
   BENOÎT Qu'est-ce qu'il y a dans le réfrigérateur?
   ARNAUD Il y a du lait, de l'eau minérale, de la limonade…
   BENOÎT Il y a quelque chose à manger?

Unité 4
UNIT TEST I

1. Bonjour madame. Que prenez-vous?
2. Vous mangez quelque chose?
3. Est-ce que vous fréquentez ce café?
4. Voici les cafés et le jus d'orange. Je vous apporte autre chose?
5. Tu aimes mieux la baguette ou le pain de campagne?
6. Pour qui sont les sandwichs?

UNIT TEST II

1. J'adore explorer le marché, pas vous?
2. Tu vas visiter quel musée cet après-midi?
3. On passe au centre-ville après?
4. Comment est-ce que les filles vont à la piscine?
5. À quelle heure tu finis?
6. Combien de parcs y a-t-il en ville?

LISTENING SCRIPTS

Unité 5
Leçon 5A
LESSON TEST I

1. L'équipe de basket a cinq joueurs.
2. Andréa joue rarement aux cartes.
3. Mon père adore bricoler.
4. Mon frère et moi, nous faisons du jogging au parc.
5. J'aime chanter et jouer de la guitare.

LESSON TEST II

1. Stéphane a un match de tennis ce soir.
2. L'équipe de volley joue souvent le samedi matin.
3. Ma sœur adore faire de la cuisine.
4. Je chante avec un groupe de musique au lycée.
5. Denis et Rémi font du jogging tous les jours.

Leçon 5B
LESSON TEST I

1. Quel temps fait-il au printemps?
2. C'est quand, ton anniversaire?
3. Quelle est ta saison préférée?
4. Est-ce qu'il neige où tu habites?
5. Quelle est la date aujourd'hui?

LESSON TEST II

1. En général, quelle température fait-il en hiver?
2. Quelle est la date de l'indépendance des États-Unis?
3. Quel temps fait-il en été?
4. En quelle saison est ton anniversaire?
5. Que fais-tu quand il pleut?

Unité 5
UNIT TEST I

1. Je vais au cinéma trois fois par semaine.
2. Ici, il neige une fois tous les cinq ans.
3. Au printemps, il pleut tous les jours.
4. J'adore Zep, j'achète toutes ses B.D.
5. Jean-Claude et moi, nous allons au cinéma le samedi soir, et parfois, le dimanche aussi.
6. En été, on fait un peu de camping, mais Mélanie n'aime pas trop ça.
7. Moi, je vais à la pêche tous les 29 février!
8. Les matchs de football passent tous à la télévision.

UNIT TEST II

1. Tu sors toujours avec ton parapluie.
2. Pierrette amène les enfants à l'école une fois par mois.
3. Ils ne vont jouer ce spectacle en ville qu'une seule fois.
4. Répétez plusieurs fois par semaine. C'est important.
5. C'est la première fois que nous essayons de jouer aux échecs.
6. Je dors huit heures par nuit.
7. Marc aide beaucoup dans la maison. Il bricole surtout.
8. Nous faisons un peu de ski en hiver, mais nous ne sommes pas très bons.

LISTENING SCRIPTS

Unité 6
Leçon 6A
LESSON TEST I

1. Hier, nous avons fêté le mariage de Laure et Christian. Aujourd'hui, les jeunes mariés partent en voyage aux Antilles.
2. Aujourd'hui, c'est un jour férié. Beaucoup de personnes partent en week-end parce qu'on ne travaillent pas. D'autres restent ici pour faire la fête.
3. Le week-end dernier, Andréa et Richard ont organisé une fête surprise pour mon anniversaire. Andréa m'a fait un gâteau au chocolat. Richard a préparé des biscuits et d'autres desserts. Les invités ont apporté beaucoup de cadeaux.
4. Monsieur Hulot a travaillé pendant 40 ans. Cette année il n'a pas envie de continuer son travail. Il préfère rester à la maison et pratiquer ses passe-temps. Alors, la compagnie va organiser une fête pour son départ.
5. Dans beaucoup de cultures, on fête les étapes de la vie. On fête la naissance d'un enfant, mais aussi le passage de l'adolescence à l'âge d'adulte. Ce soir, j'organise une fête pour mon neveu pour fêter ce passage.

LESSON TEST II

1. Madame Fontaine est encore assez jeune, mais elle a envie d'une vie plus lente. Alors, elle a décidé de quitter son travail et commencer une nouvelle étape de vie.
2. Dimanche après-midi, on fête la naissance de ma nièce. Toute la famille va à l'église, et ensuite on va faire la fête chez mon oncle et ma tante.
3. Demain c'est le premier mai, la fête du Travail. En France, nous ne travaillons pas ce jour-là. On fait la fête!
4. Christine et Marc sont fiancés et ils sont très amoureux. Ils organisent une fête pour annoncer la date pour leur mariage.
5. Ma sœur, Annick, organise une fête surprise pour l'anniversaire de notre mère. On va inviter tous ses amis et moi, je vais faire un gâteau au chocolat.

Leçon 6B
LESSON TEST I

1. Est-ce que ce tailleur est cher?
2. De quelle couleur est cette chemise?
3. Que mets-tu quand il fait froid?
4. Quelle taille fais-tu?

LESSON TEST II

1. Qu'est-ce que tu vas mettre pour la fête d'Alain?
2. Quelle taille faites-vous?
3. Vous cherchez une chemise de quelle couleur?
4. J'ai commencé à nager. Je vais à la piscine tous les jours.

Unité 6
UNIT TEST I

1. Monsieur Teilhard m'a envoyé les invitations.
2. Philippe a acheté des bonbons pour les enfants.
3. Tu as parlé à tous tes amis.
4. Vous nous avez téléphoné vendredi soir.
5. Je vous ai préparé de la musique.
6. Mademoiselle Ogier a oublié d'apporter un cadeau à Monsieur Yafil.
7. On lui a prêté une table et des chaises.
8. Nous leur avons donné l'adresse.

UNIT TEST II

1. Nous avons envoyé des cadeaux à Monsieur Griffe.
2. Vous leur avez prêté la salle.
3. On nous a promis une soirée fantastique.
4. Marina m'a demandé d'amener mes enfants.
5. Gérard lui a téléphoné.
6. Nous vous avons donné le gâteau.
7. Corentin leur a préparé les boissons.
8. Nous avons fait une bonne surprise à Étienne.

LISTENING SCRIPTS

Unité 7
Leçon 7A
LESSON TEST I

1. **ARIELLE** Tu as l'air nerveuse. Pourquoi?
   STÉPHANIE Il faut arriver à la gare en avance.
   ARIELLE Ah bon? Pourquoi?
2. **JULIEN** Où vas-tu?
   PAULINE Je vais à Grenoble, dans les Alpes.
   JULIEN C'est près des stations de ski, n'est-ce pas?
3. **DANIÈLE** Tu pars en vacances demain?
   GRÉGOIRE Oui, je vais à la plage.
   DANIÈLE Génial. Tu vas bronzer.
4. **CLAUDINE** Salut, Olivier. C'est quand ton départ?
   OLIVIER Je pars dans une semaine.
   CLAUDINE Comment vas-tu à l'aéroport?
5. **CHANTAL** Tes parents sont partis récemment à l'étranger?
   PIERRE Oui, ils ont fait un séjour au Mexique.
   CHANTAL Comment est-ce qu'ils ont trouvé le pays?

LESSON TEST II

1. **MARTINE** Zut! J'ai oublié mon billet!
   ANDRÉ Ce n'est pas possible!
   MARTINE Si, je l'ai oublié. Et mon vol est dans deux heures!
2. **LOLA** Tiens! Où est-ce que tu vas?
   ESTELLE Je vais à Barcelone pour rendre visite à mes cousins.
   LOLA En Espagne? Pourquoi est-ce que tu ne prends pas l'avion ou le train?
3. **RAPHAËL** Élisabeth est partie en Chine ce matin?
   TRINH Non, elle n'est pas partie.
   RAPHAËL Pourquoi? Qu'est-ce qui est arrivé?
4. **M. LEBLANC** Chérie, tu es allée en ville ce matin?
   MME LEBLANC Oui, Dublin est extraordinaire!
   M. LEBLANC As-tu acheté les cadeaux pour les voisins?
5. **PATRICIA** Tu es parti en vacances cet hiver, n'est-ce pas?
   LOUIS Oui, j'ai fait du ski.
   PATRICIA Moi aussi. Je suis allée en Italie. Et toi, où es-tu allé?

Leçon 7B
LESSON TEST I

1. **CLIENT**: Bonjour, Madame. Avez-vous une chambre individuelle pour samedi prochain?
   HÔTELIÈRE: Désolée, Monsieur. L'hôtel est complet ce jour-là.
   CLIENT: Mais qu'est-ce que je vais faire?
2. **HÔTELIER:** Votre chambre est la 62 au sixième étage.
   CLIENTE: Il y a un ascenseur?
3. **MARGOT:** Qu'est-ce qu'il y a?
   CORINNE: Je ne vais pas bien.
   MARGOT: Alors, tu ne viens pas avec nous ce week-end?
4. **SAMUEL:** Tu as réservé la chambre?
   MARC: Pas encore. Je vais le faire ce matin.
   SAMUEL: Demande une chambre près de la voiture. Je ne marche toujours pas bien.
5. **HÔTELIER:** Voici votre passeport, Madame, et votre clé. Votre chambre est la 16.
   CLIENTE: C'est à quel étage?

LESSON TEST II

1. **M. LEFÈVRE** Tu as déjà réservé une chambre à l'hôtel?
   MME LEFÈVRE Oui, j'ai fait la réservation ce matin.
   M. LEFÈVRE Tu sais que je préfère une chambre près de la réception.
2. **CLIENTE:** Bonjour, Monsieur. Avez-vous une chambre individuelle pour demain soir?
   HÔTELIER: Oui, Madame. J'ai une chambre au rez-de-chaussée.
3. **ANNE:** Zut! J'ai besoin de travailler samedi prochain.
   LISE: Alors, tu ne pars pas à la plage avec nous?
   ANNE: Désolée, mais non.
4. **SOPHIE** Tu es prêt? On part?
   JULIEN Oui. Mais je ne trouve pas la clé.
   SOPHIE Je l'ai prise.
5. **HÔTELIER:** Votre chambre est au quatrième étage.
   CLIENTE: Il y a un ascenseur?

Unité 7

UNIT TEST I

1. Madame Clavel parle à son agent de voyage.
   —Décrivez-moi l'hôtel, s'il vous plaît.
2. L'hôtelier parle à un client.
   —Quelle chambre avez-vous réservée?
3. La réception téléphone à un client.
   —Allô, c'est la réception. Vous avez demandé
   un taxi, et il est arrivé.
4. Dans le train:
   —Bonjour. Montrez-moi vos billets, s'il vous
   plaît.
5. À l'arrêt de bus, Marie-Françoise demande à un
   habitué:
   —Le prochain bus pour le centre-ville, il passe
   bientôt?
6. Thomas parle à sa fiancée.
   —Nous partons demain. Fais tes valises et
   n'oublie pas ton maillot de bain.

UNIT TEST II

1. Madame Demaya pose une question à sa fille.
   —Comment tu vas à l'aéroport demain?
2. Lucas discute avec son copain.
   —Qu'est-ce que tu détestes faire en vacances?
3. À l'auberge de jeunesse:
   —Vous prenez une chambre individuelle
   ou pas?
4. Dans l'ascenseur de l'hôtel:
   —Vous montez ou vous descendez?
5. David pose une question à sa femme.
   —Combien de jours de congés il te reste?
6. Un touriste pose une question à la réception
   de l'hôtel.
   —Est-ce qu'il y a un bus pour la plage?

LISTENING SCRIPTS

Unité 8
Leçon 8A
LESSON TEST I

1. Je dors très bien dans cette pièce. Il y a un grand lit, une armoire et une commode.
2. Il monte du rez-de-chaussée au premier étage. Sur les murs à côté, nous avons des photos de famille.
3. Dans cette pièce, il y a une douche, un lavabo, un petit placard et un miroir.
4. C'est assez grand ici. Nous avons un canapé, deux fauteuils, une table basse et des lampes.
5. Quand il fait beau, on passe beaucoup de temps ici. Il y a de jolies fleurs et des plantes partout.

LESSON TEST II

1. **ALINE** Ma sœur aînée habite dans un petit logement d'une pièce. Elle a un canapé-lit, un bureau, une petite table et deux chaises.
2. **NOAH** Nous habitons un endroit très sympa. Les voisins sont gentils et nous avons un parc et un supermarché juste à côté.
3. **ALINE** J'habite avec mes parents au quatrième étage d'un grand immeuble. Nous avons quatre pièces, une cuisine et une salle de bain.
4. **NOAH** Derrière notre maison, nous avons beaucoup de fleurs et des plantes. Il y a aussi une table avec des chaises pour manger quand il fait beau.
5. **ALINE** Notre pièce préférée est où on dîne. Tous les soirs, à sept heures et demie, on est à table, et on mange, on rit et on parle.

Leçon 8B
LESSON TEST I

1. Où est-ce qu'on met les glaçons?
2. Tu connais les voisins? Ils sont sympas?
3. Qu'est-ce que je fais avec les verres sales?
4. J'ai mes draps, ma couverture et mon oreiller.
5. Il me faut du café le matin.
6. Après le dîner chaque soir, qu'est-ce qu'il faut faire?

LESSON TEST II

1. J'ai un rendez-vous demain, mais ma chemise n'est pas impeccable. Je fais quoi?
2. Il me faut l'aspirateur. Il est où?
3. Qu'est-ce qu'il faut faire juste avant de manger?
4. Tiens, je mets la glace où?
5. Tu as déjà fait ton lit, toi?
6. Tu as besoin de quoi pour faire la lessive?

Unité 8
UNIT TEST I

1. Quand j'étais jeune, je n'aimais pas passer l'aspirateur.
2. Valentine faisait la vaisselle le mardi et le jeudi.
3. Ils ont acheté un nouvel aspirateur hier.
4. Quand Pierre est parti, il a pris la cafetière.
5. Lundi, on a mis des étagères dans ta chambre.
6. Après le repas, on débarrassait la table tout de suite.
7. Nous avons loué un studio en face de chez vous.
8. Le loyer de notre appartement n'était pas trop cher.

UNIT TEST II

1. J'ai reconnu mon voisin dans l'escalier.
2. Quand nous étions plus jeunes, nous vivions dans un deux-pièces.
3. Ce samedi-là, Omar a apporté des fleurs à Maryse.
4. Vous avez pris une douche vers sept heures.
5. Leur propriétaire n'habitait pas dans le même immeuble.
6. Tu changeais souvent les affiches dans ta chambre.
7. L'immeuble était vieux, mais intéressant.
8. On a décidé de ne pas louer ce logement.

LISTENING SCRIPTS TO EXAMS

Unités 1–4
Leçons 1A–4B
EXAM I
1. Mmm… J'ai soif.
2. J'adore écouter du jazz.
3. Je prépare mon cours de philosophie.
4. Enchanté.
5. Ah. Voilà mon stylo.
6. Tu aimes travailler sur ordinateur?
7. Je suis au café pour boire une boisson gazeuse.
8. Je te présente mon ami.
9. Comment t'appelles-tu?
10. J'aime bien cette chanteuse.

EXAM II
1. Je m'appelle Didier. Et vous?
2. C'est difficile d'être reçu à l'examen de maths.
3. Moi, j'ai une bourse. Et toi?
4. Ce chanteur est brillant, n'est-ce pas?
5. Tu prends une limonade ou un jus d'orange?
6. Comment allez-vous?
7. J'aime surtout le cours de psychologie.
8. Une bouteille d'eau minérale, s'il vous plaît.
9. Moi, j'aime mieux écouter la musique classique.
10. Qu'est-ce que tu vas boire?

Unités 5–8
Leçons 5A–8B
EXAM I
1. Quelle est la date d'aujourd'hui?
2. Je mets ma robe bleue pour sortir?
3. Pourquoi as-tu acheté cette casquette?
4. Qu'est-ce que tu fais pour tes loisirs?
5. De quelle couleur est ton manteau?
6. Quel est ton sport préféré?
7. Qu'est-ce que tu fais à la montagne?
8. Il va neiger demain?
9. Ton père prend sa retraite cette année?
10. Qu'est-ce qui va avec ce tailleur noir?

EXAM II
1. C'est quand ton anniversaire?
2. En quelle année es-tu né(e)?
3. Quel sport est-ce que tu fais?
4. Comment vas-tu au lycée?
5. Qu'est-ce que tu portes pour aller en cours?
6. Comment est ta maison?
7. Qu'est-ce que tu as dans ta chambre?
8. Comment aides-tu tes parents à la maison?
9. Que fais-tu pendant les vacances?
10. Quel temps fait-il chez toi?

Unités 1–8
Leçons 1A–8B
EXAM I

1. Il s'appelle Didier.
2. On court tous les jours.
3. Tu vas laisser un pourboire?
4. C'est mon copain.
5. Est-ce que tu as très faim?
6. J'aime beaucoup jouer aux échecs.
7. Qu'il fait beau aujourd'hui!
8. Je n'ai pas envie de sortir.
9. Quel âge as-tu?
10. C'est bien de faire du jogging?

EXAM II

1. Aujourd'hui, on reste à la maison.
2. Qu'est-ce que tu prends?
3. Je te présente Olivier.
4. Ils font souvent du jogging quand il fait beau.
5. Après les cours, les étudiants ont envie
   de courir.
6. Combien coûte le sandwich au jambon?
7. Est-ce que tu aimes bien jouer aux échecs?
8. Je vais très bien, merci. Et toi?
9. Toi aussi, tu as soif?
10. Je suis d'origine canadienne, et vous?

 Listening Scripts to Tests and Exams

ANSWERS

Leçon 1A

VOCABULARY QUIZ I
1 1. b 2. c 3. a 4. c 5. c
2 1. d 2. e 3. f 4. a 5. c
3 a. 3 b. 5 c. 1 d. 4 e. 2

VOCABULARY QUIZ II
1 Answers will vary.
2 Answers will vary.
3 Answers will vary.

GRAMMAR 1A.1 QUIZ I
1 1. c 2. a 3. b 4. c 5. b
2 1. des étudiants 2. les amis 3. l'examen
4. des bureaux 5. le lycée
3 1. des acteurs 2. une université 3. des
ordinateurs 4. des animaux 5. un tableau

GRAMMAR 1A.1 QUIZ II
1 Answers will vary.
2 Answers will vary.

GRAMMAR 1A.2 QUIZ I
1 1. e 2. d 3. a 4. b 5. c
2 1. quinze 2. douze 3. sept 4. onze
5. cinquante
3 1. Il y a cinquante-six ordinateurs. 2. Il n'y a
pas d'élève(s). 3. Il y a vingt et un bureaux.
4. Il n'y a pas de télévision(s). 5. Il y a
quarante-neuf animaux.

GRAMMAR 1A.2 QUIZ II
1 Answers will vary.
2 Answers will vary.
3 Answers will vary.

LESSON TEST I
1 1. familiar 2. formal 3. either 4. formal
5. formal 6. either
2 Answers will vary. Sample answers: 1. Je
m'appelle… 2. Oui, ça va (bien). / Non, ça va
mal. 3. Je vais (très) bien, merci. 4. Bonjour,
Guillaume. Enchanté(e).
3 1. la; les 2. le; la; l' 3. des; une 4. des; de; un
4 1. onze; treize 2. trente-huit; quarante 3. vingt
et un; vingt-trois 4. six; huit 5. quarante-neuf;
cinquante et un
5 Answers will vary.

LESSON TEST II
1 1. familiar 2. either 3. formal 4. either
5. formal 6. formal
2 Answers will vary. Sample answers: 1. Je vais
bien, merci. Et toi? 2. À tout à l'heure.
3. Bonjour, Claire. Enchanté(e). 4. Je
m'appelle…
3 1. la; la 2. le; l'; les 3. l'; les 4. un; de
5. une; un 6. des; des; une
4 1. cinquante-huit; soixante 2. treize; quinze
3. dix-huit; vingt 4. quatre; six 5. quarante;
quarante-deux
5 Answers will vary.

Leçon 1B

VOCABULARY QUIZ I
1 1. Logique 2. Illogique 3. Logique
4. Logique 5. Illogique
2 1. une feuille de papier 2. une carte
3. une fenêtre
4. un livre 5. un sac à dos
3 1. un stylo 2. le tableau 3. la corbeille
4. la chaise 5. fenêtres

VOCABULARY QUIZ II
1 Suggested answers: 1. homme 2. fille
3. dictionnaire 4. élèves
2 Answers will vary.
3 Suggested answers: 1. une calculatrice
2. une carte 3. un crayon 4. un dictionnaire

GRAMMAR 1B.1 QUIZ I
1 1. Je 2. tu 3. Elle 4. Ils 5. on 6. vous
2 1. sommes 2. sont 3. êtes 4. es 5. est 6. suis
3 1. Will Smith et Matt Damon sont acteurs.
2. Nous sommes à la librairie. 3. Vous êtes
professeur. 4. Carole et Anne sont élèves.

GRAMMAR 1B.1 QUIZ II
1 Suggested answers: 1. sont... 2. sommes...
3. es... 4. est... 5. êtes... 6. sont...
2 Answers will vary.

GRAMMAR 1B.2 QUIZ I
1 1. agréables 2. français 3. occupées
4. intéressante 5. réservées
2 1. anglais. 2. italienne. 3. espagnols.
4. vietnamiennes. 5. allemand.
3 1. est optimiste 2. sont très impatients 3. sont
désagréables 4. est difficile 5. sont timides

GRAMMAR 1B.2 QUIZ II

1 Answers will vary.
2 Answers will vary.
3 Answers will vary.

LESSON TEST I

1 1. b 2. a 3. c 4. a 5. c 6. b
2 1. une porte 2. un crayon/stylo 3. un livre/cahier 4. une calculatrice 5. un bureau 6. une feuille (de papier) 7. une corbeille (à papier) 8. un dictionnaire/livre 9. un professeur 10. un tableau
3 1. Tu es au bureau. 2. Ils/Marc et Anne sont à la librairie. 3. Je suis au café. 4. Elle/Nicole est dans la salle de classe. 5. Vous êtes à l'école 6. Nous sommes au lycée.
4 1. C'est 2. Il est 3. Il est 4. C'est 5. C'est 6. Elle est
5 Answers will vary for the second part of each item. 1. Elle est italienne. Elle est… 2. Ils sont américains. Ils sont… 3. Ils sont allemands. Ils sont… 4. Il est québécois/canadien. Il est…
6 Answers will vary. Sample answers: Je m'appelle… Je suis… Je suis de…

LESSON TEST II

1 1. a 2. c 3. b 4. a 5. b 6. c
2 1. un homme 2. une fille 3. un crayon/stylo 4. un ordinateur 5. un cahier/livre 6. un garçon 7. une table 8. un stylo/crayon 9. une chaise 10. une femme
3 1. Les filles sont en classe. 2. Nous sommes à Paris. 3. Vous êtes à l'école. 4. Tu es au lycée. 5. Je suis à la librairie.
4 1. C'est 2. Elle est 3. Elle est 4. Il est 5. Il est 6. C'est
5 Answers will vary for the second part of each item. 1. Elles sont marocaines. Elles sont… 2. Elle est anglaise. Elle est… 3. Ils sont espagnols. Ils sont… 4. Elle est française. Elle est… 5. Il est japonais. Il est…
6 Answers will vary. Sample answer: Je m'appelle… Je suis… Je suis de…

Unité 1

UNIT TEST I

1 1. Logique 2. Illogique 3. Illogique 4. Logique 5. Illogique 6. Logique 7. Logique 8. Logique 9. Illogique 10. Logique
2 1. calculatrice 2. appelle 3. difficile 4. tableau 5. occupé 6. français 7. problème 8. bonne journée
3 1. 26 2. 41 3. 18 4. 37 5. 52 6. 14 7. 23 8. 39 9. 60 10. 15
4 1. Le 2. un 3. une 4. la 5. des 6. L' 7. des 8. les

5 1. est 2. est 3. sont 4. suis 5. sommes 6. es 7. êtes 8. es
6 A: 1. Comment vous appelez-vous? 2. Il y a des lycées là-bas. 3. Pardon, excusez-moi. 4. Voilà des librairies.
B: 5. L'actrice est élégante. 6. Tu es une amie sincère! 7. La fille de Mme Martin est réservée. 8. Ici, les étudiantes sont sénégalaises.
7 Suggested answers: A. 1. Ce sont des femmes. Il y a un professeur. 2. Voici un garçon. Il y a un sac à dos. 3. C'est le lycée Saint-Simon. Il y a une horloge. 4. C'est une chaise. Il y a un cahier.
8 Suggested answers: 1. Non, c'est salle dix-sept. 2. Non, c'est la salle quarante-deux, bâtiment J. 3. Les ordinateurs sont salle quarante, bâtiment D. 4. Non, bâtiment B, salle quarante-six. 5. Non, le bureau de Mme Girard est salle trente-cinq, bâtiment A. 6. Je vous en prie.
9 Answers will vary.

UNIT TEST II

1 1. Logique 2. Logique 3. Logique 4. Illogique 5. Illogique 6. Logique 7. Logique 8. Illogique 9. Logique 10. Illogique
2 1. littérature 2. problème 3. chanteur 4. élèves 5. bibliothèque 6. feuille 7. classe 8. horloge
3 1. cinquante et un 2. seize 3. vingt-huit 4. quarante-quatre 5. neuf 6. trente-cinq 7. dix-huit 8. onze 9. vingt-deux 10. soixante
4 1. sommes 2. es 3. êtes 4. sont 5. est 6. suis 7. est 8. sont
5 1. Ce sont des chanteuses charmantes. 2. Voilà des copines sympa(s)! 3. Il y a des filles françaises dans la classe. 4. Elles sont polies et brillantes.
6 Answers will vary.
7 Answers will vary.
8 Answers will vary.
9 Answers will vary.

OPTIONAL TEST SECTIONS

ROMAN-PHOTO Leçon 1A

1 1. David 2. Sandrine 3. Amina 4. Rachid 5. Stéphane 6. Madame Forestier

ROMAN-PHOTO Leçon 1B

1 Answers will vary. Sample answers: 1. égoïste, sociable, française 2. élégante, sincère, sénégalaise 3. agréable, poli, réservé, algérien 4. américain 5. intelligent 6. française, patiente

CULTURE Leçon 1A

1 Answers may vary slightly. 1. Vrai. 2. Faux. A French **poignée de main** is brief and firm with a single downward motion. 3. Faux. In the Ivory Coast, avoid making eye contact because it is considered rude to stare. 4. Vrai. 5. Faux. **Le cours Mirabeau** is a main boulevard located in Aix-en-Provence. 6. Vrai.

CULTURE Leçon 1B

1 1. c .2. c 3. a 4. b 5. b 6. c

FLASH CULTURE

1 Answers will vary.

PANORAMA

1 1. b 2. a 3. c 4. b 5. a 6. c

LECTURE SUPPLÉMENTAIRE Leçon 1A

1 1. Vrai. 2. Faux. Aline a cours d'anglais. 3. Faux. Aline va très bien. 4. Faux. Il est vietnamien. 5. Faux. Le petit ami d'Aline s'appelle Martin. 6. Vrai. 7. Vrai. 8. Vrai.

LECTURE SUPPLÉMENTAIRE Leçon 1B

1 1. deux 2. élève au lycée 3. charmante, élégante, brillante 4. sociable et indépendente 5. d'origine sénégalaise 6. martiniquaise 7. Mohammed 8. d'origine vietnamienne 9. élève au lycée 10. un peu timide

ANSWERS

Leçon 2A

VOCABULARY QUIZ I

1 1. h 2. f 3. e 4. a 5. g 6. c
2 1. la psychologie 2. la gestion 3. les mathématiques (maths) 4. l'histoire 5. l'économie
3 1. difficile/inutile 2. devoirs 3. bourse 4. note 5. géographie 6. cantine 7. cours

VOCABULARY QUIZ II

1 Answers will vary.
2 Answers will vary.
3 Answers will vary.

GRAMMAR 2A.1 QUIZ I

1 1. c 2. e 3. d 4. b 5. a
2 1. oublie 2. étudies 3. dessinez 4. voyager 5. aime
3 1. cherchent 2. travailler 3. voyageons 4. habitez 5. commençons

GRAMMAR 2A.1 QUIZ II

1 Answers will vary.
2 Answers will vary.

GRAMMAR 2A.2 QUIZ I

1 1. Adores-tu le cours de chimie?
2. Les étudiants parlent-ils français?
3. Clarice mange-t-elle à la cantine?
4. Est-ce le professeur d'économie?
5. Y a-t-il une horloge?
2 1. Nous ne dessinons pas bien. 2. Fatima et Miriam n'aiment-elles pas habiter à Paris? 3. Ne parlez pas français en cours! 4. D'habitude, tu ne manges pas à la cantine. 5. Il n'oublie pas le livre.
3 1. Si; j'aime le français. 2. je n'aime pas la chimie. 3. Pourquoi? 4. Moi non plus! 5. Y a-t-il un ordinateur dans la classe? / Est-ce qu'il y a un ordinateur dans la classe?

GRAMMAR 2A.2 QUIZ II

1 Answers will vary.
2 Answers will vary.
3 Answers will vary.

LESSON TEST I

1 1. c 2. b 3. a 4. c 5. c
2 1. la géographie 2. la physique 3. l'informatique 4. les mathématiques 5. les langues étrangères 6. la psychologie

3 1. dessine 2. mangez 3. commence 4. rencontrent 5. partageons 6. regardes
4 1. n'étudions pas 2. n'oublies pas 3. ne cherche pas 4. ne travaillent pas
5 Answers will vary in some content and in style, including **est-ce que**, inversion, and tag lines. 1. Est-ce que tu aimes dessiner? 2. Est-ce qu'il mange bientôt? 3. Elle est française, n'est-ce pas? 4. Vous n'aimez pas partager l'ordinateur? 5. Y a-t-il des bourses pour l'université? 6. Pourquoi détestes-tu les maths?
6 Answers will vary. Answers should include **J'aime…**, **Je n'aime pas tellement…**, and **Je déteste…**

LESSON TEST II

1 1. c 2. b 3. c 4. a 5. b
2 1. la physique 2. la psychologie 3. les langues étrangères 4. les mathématiques 5. la géographie 6. l'informatique
3 1. étudie 2. mange 3. cherchez 4. voyageons 5. retrouves 6. travaillent
4 1. ne mangez pas 2. ne commençons pas 3. ne regardent pas 4. ne parle pas
5 Answers will vary in some content and in style, including **est-ce que**, inversion, and tag lines. 1. Est-ce que tu aimes étudier l'économie? 2. Aimes-tu le livre...? / Est-ce que c'est ton livre préféré? 3. Il est sénégalais, n'est-ce pas? 4. Tu penses que la chimie est utile? 5. Y a-t-il dix chaises? 6. Tu aimes voyager?
6 Answers will vary. Answers should include **J'aime…**, **Je n'aime pas tellement…**, and **Je déteste…**

Leçon 2B

VOCABULARY QUIZ I

1 1. a 2. b 3. b 4. c 5. a 6. c
2 1. I 2. L 3. I 4. L 5. I
3 1. enseigne 2. explique 3. écoutent 4. donne 5. échoue 6. trouvons

VOCABULARY QUIZ II

1 Answers will vary.
2 Answers will vary.
3 Answers will vary.

GRAMMAR 2B.1 QUIZ I

1 1. as 2. ont 3. a 4. ai 5. avons
2 1. Mme Duchamp a 53 (cinquante-trois) ans. 2. Tu as l'air occupé(e). 3. Nous n'avons pas de chaise. 4. J'ai de la chance. 5. Georges et toi, vous n'avez pas tort.
3 1. ai peur des serpents 2. as raison 3. avez froid 4. ont besoin d' 5. a sommeil

---

 Unité 2 Answer Key

GRAMMAR 2B.1 QUIZ II

1 Answers will vary.
2 Answers will vary.
3 Answers will vary.

GRAMMAR 2B.2 QUIZ I

1 a. 2 b. 6 c. 4 d. 8 e. 3 f. 5 g. 1 h. 7
2 Suggested answers: 1. Il est huit heures et quart du matin. 2. Il est trois heures et demie de l'après-midi. 3. Il est deux heures du matin. 4. Il est minuit. 5. Il est onze heures moins dix du soir. 6. Il est une heure vingt-cinq de l'après-midi.

GRAMMAR 2B.2 QUIZ II

1 Answers will vary.
2 Answers will vary.

LESSON TEST I

1 1. b 2. c 3. b 4. c 5. a
2 Answers may vary slightly. 1. Tu prépares l'examen de maths. 2. Paul téléphone (à Marc/à un copain). 3. Ils visitent Paris/la tour Eiffel. 4. Vous dînez (au restaurant). 5. Je rentre (à la maison).
3 1. as; ai 2. avez; avons 3. ont; a
4 1. ai de la chance! 2. avons chaud. 3. as tort 4. a peur/n'a pas peur 5. ont froid
5 1. Il est neuf heures trente/et demie. 2. Il est onze heures moins le quart/dix heures quarante-cinq. 3. Il est une heure (du matin). 4. Il est seize heures quinze/quatre heures et quart (de l'après-midi).
6 Answers will vary.

LESSON TEST II

1 1. b 2. c 3. c 4. a 5. b
2 Answers may vary slightly. 1. Bertrand téléphone (à un copain). 2. Thomas et Émilie visitent Paris. 3. Je passe un examen. 4. Tu rentres (à la maison). 5. Vous assistez au cours d'économie.
3 1. ont; avons 2. a; ai 3. As; avez
4 1. ai froid 2. a tort 3. ont peur 4. as raison 5. avez de la chance
5 1. Il est huit heures vingt. 2. Il est quatre heures/seize heures. 3. Il est six heures trente/et demie. 4. Il est une heure moins dix. / Il est minuit/midi cinquante.
6 Answers will vary.

Unité 2

UNIT TEST I

1 1. b 2. a 3. c 4. c 5. a 6. b 7. a 8. c
2 A: 1. détester 2. inutile 3. difficile 4. nuit
B: 5. soirée 6. retrouver 7. expliquer 8. parler au téléphone
3 Suggested answers: 1. Elle a chaud. 2. Elle a 21 ans. 3. Elles ont sommeil. 4. Il a peur. 5. Ils ont froid.
4 1. Dix heures quarante-cinq 2. Vingt heures 3. Vingt-trois heures 4. Quinze heures quinze 5. Six heures cinquante 6. Treize heures trente 7. Dix-huit heures quinze
5 Suggested answers: 1. Est-ce que tu as un crayon? 2. Est-ce que vous aimez l'informatique? 3. Est-ce qu'il cherche la salle 25? 4. Est-ce que les langues étrangères sont difficiles? 5. Est-ce que nous arrivons à l'heure?
6 1. commence 2. passe 3. prépare 4. assistez 5. partageons 6. explique 7. trouves 8. êtes 9. dessinent 10. ont
7 Suggested answers: 1. le mardi et le jeudi 2. J'adore les maths 3. j'ai cours de chimie générale 4. commence à dix heures et quart 5. Parce que j'ai un cours 6. Pas du tout!
8 1. adore 2. commence 3. étudions 4. enseignent 5. dessine 6. écoute 7. assiste 8. aime mieux
9 Answers will vary.

UNIT TEST II

1 1. b 2. b 3. a 4. c 5. a 6. a 7. b 8. c
2 1. inutile 2. étudier 3. devoirs 4. déteste 5. prépare 6. Voyager
3 Suggested answers: 1. Elle a 21 ans. 2. Il a envie d'étudier. 3. Ils n'ont pas chaud. 4. Elles ont sommeil.
4 1. Mange/Mangez à la maison. 2. Étudions ce soir. 3. Téléphonez à Julien. 4. Demande/Demandez une bourse. 5. Voyagez! 6. Rentrons à la maison. 7. Trouvez un autre cours. 8. Sois/Soyez optimiste.
5 1. quatre heures moins cinq 2. vingt et une heures (pile) / neuf heures (pile) 3. minuit moins dix / vingt-trois heures cinquante 4. huit heures et quart
6 Suggested answers: 1. Je déteste l'histoire. 2. Étudier le matin, c'est facile. / Étudier le soir, c'est difficile. 3. Vous n'êtes pas reçue à l'examen. 4. Si, j'ai froid. 5. Tu as sommeil? 6. Vous détestez travailler. 7. L'économie, ce n'est pas inutile. 8. Oui, pourquoi pas?

7   Answers will vary.
8   Answers will vary.
9   Answers will vary.

OPTIONAL TEST SECTIONS

ROMAN-PHOTO Leçon 2A
1   1. Faux. Rachid n'aime pas le professeur de
    sciences po. 2. Vrai. 3. Faux. Sandrine adore
    les classiques de la littérature française.
    4. Vrai. 5. Vrai.

ROMAN-PHOTO Leçon 2B
1   Answers will vary.

CULTURE Leçon 2A
1   1. a 2. c 3. c 4. b 5. b 6. b

CULTURE Leçon 2B
1   1. b 2. a 3. a 4. b 5. c 6. a

FLASH CULTURE
1   1. un point de rencontre 2. la bibliothèque
    3. l'espagnol 4. la physique 5. le collège

PANORAMA
1   1. Vrai. 2. Vrai. 3. Faux. 4. Vrai. 5. Vrai.
    6. Faux. 7. Vrai. 8. Vrai. 9. Faux.

LECTURE SUPPLÉMENTAIRE Leçon 2A
1   1. Faux. 2. Faux. 3. Vrai. 4. Vrai. 5. Faux.
    6. Vrai. 7. Faux. 8. Vrai.

LECTURE SUPPLÉMENTAIRE Leçon 2B
1   Answers may vary slightly. 1. Il a cours
    d'anglais le lundi après-midi, le mardi matin et
    le jeudi après-midi. 2. Il arrive au lycée à dix
    heures et demie. 3. Il commence à une heure
    moins le quart. 4. Il arrive tôt au lycée le lundi,
    le mercredi et le jeudi. 5. Il est à trois heures et
    demie de l'après-midi. 6. Il commence à onze
    heures et demie du matin. 7. Il est en avance
    parce que le cours d'anglais commence à deux
    heures et quart. 8. Le lundi, il a cours de huit
    heures du matin à seize heures quarante-cinq
    (cinq heures moins le quart).

ANSWERS

Leçon 3A

VOCABULARY QUIZ I

1 1. d 2. b 3. c 4. a
2 1. chien 2. épouse 3. fille 4. demi-frère
   5. cadet 6. divorcés
3 1. grand-père 2. belle-mère 3. père
   4. petite-fille 5. oncle

VOCABULARY QUIZ II

1 Answers will vary.
2 Answers will vary.
3 Answers will vary.

GRAMMAR 3A.1 QUIZ I

1 1. jeune/nouveau 2. heureux 3. petit 4. laid
   5. long
2 1. heureuse 2. fière 3. jeunes 4. naïfs
   5. sérieuses
3 1. bruns aussi. 2. beau aussi.
   3. intellectuelle aussi. 4. rousse aussi.
   5. grosses aussi.

GRAMMAR 3A.1 QUIZ II

1 Sample answers: 1. gros 2. heureux 3. grand
   4. petits 5. bleue 6. agréables
2 Answers will vary.
3 Answers will vary.

GRAMMAR 3A.2 QUIZ I

1 1. sa 2. Ses 3. sa 4. son 5. leur
2 1. du 2. de la 3. des 4. de l' 5. de la 6. du
3 1. Oui, c'est son ordinateur. 2. Oui, ce sont
   leurs nièces. 3. Non, ce n'est pas leur chien.
   4. Oui, ce sont ses élèves. 5. Non, ce ne sont
   pas nos filles. 6. Oui, c'est notre professeur.

GRAMMAR 3A.2 QUIZ II

1 Answers will vary.
2 Answers will vary.
3 Answers will vary.

LESSON TEST I

1 1. Faux. 2. Faux. 3. Vrai. 4. Vrai. 5. Faux.
   6. Vrai.
2 1. la femme 2. la tante 3. la cousine 4. le
   grand-père 5. la sœur 6. la belle-sœur 7. la
   nièce 8. l'oncle 9. le père 10. le petit-fils
3 1. brune/rousse 2. vieux 3. grands 4. bel
   5. marron/noirs/verts 6. courts
4 1. mon 2. sa 3. nos 4. leur 5. tes 6. leurs
   7. son 8. vos
5 Answers will vary.

LESSON TEST II

1 1. c 2. a 3. b 4. a 5. c 6. a
2 1. oncle 2. célibataire/divorcé/séparé
   3. voisin(e) 4. cousine 5. frère/demi-frère
   6. tante 7. grand-mère
   8. belle-mère
3 1. fière 2. vieil 3. raides 4. gros 5. mauvaise
   6. sérieux
4 1. sa 2. leurs 3. mes 4. vos 5. ton 6. notre
   7. ses
5 Answers will vary.

Leçon 3B

VOCABULARY QUIZ I

1 1. étrangère 2. fatiguée 3. cruelle 4. drôle
   5. doux 6. jalouse 7. rapide 8. triste
2 1. un avocat 2. une musicienne 3. un médecin
   4. un architecte 5. une coiffeuse 6. une femme
   d'affaires 7. une athlète 8. un artiste 9. un
   ingénieur 10. un journaliste
3 Suggested answers: 1. courageuse
   2. paresseux 3. fortes 4. ennuyeux 5. géniaux
   6. généreux

VOCABULARY QUIZ II

1 Answers will vary.
2 Answers will vary.
3 Answers will vary.

GRAMMAR 3B.1 QUIZ I

1 1. quatre-vingts 2. soixante-douze
   3. quatre-vingt- quinze 4. cent
   5. quatre-vingt-dix 6. soixante-quatorze
2 1. soixante-sept, quatre-vingt-dix-huit,
   soixante-dix 2. quarante-deux,
   quatre-vingt-six, quatre-vingt-onze
   3. soixante-dix-sept, soixante et un,
   quatre-vingt-un 4. quatre-vingt-treize,
   soixante-dix-neuf, cinquante-sept
   5. quatre-vingt-quatre, quatre-vingt-huit,
   quatre-vingt-seize 6. soixante-six, trente-six,
   soixante-quinze
3 1. Nous avons quatre-vingt-dix-neuf chaises.
   2. Il y a soixante et onze professeurs ici.
   3. Danielle travaille quatre-vingt-trois jours.
   4. On cherche soixante-treize tableaux.

GRAMMAR 3B.1 QUIZ II

1 Answers will vary.
2 Answers will vary.

GRAMMAR 3B.2 QUIZ I

1 1. devant 2. sous 3. sur 4. chez 5. en
2 1. Faux 2. Vrai 3. Faux 4. Vrai 5. Vrai

|A-7| **Unité 3** Answer Key

3 Sample answers: 1. L'hôpital Bonsecours est loin du café Mozart. 2. La librairie Points Communs est à côté de l'hôtel Carnaval. 3. Le cinéma Royal est en face du lycée Condorcet. 4. L'hôtel Carnaval est près de la banque Nationale. 5. Le restaurant japonais est devant le cinéma Royal.

GRAMMAR 3B.2 QUIZ II
1 Answers will vary.
2 Answers will vary.

LESSON TEST I
1 1. b 2. c 3. a 4. a 5. b
2 1. avocat 2. architecte 3. journaliste 4. dentiste 5. musicienne 6. artiste 7. médecin 8. coiffeuse
3 1. 73 2. 98 3. 65 4. 75 5. 80 6. 87
4 1. à gauche/près/à côté 2. sous/devant 3. derrière 4. à droite/à côté/près 5. sur 6. entre
5 Answers will vary.

LESSON TEST II
1 1. a 2. b 3. b 4. a 5. a
2 1. une musicienne 2. un avocat 3. une journaliste 4. un athlète 5. un artiste 6. un médecin/un dentiste 7. un professeur 8. une coiffeuse
3 1. soixante 2. cent 3. quatre-vingt-un 4. soixante-quinze 5. quatre-vingts 6. quatre-vingt-seize
4 1. sur 2. devant 3. à droite/près 4. à gauche/à côté 5. loin 6. derrière
5 Answers will vary.

Unité 3
UNIT TEST I
1 1. b 2. a 3. c 4. a 5. b 6. c 7. b 8. a
2 1. mon 2. leurs 3. ta 4. ses 5. vos 6. son 7. ma 8. votre
3 1. 92 2. 63 3. 85 4. 71 5. 98 6. 100 7. 61 8. 96 9. 87 10. 79
4 1. tante 2. cousin 3. épouse/femme 4. nièce 5. beau-père 6. cousine 7. grand-mère 8. cadet 9. grand-père 10. demi-sœur
5 Suggested answers: 1. à gauche de 2. près 3. à côté de 4. sur 5. sous 6. loin
6 Suggested answers: 1. heureuse 2. sociables 3. ennuyeux 4. optimistes 5. lent 6. paresseux 7. vieux 8. amusantes 9. impatiente 10. pénibles
7 1. Mais non, j'ai une bonne calculatrice bleue. 2. Mais non, j'ai un vieux sac à dos inutile. 3. Mais non, j'ai une jeune demi-sœur ennuyeuse. 4. Mais non, j'ai de belles voisines rousses.
8 Answers will vary.

9 Answers will vary.

UNIT TEST II
1 1. b 2. a 3. c 4. a 5. b 6. c 7. c 8. b
2 1. votre 2. ses 3. ton 4. ses 5. vos 6. leur 7. notre 8. ma
3 1. quatre-vingt-quatorze 2. soixante-cinq 3. quatre-vingts 4. soixante-dix-huit 5. quatre-vingt-dix-sept 6. soixante et un 7. soixante-six 8. quatre-vingt-dix 9. quatre-vingt-neuf 10. soixante-douze
4 1. célibataire/divorcé/séparé 2. sœur 3. mère 4. tante 5. grand-mère 6. cadet 7. veuve 8. fils 9. cousine 10. petit-enfant/petite-fille/petit-fils
5 Sample answers: 1. Non, il est sur ton bureau. 2. Non, il est sur ma chaise. 3. Il est sous la table. 4. Non, il est près de la fenêtre. 5. Elle est sur son bureau.
6 Answers will vary. Sample answers: 1. Pierre-Alain est un bon coiffeur, parce qu'il est curieux/rapide/drôle. 2. Arielle est une bonne journaliste parce qu'elle est curieuse/gentille/courageuse. 3. Valérie est une bonne architecte parce qu'elle est travailleuse/intellectuelle. 4. Thierry et Sabine sont de bons athlètes parce qu'ils sont forts/grands/rapides. 5. Jean est un bon artiste parce qu'il est fou/généreux. 6. Amandine et sa sœur sont de bonnes musiciennes parce qu'elles sont travailleuses/sérieuses.
7 Answers will vary.
8 Answers will vary.
9 Answers will vary.

OPTIONAL TEST SECTIONS

ROMAN-PHOTO Leçon 3A
1 1. b 2. a 3. a 4. c 5. a

ROMAN-PHOTO Leçon 3B
1 1. a 2. b 3. c 4. a 5. c

CULTURE Leçon 3A
1 1. b 2. c 3. b 4. b 5. a

CULTURE Leçon 3B
1 1. a 2. b 3. a 4. c 5. b

FLASH CULTURE
1 Answers will vary.

PANORAMA
1 1. Faux. On parle français, allemand, italien et romanche en Suisse. 2. Vrai. 3. Faux. En Belgique, on trouve beaucoup de musées et de peintures murales consacrés aux bandes dessinées. 4. Vrai. 5. Vrai.

LECTURE SUPPLÉMENTAIRE Leçon 3A

1 Answers may vary slightly. 1. Il y a trois enfants. 2. C'est la fille aînée. Elle est petite, blonde et sociable. 3. Ils ont seize, quatorze et quatre ans. 4. Elle n'aime pas Charles parce qu'il n'est pas gentil et il est égoïste. 5. Elle est de taille moyenne. Elle a les cheveux chataigne et les yeux bleus. 6. Elle est professeur de maths. 7. Anne est la grand-mère. 8. La famille de Ludmilla a deux chiens et un chat.

LECTURE SUPPLÉMENTAIRE Leçon 3B

1 1. Faux. Il est près de Paris. 2. Faux. Il/Elle travaille le matin et le soir. 3. Faux. C'est le zéro un, quarante-deux, cinquante-six, soixante-dix-huit, trente-six. 4. Vrai. 5. Faux. L'anglais est utile. 6. Vrai. 7. Vrai. 8. Vrai.

ANSWERS

Leçon 4A

VOCABULARY QUIZ I

1 1. f 2. e 3. b 4. g 5. h 6. c 7. a 8. d
2 1. la maison 2. le kiosque 3. le parc
4. le magasin 5. l'épicerie 6. la montagne
3 1. hôpital 2. place 3. centre-ville
4. montagne 5. banlieue 6. terrasse

VOCABULARY QUIZ II

1 Answers will vary.
2 Answers will vary.
3 Answers will vary.

GRAMMAR 4A.1 QUIZ I

1 1. vont 2. vais 3. Vas 4. va 5. allons
2 1. à l' 2. à la 3. aux 4. au 5. au 6. aux
3 1. Lundi à neuf heures quarante (du matin),
je vais à la piscine. 2. Mardi à huit heures
(du matin), papa et Isabelle vont au parc avec
le/notre chien. 3. Jeudi à treize heures quinze /
une heure et quart de l'après-midi, tante Agathe
et toi, vous allez en ville. 4. Vendredi à
dix-neuf heures trente / sept heures et demie du
soir, tu vas au cinéma avec Félix.
5. Samedi à dix heures cinquante / onze heures
moins dix (du matin), Agnès et moi, nous allons
au centre commercial. 6. Dimanche à neuf
heures trente / et demie (du matin), maman va à
l'église.

GRAMMAR 4A.1 QUIZ II

1 Answers will vary.
2 Answers will vary.
3 Answers will vary.

GRAMMAR 4A.2 QUIZ I

1 1. e 2. c 3. f 4. a 5. b
2 1. Pourquoi 2. Où 3. Que / Quand / À quelle
heure / Pourquoi / Avec qui 4. Quels / Combien
de 5. Qui
3 1. Avec qui aimes-tu danser? / Avec qui
aimez-vous danser? 2. Où n'aimez-vous pas
aller? 3. Quelle table est-ce qu'elles aiment
mieux? / Quelle table aiment-elles mieux?
4. Comment est Gabriel? 5. Combien de cafés
y a-t-il sur la place?

GRAMMAR 4A.2 QUIZ II

1 Answers will vary.
2 Answers will vary.
3 Answers will vary.

LESSON TEST I

1 1. c 2. a 3. b 4. a 5. b 6. b
2 Answers may vary slightly. 1. Elles bavardent.
2. Elle quitte la maison. 3. Ils déjeunent/
mangent. 4. Il passe chez quelqu'un. 5. Il
dépense de l'argent.
3 1. allons à la piscine 2. vont au gymnase. 3. va
au cinéma 4. vas au centre commercial/dans
un/des magasin(s) 5. allez au café/au restaurant
4 Answers may vary slightly. 1. Quelle heure
est-il? 2. À quelle heure commence le film?
3. Comment est-ce qu'on va au cinéma?
4. Où est le cinéma? 5. Avec qui est-ce
qu'on va au cinéma? 6. Combien de tickets
as-tu? 7. Quand/À quelle heure est-ce qu'on va
rentrer?
5 Answers will vary.

LESSON TEST II

1 1. a 2. c 3. b 4. b 5. a 6. c
2 Suggested answers: 1. Sandrine et David
déjeunent. 2. Il dépense de l'argent. 3. David et
Rachid bavardent. 4. Rachid quitte la maison.
5. Il nage à la piscine.
3 1. allez au cinéma 2. vont au restaurant
3. allons à la montagne 4. vas au kiosque
5. va au gymnase
4 Answers may vary slightly. 1. Où est-ce que
vous allez ce soir? 2. Pourquoi allez-vous au
musée? 3. Avec qui est-ce que vous allez au
musée? 4. Vous allez au musée à quelle heure?
5. Où allez-vous après? 6. À quel/Quel
restaurant? 7. Combien d'argent/d'euros as-tu?
5 Answers will vary.

Leçon 4B

VOCABULARY QUIZ I

1 1. la bouteille 2. le beurre 3. d'autres 4. une
limonade 5. le jus de pomme 6. une soupe
2 a. 5 b. 4 c. 2 d. 6 e. 3 f. 1
3 1. verre 2. sucre 3. apportent 4. laissons
5. tasse 6. morceau 7. boissons 8. addition

VOCABULARY QUIZ II

1 Answers will vary.
2 Answers will vary.
3 Answers will vary.

GRAMMAR 4B.1 QUIZ I

1 1. de la 2. du 3. de 4. un 5. du
2 1. comprenez 2. buvons/prenons
3. apprennent 4. comprends 5. prenons

| A-10 | Unité 4 Answer Key

3 1. Mes parents boivent du café le matin.
2. Le matin mes frères prennent des croissants.
3. Vous buvez de l'eau minérale. 4. Tu ne bois
pas de boissons gazeuses. 5. Vous prenez un
sandwich au déjeuner.

GRAMMAR 4B.1 QUIZ II

1 Answers will vary.
2 Answers will vary.

GRAMMAR 4B.2 QUIZ I

1 1. b 2. d 3. c 4. a 5. a
2 1. réussis 2. choisissez 3. rougissent
4. maigrir 5. obéissons
3 1. Françoise ne réagit pas quand elle parle
d'Édouard. 2. Tu manges des éclairs et tu
grossis! 3. J'obéis à mes grands-parents.
4. Les enfants grandissent vite. 5. Que
choisissez-vous au restaurant?

GRAMMAR 4B.2 QUIZ II

1 Answers will vary.
2 Answers will vary.
3 Answers will vary.

LESSON TEST I

1 1. c 2. b 3. b 4. a 5. b
2 Answers will vary. Sample answers: 1. un café
2. un chocolat 3. une limonade 4. un éclair
5. un sandwich 6. des frites 7. une tasse
8. un verre 9. un prix 10. un pourboire
3 1. boit/prend une/de l' 2. prennent du
3. buvons/prenons une 4. bois/prends un/du
5. prend un 6. boivent/prennent un/du
7. prenez des 8. prends; un
4 1. choisis 2. réfléchis 3. grossir 4. maigrir
5. obéis 6. réagit 7. réfléchissent 8. Finissons
5 Answers will vary.

LESSON TEST II

1 1. c 2. a 3. c 4. b 5. c
2 Possible answers: un sandwich (au fromage /
au jambon), des frites, une boisson gazeuse, une
limonade, une bouteille d'eau, une tasse de
café / un café, une tasse de thé / un thé, un
croissant, un éclair
3 1. buvez/prenez du 2. prenons des
3. prends des 4. bois/prends un/du
5. boivent/prennent un/du 6. prend un
7. prend; un 8. buvons/prenons un/du
4 1. choisir 2. réussissons 3. réfléchis 4. Obéis
5. choisis 6. finis 7. grossis 8. maigris
5 Answers will vary.

Unité 4

UNIT TEST I

1 1. c 2. a 3. c 4. b 5. b 6. a
2 1. g 2. c 3. f 4. e 5. h 6. d 7. a 8. b
3 Suggested answers: 1. Oui, il y a deux verres de
quelque chose et une bouteille d'eau. 2. Oui, il
y a deux ou trois croissants. 3. Il y a deux
sandwichs. 4. Il y a aussi des frites et une
soupe. 5. Non, il n'y a pas de lait. 6. Il n'y a pas
de boisson chaude.
4 1. Apportez 2. prends 3. déjeune 4. bois
5. coûtent 6. Laisse 7. bavardons 8. dépense
9. nages 10. patinez
5 1. grossis 2. finis 3. grandissent 4. rougit
5. maigrir 6. vieillit 7. choisissez
8. réfléchissons
6 Sample answers: 1. Sylvie va nager. 2. Je vais
boire un café. 3. Hugo et Labib vont dépenser
de l'argent. 4. Vous allez manger quelque
chose. 5. Tu vas visiter le centre-ville.
6. Nous allons travailler.
7 Answers will vary.
8 Answers will vary.

UNIT TEST II

1 1. a 2. b 3. c 4. b 5. b 6. c
2 1. e 2. a 3. f 4. g 5. i 6. d 7. c 8. b
3 1. va 2. passent 3. comprends 4. apprenez
5. Réfléchis/Réfléchissez 6. coûtent 7. buvons
8. prend
4 Suggested answers: 1. Pourquoi est-ce qu'elle
rentre tard? 2. Avec qui est-ce qu'elle est au
centre commercial? 3. Quand est-ce qu'ils vont
au gymnase? 4. À quelle heure est le marché?
5. Où est-ce qu'il va au cinéma?
5 Answers will vary. Sample answers: 1. vas aller
à la banque 2. allez passer/aller à la papeterie
3. vais inviter Idris 4. vont aller à la piscine
5. va quitter la maison 6. va passer/aller
au magasin
6 Answers will vary. Sample answers: 1. bois
un chocolat chaud/une boisson chaude 2. bois
de l'eau 3. mangeons pas d'éclair 4. demande
une table 5. bavardent 6. mange de la baguette/
du pain/un éclair 7. grossit 8. va en ville/va au
cinéma/va au parc/explore le musée/explore
la ville
7 Answers will vary.
8 Answers will vary.
9 Answers will vary.

OPTIONAL TEST SECTIONS

ROMAN-PHOTO Leçon 4A

1 Answers will vary. Sample answers: 1. David pense que Juliette Binoche est dans une épicerie à Aix-en-Provence. 2. Sandrine, Amina et David cherchent l'épicerie. 3. David, Sandrine et Amina trouvent l'épicerie, mais la dame n'est pas Juliette Binoche.

ROMAN-PHOTO Leçon 4B

1 Answers may vary slightly. 1. étudier 2. dessiner 3. une/de la soupe de poisson, des sandwichs jambon-fromage, des frites, des éclairs 4. un sandwich jambon-fromage; des frites 5. la/de la soupe; un sandwich au fromage 6. une bouteille d'eau minérale

CULTURE Leçon 4A

1 1. écouter de la musique 2. bavarder 3. restaurant 4. chaud 5. Paris

CULTURE Leçon 4B

1 1. b 2. c 3. a 4. b 5. b 6. c

FLASH CULTURE

1 Answers may vary. Un café au lait, une limonade, un coca, un hot-dog, des éclairs.

PANORAMA

1 1. b 2. c 3. a 4. a 5. b 6. a 7. b

LECTURE SUPPLÉMENTAIRE Leçon 4A

1 Answers may vary slightly. 1. Il s'appelle le Gaumont. 2. Non, il ne donne pas l'adresse d'un marché. 3. Il y a vingt-cinq magasins dans le centre commercial. 4. Elle est (au) 16 rue Maréchal Joffre. 5. Il s'appelle le musée Espace des sciences. 6. Il patine à la Patinoire-Skating de Rennes. 7. Il aime dîner au restaurant Le Gourmandin. 8. On va à la discothèque Pym's Club.

LECTURE SUPPLÉMENTAIRE Leçon 4B

1 1. Faux. Sophie n'a pas faim. Elle a soif. 2. Faux. Nadine aime mieux le pain de campagne. 3. Faux. Sophie prend un café et une eau minérale. 4. Faux. Un garçon (Nathan) et une fille (Nadine) prennent un thé glacé. 5. Faux. Nathan a soif. Il a envie d'un thé glacé. 6. Vrai. Un sandwich au fromage coûte cinq euros cinquante. 7. Faux. Marc prend une soupe et un éclair au café. 8. Vrai. Nadine prend des frites.

Unité 4   Answer Key

ANSWERS

Leçon 5A

VOCABULARY QUIZ I

1 1. marchons 2. aident 3. gagnes 4. bandes dessinées 5. équipe 6. jeu 7. indique 8. spectacle

2 1. trois fois 2. souvent 3. parfois/rarement 4. jamais 5. parfois

3 1. aller à la pêche, jouer au golf, skier 2. les échecs, les cartes 3. le stade, le cinéma

VOCABULARY QUIZ II

1 Answers will vary.
2 Answers will vary.
3 Answers will vary.

GRAMMAR 5A.1 QUIZ I

1 1. e 2. f 3. b 4. d 5. a 6. c

2 1. faire 2. faisons 3. fais 4. fais 5. faire 6. faites 7. font 8. fait

3 1. faisons une promenade 2. font du ski 3. faire attention 4. fait la cuisine 5. faites de la planche à voile 6. fais du sport

GRAMMAR 5A.1 QUIZ II

1 Answers will vary.
2 Answers will vary.
3 Answers will vary.

GRAMMAR 5A.2 QUIZ I

1 1. g 2. e 3. f 4. c 5. b 6. d

2 1. sortez 2. sort 3. courent 4. sers 5. sens 6. sortent 7. dormons 8. partent 9. sent

3 1. Oui, nous servons du fromage. 2. Je cours vite parce que j'ai un examen à 8h00. 3. Oui, ils sortent parfois le week-end. 4. Il sort de son bureau à 18h30. 5. Tu pars/Vous partez pour Chicago lundi matin.

GRAMMAR 5A.2 QUIZ II

1 Answers will vary.
2 Answers will vary.
3 Answers will vary.

LESSON TEST I

1 1. a 2. b 3. b 4. a 5. b

2 Some answers may vary. 1. jouer au foot 2. marcher/faire une promenade 3. jouer au tennis 4. faire du vélo 5. jouer aux cartes 6. jouer au basket(-ball)

3 Some answers may vary. 1. souvent 2. parfois 3. une fois par semaine 4. jamais

4 1. fait attention 2. faites la cuisine 3. faisons du jogging 4. font du ski 5. fais du vélo 6. fais la connaissance

5 1. sors 2. courez 3. part 4. dorment 5. sert

6 Answers will vary.

LESSON TEST II

1 1. a 2. a 3. b 4. b 5. a

2 1. jouer au foot 2. jouer au basket(-ball) 3. jouer au football américain 4. faire du cheval 5. aller à la pêche 6. jouer au volley(-ball)

3 Some answers may vary. 1. jamais 2. rarement 3. parfois 4. souvent

4 1. fais une promenade 2. font de la planche à voile 3. faites un tour (en voiture) 4. faire du sport 5. faisons du camping 6. fais attention

5 1. pars 2. sert 3. sortez 4. dormons 5. sent

6 Answers will vary.

Leçon 5B

VOCABULARY QUIZ I

1 1. Non, c'est en novembre. 2. Non, c'est en mai. 3. Non, c'est en septembre. 4. Non, c'est en juillet. 5. Non, c'est en octobre.

2 1. Logique 2. Logique 3. Logique 4. Illogique 5. Illogique

3 1. On fait du ski en hiver. 2. Le mois d'avril est au printemps. 3. Il fait chaud en été. 4. Nous avons/J'ai besoin d'un parapluie et d'un imperméable. 5. Aujourd'hui c'est le...

VOCABULARY QUIZ II

1 Answers will vary.
2 Answers will vary.
3 Answers will vary.

GRAMMAR 5B.1 QUIZ I

1 1. (Elle va épouser son petit ami) En deux mille quatorze. 2. Il y a douze mille huit cent trentesept étudiants. 3. Trois cent quatre-vingt-onze filles travaillent dans son bureau. 4. Deux cents femmes vont à l'université. 5. (Ses parents partent pour Montréal) En deux mille vingt-quatre.

2 1. La télévision coûte un million deux cent trente mille trois cent quarante-cinq FCFA. 2. L'ordinateur coûte sept cent dix-huit mille neuf FCFA. 3. La calculatrice coûte cinq mille neuf cent quatre-vingt-quatre FCFA. 4. Les dictionnaires coûtent quatre-vingt-sept mille six cent quinze FCFA. 5. Les stylos coûtent trois cents FCFA.

GRAMMAR 5B.1 QUIZ II

1 Answers will vary.
2 Answers will vary.
3 Answers will vary.

GRAMMAR 5B.2 QUIZ I

1 1. protégeons 2. emploient 3. célèbrent
4. paie/paye 5. envoyez 6. considères
2 1. Ils possèdent cinq voitures. 2. Elles répètent
tous les jours. 3. Elle achète beaucoup de
magazines. 4. Ils essaient/essayent une
nouvelle recette. 5. Ils espèrent avoir de bonnes
notes. 6. Nous nettoyons la maison.
7. Je préfère les boissons froides. 8. Ils
amènent les enfants.

GRAMMAR 5B.2 QUIZ II

1 Answers will vary.
2 Answers will vary.
3 Answers will vary.

LESSON TEST I

1 1. a 2. b 3. c 4. c 5. b
2 Answers may vary slightly. 1. C'est l'hiver.
Il neige. Il fait froid. 2. C'est le printemps. Il
pleut. Il fait bon. 3. C'est l'été. Il fait beau. Il
fait chaud. 4. C'est l'automne. Il fait du vent. Il
fait frais.
3 1. mille trois cents 2. six cent deux
3. quatre-vingt-sept mille six cent trente et un
4. sept millions 5. six cent cinquante mille
6. un million deux cent quarante-sept
4 1. nettoie 2. envoient 3. espérons 4. emmènes
5. célèbre 6. achètent
5 Answers will vary.

LESSON TEST II

1 1. a 2. c 3. b 4. b 5. b
2 Answers may vary slightly. 1. C'est l'été.
Il fait soleil. Il fait très chaud. 2. C'est
le printemps. Il pleut. Il fait un temps
épouvantable. 3. C'est l'hiver. Il fait soleil.
Il fait très froid. 4. C'est l'hiver. Il neige.
Il fait froid.
3 1. mille trois cents euros 2. vingt-deux
mille quatre cents euros 3. quatre cent
vingt-trois mille sept cent quarante euros
4. cinq mille trois cent quinze euros 5. trois
millions deux cent mille onze euros 6. six cent
cinquante-trois euros
4 1. célébrons 2. emmènes 3. répète
4. nettoient 5. préfère 6. espérez
5 Answers will vary.

Unité 5

UNIT TEST I

1 1. souvent 2. rarement 3. souvent 4. souvent
5. souvent 6. rarement 7. rarement 8. souvent
2 1. d 2. e 3. g 4. b 5. h 6. i 7. a 8. c 9. f 10. j
3 1. 882 2. 901 3. 517 4. 1.002 5. 2.912
6. 11.111 7. 64.800 8. 31.000.000 9. 400.067
10. 600.116
4 1. C'est le quatorze juillet, mille sept cent
quatre-vingt-neuf. 2. C'est le six juin, mille
neuf cent quarante-quatre. 3. C'est le douze
octobre, mille quatre cent quatre-vingt-douze
4. C'est le quatre juillet, mille sept cent
soixante-seize. 5. C'est le onze novembre,
mille neuf cent dix-huit.
5 1. sent 2. sert 3. part 4. dors 5. courent
6. sortent 7. servons 8. sent 9. courez
10. dormons
6 Suggested answers: 1. Il nettoie la table.
2. Elle essaie un imperméable. 3. Ils
paient/payent le serveur. 4. Elle achète quelque
chose.
7 Suggested answers: 1. Mme Veille et Mme
Lamy font une promenade. 2. Patrice joue avec
Bruno. 3. Les enfants font du cheval.
4. Fatima et Julien jouent aux échecs.
5. Élodie fait du vélo. 6. M. Bourgeois et
son groupe font de la gym.
8 1. Quelle est la date? 2. C'est quand ton
anniversaire? 3. Quel temps fait-il? 4. Quelle
température fait-il?
9 Answers will vary.

UNIT TEST II

1 1. souvent 2. rarement 3. rarement
4. souvent 5. rarement 6. souvent 7. souvent
8. rarement
2 A. 1. c 2. d 3. a 4. e 5. b
B. Answers will vary.
3 1. Deux cent seize 2. Deux cent cinquante mille
un 3. Dix-sept mille 4. Neuf cents
5. Quatre cent cinquante-huit 6. Trois millions
7. Sept cent soixante-dix-sept 8. Cinq mille
trois cent quatre-vingt-treize 9. Mille
quatre-vingt-huit 10. Quatre-vingt-dix-neuf
mille deux
4 Suggested answers: 1. Elle envoie des livres.
2. Il paie/paye les cafés. 3. Nous répétons le
spectacle. 4. Je nettoie bien. 5. Tu achètes du
pain. 6. Vous achetez quelque chose.
5 1. vont 2. pleut 3. jouent 4. fait 5. préfère
6. font 7. skient 8. marchent 9. bricolent
10. pratique
6 1. sortez 2. courent 3. sent 4. dormons
5. sers 6. pars

---

7 Sample answers: 1. Il fait beau. 2. On est au stade de football. 3. C'est le premier match de la saison. 3. Le joueur de droite joue pour l'Italie. 4. Un joueur est dans l'équipe française. 5. L'équipe italienne gagne le match. 6. J'aime beaucoup le football.

8 Answers will vary.

9 Answers will vary.

OPTIONAL TEST SECTIONS

ROMAN-PHOTO Leçon 5A
1 1. dessiner (la nature et les belles femmes) 2. au football 3. sortir 4. chanter 5. le sport

ROMAN-PHOTO Leçon 5B
1 1. b 2. a 3. b 4. a 5. b 6. c

CULTURE Leçon 5A
1 1. d 2. c 3. f 4. g 5. a

CULTURE Leçon 5B
1 1. b 2. a 3. b 4. c 5. c

FLASH CULTURE
1 1. du jogging 2. au tennis 3. le basket 4. à la pétanque 5. de la gym et de la danse 6. au cinéma

PANORAMA
1 1. b 2. c 3. a 4. a 5. b 6. a 7. b

LECTURE SUPPLÉMENTAIRE Leçon 5A
1 Answers may vary slightly. 1. Ses livres préférés sont les bandes dessinées. 2. Non, il ne va jamais au musée. 3. Ahmed lit quatre livres par semaine. Oui, il lit beaucoup. 4. Il aime jouer aux cartes. 5. Jouer aux échecs et aux cartes, faire la cuisine et bricoler sont des passe-temps qu'on pratique surtout à la maison. 6. Le week-end, il pratique parfois le vélo et le tennis. 7. Le sport préféré d'Ahmed est le jogging. Il pratique le jogging cinq fois par semaine, le matin. 8. Il va plus souvent au cinéma.

LECTURE SUPPLÉMENTAIRE Leçon 5B
1 Answers may vary slightly. (1) Brest (Lyon); (2) Lyon (Brest); (3) il fait beau (bon, du soleil); (4) quatorze; (5) Paris (Toulouse, Ajaccio); (6) Toulouse (Paris, Ajaccio); (7) Ajaccio (Paris, Toulouse); (8) neige (fait mauvais, fait froid); (9) froid (mauvais); (10) nuageux; (11) températures; (12) six
1. Non, il fait froid et le temps est nuageux. 2. À Paris, il fait douze degrés. 3. Il fait plus frais à Marseille. 4. Oui, on fait du ski près de Grenoble aujourd'hui parce qu'il neige. 5. C'est le mois de novembre. C'est l'automne.

| **A-15** |

ANSWERS

Leçon 6A

VOCABULARY QUIZ I

1 1. c 2. a 3. e 4. d 5. b 6. c
2 1. le divorce 2. l'invité 3. la vieillesse
4. l'enfant 5. la vie/la naissance 6. ensemble
3 1. hôtesse 2. rendez-vous 3. desserts 4. retraite
5. gâteau 6. étapes 7. cadeau 8. surprise

VOCABULARY QUIZ II

1 Answers will vary.
2 Answers will vary.
3 Answers will vary.

GRAMMAR 6A.1 QUIZ I

1 1. Cette 2. Ces 3. Ce; -là 4. Cette; cet; Ces
5. -ci; -là; ce
2 1. Ce 2. ces 3. cette; cette 4. Ces 5. Cet 6. ce
7. cet 8. cette 9. ces

GRAMMAR 6A.1 QUIZ II

1 Answers will vary.
2 Answers will vary.
3 Answers will vary.

GRAMMAR 6A.2 QUIZ I

1 1. a fêté 2. ont mangé 3. as choisi 4. avez pris
5. avons dormi
2 1. Ethan a envoyé des bonbons à Louise.
2. Il n'a pas plu cet après-midi. 3. J'ai été au
musée avec mes amis. 4. Nous avons eu
beaucoup de problèmes. 5. Avez-vous bu
du lait?
3 1. Papa a acheté les boissons hier. 2. J'ai fait le
gâteau au chocolat hier. 3. Julien et moi avons
choisi la musique hier. 4. Christelle et Zoé ont
nettoyé le salon hier. 5. Toi, tu as téléphoné aux
invités hier!

GRAMMAR 6A.2 QUIZ II

1 Answers will vary.
2 Answers will vary.
3 Answers will vary.

LESSON TEST I

1 1. c 2. a 3. b 4. c 5. c
2 1. ces 2. cet 3. cette 4. ce 5. ces
3 1. a déjà acheté 2. a déjà envoyé 3. avons
déjà préparé 4. avez déjà décoré 5. a déjà
téléphoné 6. ont déjà apporté
4 1. avez fait; avez préparé 2. a fini; a dormi
3. avons eu; avons emmené 4. ai bu
5 Answers will vary.

LESSON TEST II

1 1. c 2. a 3. a 4. c 5. b
2 Answers will vary. Sample answer: Ces amis
fêtent un mariage. Les invités boivent des
boissons. Ils vont manger ce gâteau. Ils
célèbrent le bonheur du jeune couple. Les
jeunes mariés sont très heureux.
3 1. cet 2. cette 3. ces 4. ce
4 1. a déjà nettoyé 2. avons déjà fait 3. avez déjà
préparé 4. as déjà téléphoné 5. ont déjà apporté
6. a déjà acheté
5 1. avez travaillé 2. ont fait du camping 3. avons
couru; avons fait de l'aérobic 4. ai nettoyé;
a organisé 5. a préparé
6 Answers will vary.

Leçon 6B

VOCABULARY QUIZ I

1 1. e 2. b. 3. a 4. c 5. d
2 1. jaune 2. noir 3. marron 4. rouge, blanc, bleu
5. vert 6. orange 7. rose 8. gris
3 1. lunettes 2. ceinture 3. vendeur 4. maillot de
bain 5. serré

VOCABULARY QUIZ II

1 Answers will vary.
2 Answers will vary.
3 Answers will vary.

GRAMMAR 6B.1 QUIZ I

1 1. lui 2. leur 3. t' 4. nous 5. vous
2 1. lui 2. vous 3. me 4. leur 5. t'
3 1. ils leur ont donné des cadeaux. 2. je ne vais /
nous n'allons pas venir chez lui dimanche.
3. je lui écris souvent. 4. il leur a acheté des
vêtements. 5. tu ne m'achètes pas de lunettes
de soleil

GRAMMAR 6B.1 QUIZ II

1 Answers will vary.
2 Answers will vary.

GRAMMAR 6B.2 QUIZ I

1 1. d 2. f 3. e 4. b 5. a 6. c
2 1. répondons 2. Vendez 3. rendu 4. mis
5. perd 6. descendez 7. traduisent 8. souris
3 1. Quand avez-vous construit cette
bibliothèque? 2. Ils ont ri toute la soirée.
3. Elle a promis d'acheter cet ordinateur.
4. J'ai rendu visite à ma nièce hier. 5. Tu n'as
pas détruit cette vieille maison. 6. Nous avons
attendu devant le musée.

GRAMMAR 6B.2 QUIZ II

1 Answers will vary.
2 Answers will vary.
3 Answers will vary.

LESSON TEST I

1 1. a 2. b 3. a 4. b
2 Answers will vary. Sample answers (colors will vary): Il y a un pull (jaune). Il porte un costume (gris), une chemise (bleue), une cravate (rouge). Elle porte une jupe (noire), un sac à main (marron), un chemisier (rose), des chaussures (noires/marron).
3 1. sourit; n'a pas (beaucoup) souri
2. traduisons; n'avons pas traduit de latin
3. mettez; n'avez pas mis votre imperméable
4. construit; n'a pas construit de mur
4 1. j'ai envie de lui parler. 2. je leur envoie souvent des e-mails. 3. je ne leur prête pas mon ordinateur. 4. je leur ai (déjà) demandé de l'argent. 5. vous ne me posez pas trop de questions.
5 1. attends 2. entendez 3. vendent 4. perd; rends 5. réponds
6 Answers will vary.

LESSON TEST II

1 1. b 2. a 3. c 4. a
2 Answers will vary. Sample answers (colors will vary): Il achète une cravate (rouge et blanche). Il porte des chaussures (marron), un blouson (bleu), un pantalon (marron). Elle porte un chemisier (orange).
3 1. je ne leur donne pas de cadeaux 2. je leur envoie souvent des lettres 3. je ne lui prête pas mes vêtements 4. je lui pose parfois des questions 5. tu ne me parles pas de choses ennuyeuses.
4 1. vend 2. attendons 3. perdent 4. mettre 5. répond à 6. promets
5 1. rit; n'a pas (beaucoup) ri 2. construisent; n'ont pas construit 3. conduisons; n'avons pas conduit 4. mettez; n'avez pas mis
6 Answers will vary.

Unité 6

UNIT TEST I

1 1. b 2. c 3. a 4. b. 5. c 6. a 7. c 8. a
2 1. a 2. d 3. b 4. e 5. c 6. cravate 7. bon marché 8. maillot de bain 9. anorak 10. serrée

3 Suggested answers: 1. M. Duval porte des lunettes, un costume et une cravate.
2. Catherine et Jeanne portent des robes longues. 3. M. Berthet porte un costume.
4. Georges porte un pantalon, une ceinture et une chemise. 5. Denise porte une robe à manches longues. 6. Mme Malbon porte un tailleur et un sac à main.
4 1. cette 2. Ce, ci, ces, là 3. Cet 4. Ces 5. ces 6. ce, ci
5 1. nous 2. te 3. nous 4. lui 5. leur 6. vous 7. me 8. leur
6 1. Tu lui demandes la liste des invités.
2. Quentin leur envoie des invitations. 3. Vous me donnez l'adresse de la fête. 4. Ambre t'a prêté son chemisier. 5. On vous a donné de l'argent pour les boissons. 6. Vous nous avez donné de la musique.
7 1. construis 2. entends 3. mets 4. attendent 5. perdez 6. promet 7. rendons 8. répondez 9. vend 10. traduis
8 1. avons fêté 2. ai porté 3. avons fait 4. a adoré 5. a mangé 6. ont bu 7. ont dansé 8. ai joué 9. a couru 10. ai construit
9 Answers will vary.

UNIT TEST II

1 1. b 2. a 3. c 4. b 5. c 6. a 7. a 8. b
2 Suggested answers: 1. M. Hubert porte un costume, une chemise et une casquette. / M. Hubert porte un pantalon, une chemise et une casquette. 2. Mme Hubert porte un tailleur. 3. M. Durand porte un pull et un pantalon. 4. Mme Durand porte un tailleur, un chemisier et elle a un sac à main. 5. M. Moreau porte une chemise, une ceinture et un pantalon. 6. Mme Moreau porte une jupe, un gilet et un tee-shirt.
3 1. Cette 2. Ce, Ces, ci/là 3. ce, ci/là 4. Ces 5. ce, cette 6. ces
4 1. me 2. nous 3. te 4. vous 5. leur 6. lui 7. vous 8. leur
5 1. perds 2. détruis 3. mettez 4. rends 5. répondez 6. souriez 7. conduis 8. attends 9. promettez 10. permets
6 1. a aimé 2. n'ont pas bu 3. a mis 4. ont fait 5. n'a pas chanté 6. avons ri 7. avez oublié 8. as nettoyé 9. ai amené 10. a promis
7 Sample answers: 1. Noémie a chanté. 2. Mme Pérotin a porté une belle robe. 3. Véronique a essayé le gâteau. 4. Henri et Mélanie ont dansé ensemble. 5. Mme Fournier a répondu aux questions de Jean-Patrick. 5. M. Tellier a pris du café.
8 Answers will vary.
9 Answers will vary.

OPTIONAL TEST SECTIONS

ROMAN-PHOTO Leçon 6A
1 Answers will vary.

ROMAN-PHOTO Leçon 6B
1 1. c 2. a 3. c 4. b 5. c 6. b

CULTURE Leçon 6A
1 1. b 2. b 3. b 4. a 5. b

CULTURE Leçon 6B
1 1. c 2. b 3. c 4. a 5. a

FLASH CULTURE
1 1. a 2. c 3. a 4. b 5. a

PANORAMA
1 1. b 2. a 3. a 4. c 5. b 6. a 7. c

LECTURE SUPPLÉMENTAIRE Leçon 6A
1 Answers may vary slightly. 1. Il passe son enfance au Havre, en Normandie. 2. Il apprend les techniques artistiques avec l'artiste Eugène Boudin. 3. Il habite à Paris. Il étudie l'art. 4. Il fonde le mouvement impressionniste avec Pierre-Auguste Renoir. 5. Ils tombent amoureux et ils se marient. 6. Après la naissance de leur premier enfant, ils vont habiter à Argenteuil. 7. C'est la mort de Camille, la première femme de Monet. 8. Non, il se marie avec Alice Hoschede.

LECTURE SUPPLÉMENTAIRE Leçon 6B
1 Answers may vary slightly. 1. Elle fait des vêtements pour les jeunes (pour les hommes et les femmes). 2. C'est une collection d'été. 3. Ils sont rouges, jaunes, blancs et bleus. 4. Elle fait des jupes, des robes et des chemisiers. 5. Ses créations sont simples, agréables, jeunes et bon marché. 6. Ils sont souvent en coton et en soie parce que c'est agréable quand il fait chaud. 7. Elle fait des shorts et des chemises à manches courtes. 8. Elle travaille sur une collection d'accessoires qui va sortir à l'automne. Cette collection va avoir des lunettes de soleil, des sacs à main, des casquettes et des ceintures.

ANSWERS

Leçon 7A

VOCABULARY QUIZ I

1 1. partir en vacances 2. un départ 3. la mer
4. un bateau 5. un aéroport

2 1. étranger 2. campagne 3. aller-retour
4. douane 5. congé 6. avion

3 1. On parle japonais au Japon. 2. Dublin se
trouve en Irlande. 3. On va en Angleterre.
4. On parle espagnol au Mexique et en Espagne.
5. Une personne de Brésil est de nationalité
brésilienne. 6. On parle allemand en
Allemagne.

VOCABULARY QUIZ II

1 Answers will vary.
2 Answers will vary.
3 Answers will vary.

GRAMMAR 7A.1 QUIZ I

1 1. allés 2. nés 3. morts 4. restées 5. parti
6. arrivée

2 1. est né 2. est partie 3. sont allés 4. est monté
5. sont tombés 6. sont morts
7. est retournée

3 1. Ma famille est partie pour New York en
avion. 2. Nous sommes arrivés tard la nuit.
3. Jeudi matin, ma mère est restée chez ma
tante. 4. Sylvie et ma cousine sont montées
dans la statue de la Liberté. 5. Moi, j'ai passé
trois heures au musée.

GRAMMAR 7A.1 QUIZ II

1 Answers will vary.
2 Answers will vary.
3 Answers will vary.

GRAMMAR 7A.2 QUIZ I

1 1. a 2. b 3. c 4. d 5. d

2 1. Papa les a faites. 2. Nous l'avons pris pour
aller à l'aéroport. 3. Je l'ai oubliée dans le taxi.
4. Mon frère les a regardés à l'aéroport. 5. Ma
sœur et moi l'avons acheté.

3 1. Oui, elle l'a choisie. 2. Oui, nous l'avons
déjà entendue. 3. Non, il ne les a pas invités.
4. Oui, il va m'emmener à la bibliothèque.
5. Non, nous ne les avons / je ne les ai pas pris
ce matin.

GRAMMAR 7A.2 QUIZ II

1 Answers will vary.
2 Answers will vary.
3 Answers will vary.

LESSON TEST I

1 1. a 2. b 3. c 4. a 5. c

2 1. Heidi va en Allemagne en bus. 2. John va en
Angleterre en avion. 3. Jean-Claude va en
Belgique en voiture. 4. Tatsuya va au Japon
en bateau.

3 1. sont arrivés 2. est née 3. ne sont pas restés
4. est mort

4 1. sont allés; ont assisté 2. est parti; a rendu
3. est sortie; est restée 4. sont allées; ont pris

5 1. t'écoute 2. vais les faire 3. les ai achetés
4. ne vais pas les porter

6 Answers will vary.

LESSON TEST II

1 1. b 2. b 3. c 4. a 5. c

2 1. Carlos va au Brésil en voiture. 2. Lei va en
Chine en avion. 3. Enrique va en Espagne en
bus. 4. Fiona va en Irlande en bateau.

3 1. n'êtes pas partis 2. sont nés 3. est morte
4. ne sommes pas allé(e)s

4 1. sont sortis; ont dansé 2. est allé; a visité
3. est partie; a fait 4. sont allées; ont rendu

5 1. les fais 2. l'ai pris 3. vais le prendre
4. ne vais pas la visiter

6 Answers will vary.

Leçon 7B

VOCABULARY QUIZ I

1 1. D'abord 2. Ensuite/Puis 3. Puis/Ensuite;
pendant 4. Enfin 5. Finalement

2 1. I 2. L 3. I 4. L 5. L

3 1. neuvième 2. cinquième 3. premier 4. vingt
et unième 5. quatorzième 6. rez-de-chaussée
7. individuelle 8. auberge 9. complet

VOCABULARY QUIZ II

1 Answers will vary.
2 Answers will vary.
3 Answers will vary.

GRAMMAR 7B.1 QUIZ I

1 1. sérieusement 2. patiemment
3. constamment 4. prudemment
5. Franchement

2 1. Non, tes frères courent vite. 2. Non, Magali
parle gentiment aux enfants. 3. Non, Sarina et
Adèle ont mal compris ta question. 4. Non,
j'envoie rarement des lettres à mes
grands-parents. 5. Non, Guy et toi rentrez
souvent après minuit.

3 1. Zoé et Alyssa lisent attentivement la leçon.
2. Je dis absolument la vérité. 3. Évidemment,
mes copines et moi écrivons beaucoup de sms.
4. Vous écrivez différemment de votre père.
5. Vous dites constamment des secrets.

GRAMMAR 7B.1 QUIZ II

1 Answers will vary.
2 Answers will vary.
3 Answers will vary.

GRAMMAR 7B.2 QUIZ I

1 1. perdais 2. buvaient 3. voyageait
4. finissions
2 1. était 2. faisait 3. allions 4. prenions
5. parlions 6. disait 7. aimait 8. attendais
3 1. Avant, ils parlaient gentiment aux clients.
2. Avant, on mangeait rarement au restaurant.
3. Avant, nous dormions bien la nuit.
4. Avant, toute la famille allait souvent
à l'église.

GRAMMAR 7B.2 QUIZ II

1 Answers will vary.
2 Answers will vary.
3 Answers will vary.

LESSON TEST I

1 1. a 2. b 3. c 4. b 5. a
2 1. troisième 2. cinquième 3. neuvième
4. onzième 5. trente et unième 6. centième
3 1. écrivons 2. écris 3. ne lisent pas 4. dîtes
5. ai lu 6. a dit
4 Some answers may vary. 1. poliment
2. patiemment 3. rapidement
4. constamment 5. élégamment
6. nerveusement
5 1. étais 2. habitions 3. travaillaient
4. venaient 5. avait 6. fallait 7. aidions
8. nageais 9. faisait 10. adorais
6 Answers will vary.

LESSON TEST II

1 1. b 2. c 3. b 4. a 5. b
2 1. sixième 2. neuvième 3. douzième 4. vingt et
unième 5. cinquante-deuxième 6. centième
3 1. écrivent 2. j'écris 3. ne lis pas 4. dîtes
5. avons lu 6. a dit
4 Some answers may vary. 1. seulement
2. Franchement 3. Malheureusement 4. mal
5. différemment 6. attentivement
5 1. avais 2. n'allait pas 3. finissaient
4. commençaient 5. étudiions 6. ne faisions pas
7. mangions 8. ne parlions pas 9. rendait
10. était
6 Answers will vary.

Unité 7

UNIT TEST I

1 1. b 2. a 3. b 4. a 5. c 6. c
2 A. 1. couramment 2. évidemment
3. franchement 4. absolument
5. heureusement 6. vraiment
B. 7. Évidemment 8. franchement
9. Heureusement 10. vraiment
11. couramment 12. absolument
3 1. un ticket de métro, l' 2. Ce livre, l'
3. Alexis et Maxime, les 4. les clés, les
5. 15 jours, les 6. le Brésil, le
4 1. était 2. descendions 3. allait 4. visitais
5. faisait 6. restions 7. sortions 8. réservait
9. lisait 10. utilisait
5 1. suis partie 2. suis tombée 3. avons passé
4. avons fait 5. avons bronzé 6. a lu 7. a décrit
8. est allée 9. sommes retournées
10. est née
6 Sample answers: 1. Elle est partie en bus.
2. Ils sont arrivés en Suisse. 3. Ils sont rentrés
en taxi. 4. Il est allé au Canada.
7 1. ne l'ai pas réservée 2. les avons déjà pris
3. les ont bien aimées 4. l'a annulée 5. ne les ai
pas faites 6. les ai décrites
8 Sample answers: 1. Michèle écrivait sur la
plage tous les matins. 2. Pierre-Alain explorait
la mer le samedi. 3. Samira et moi, nous
jouions aux cartes deux fois par semaine.
4. Les filles bronzaient sur la plage deux heures
par jour. 5. Il écoutait de la musique très
souvent. 6. Dominique dormait sur la plage
après le déjeuner.
9 Answers will vary.

UNIT TEST II

1 1. c 2. b 3. a 4. b 5. a 6. c
2 A. 1. gentiment 2. constamment 3. bien
4. malheureusement 5. mal 6. poliment
B. Answers will vary.
3 1. sommes partis, est restée 2. sommes
retournés 3. suis sortie, suis tombée 4. est
arrivé 5. sommes montés 6. sommes
redescendus
4 Sample answers: 1. Il est rentré vers minuit.
2. Elle est sortie devant l'hôtel. 3. Ils sont
arrivés à l'église en avance. 4. Elles sont parties
ensemble. 5. Elle est allée à la piscine.
5 1. bronzait 2. prenaient 3. avions 4. arrivaient
5. mourait 6. roulaient 7. faisions 8. utilisait
6 1. Je les ai descendues au rez-de-chaussée.
2. On va l'attendre devant la maison. 3. Oui, je
les ai avec moi. 4. Je vais les appeler dans une
minute. 5. Tu les as préparés toi-même.
6. Malheureusement, je ne l'ai pas retrouvé.
7. Non, tu les as mises dans ton blouson.
8. Je l'ai écrite ici.

7 Sample answers: 1. Ils allaient à la gym ensemble. 2. Elle faisait du cheval. 3. Ils restaient chez eux. 4. Elle partait dans une station de ski. 5. Il roulait beaucoup en voiture.

8 Answers will vary.

9 Answers will vary.

OPTIONAL TEST SECTIONS

ROMAN-PHOTO Leçon 7A
1 1. Faux. David est resté dans un hôtel près de la tour Eiffel. 2. Vrai. 3. Faux. David n'a pas visité Paris en voiture/en métro. 4. Vrai. 5. Vrai. 6. Vrai. 7. Faux. David a pris le métro. 8. Vrai.

ROMAN-PHOTO Leçon 7B
1 1. b 2. a 3. c 4. c 5. a

CULTURE Leçon 7A
1 1. Vrai. 2. Faux. Une des langues officielles à Tahiti est le français/le tahitien. 3. Faux. La ville principale de Tahiti est Papeete. 4. Faux. On va en Afrique. 5. Vrai.

CULTURE Leçon 7B
1 1. c 2. a 3. a 4. a 5. b

FLASH CULTURE
1 1. l'avion 2. un train 3. la gare 4. le car 5. l'autobus 6. le taxi

PANORAMA
1 1. a 2. b 3. c 4. a 5. b 6. c 7. a 8. c

LECTURE SUPPLÉMENTAIRE Leçon 7A
1 Answers may vary slightly. 1. On va à Paris en TGV. 2. Le départ est vendredi matin à 6h55. 3. L'arrivée est à 9h04. 4. On descend à la station Maubert-Mutualité. 5. On va se promener à pied et on va aussi prendre le bus, le métro et le bateau-mouche. 6. On va visiter la Cathédrale Notre-Dame et le musée du Louvre. On va faire une promenade en bateau-mouche sur la Seine et on va aussi se promener dans le quartier Latin et faire du shopping. 7. Answers will vary.

LECTURE SUPPLÉMENTAIRE Leçon 7B
1 1. Vrai. Il a réservé un billet aller-retour Paris-Montréal. 2. Faux. La date d'arrivée à Montréal est le 18 mars. 3. Faux. Il a choisi un hôtel confortable au centre-ville. 4. Vrai. Il a quatre étages. 5. Faux. Sa chambre est au deuxième étage. 6. Faux. Il a réservé une chambre avec un grand lit. 7. Faux. On donne son numéro de réservation. 8. Vrai. Elle est au rez-de-chaussée, à côté de la salle avec les ordinateurs.

ANSWERS

Leçon 8A

VOCABULARY QUIZ I

1 1. e 2. f 3. a 4. c 5. b 6. d
2 1. un studio 2. un lavabo 3. des rideaux 4. un fauteuil 5. une affiche
3 1. quartier 2. loyer 3. armoire 4. déménager 5. tapis 6. résidence 7. emménager 8. tiroirs 9. escaliers

VOCABULARY QUIZ II

1 Answers will vary.
2 Answers will vary.
3 Answers will vary.

GRAMMAR 8A.1 QUIZ I

1 1. avons déménagé 2. étaient 3. faisait 4. ai eu 5. ne sont pas nées 6. Achetais-tu
2 1. a mis 2. aviez 3. lisait 4. sont montés 5. sont rentrées 6. avons choisi 7. fallait
3 1. Mes parents et moi allions au restaurant deux fois par semaine. 2. D'habitude, étiez-vous fatigués après un match de football? 3. Tes grands-parents jouaient régulièrement au tennis. 4. Le concert a commencé à huit heures. 5. Elle est morte dans un accident.

GRAMMAR 8A.1 QUIZ II

1 Answers will vary.
2 Answers will vary.
3 Answers will vary.

GRAMMAR 8A.2 QUIZ I

1 1. b 2. a 3. c 4. a
2 1. est partie/partait 2. a appelé 3. sommes arrivés 4. n'a pas trouvé/ne trouvait pas 5. n'était pas 6. a commencé 7. avons attendu 8. a réussi 9. avons pris 10. avons monté 11. sommes entrés 12. avait
3 1. Tout à coup, Mme Dialo a eu peur. 2. Mes cousines buvaient parfois du thé. 3. Nous avons vécu en Chine pendant deux ans. 4. Vous étiez médecin quand vous avez rencontré Clarisse?

GRAMMAR 8A.2 QUIZ II

1 Answers will vary.
2 Answers will vary.
3 Answers will vary.

LESSON TEST I

1 1. b 2. c 3. c 4. a 5. b
2 1. étagères 2. un fauteuil; un tapis 3. un miroir/un tableau/une affiche 4. au sous-sol/au garage 5. meubles
3 1. suis partie 2. ai rendu 3. allais 4. a plu 5. avons fait 6. était
4 1. avons loué 2. a eu 3. pleuvait 4. avons trouvé 5. avait 6. avons montés 7. sommes entrés 8. n'était pas
5 Answers will vary.

LESSON TEST II

1 1. c 2. b 3. a 4. a 5. b
2 Answers will vary. Sample answer for Photo A: C'est un salon. Il y a deux fauteuils, un canapé et une petite table avec une lampe. Il y a aussi des rideaux (verts) et un tapis. Sample answer for Photo B: C'est une chambre. Bien sûr, il y a un lit. Il y a aussi une affiche sur le mur, une petite table avec une lampe et une commode.
3 1. a perdu 2. sommes arrivées 3. a annulé 4. a donné 5. avait 6. n'était pas
4 1. neigeait 2. faisait 3. n'avais pas 4. suis resté 5. lisais 6. a frappé 7. était 8. est venue
5 Answers will vary.

Leçon 8B

VOCABULARY QUIZ I

1 1. faire le lit 2. une poubelle 3. un balai 4. un tapis 5. un fer à repasser
2 1. faire le ménage 2. ranger 3. essuyer la vaisselle 4. passer l'aspirateur 5. mettre la table
3 1. sales 2. congélateur, frigo 3. couverture 4. grille-pain 5. débarrasses 6. (four à) microondes 7. four 8. cafetière 9. cuisinière

VOCABULARY QUIZ II

1 Answers will vary.
2 Answers will vary.
3 Answers will vary.

GRAMMAR 8B.1 QUIZ I

1 1. Tout à coup, la vieille femme est descendue au sous-sol. 2. Christophe et Danielle montaient souvent ces escaliers. 3. Saliou et toi avez perdu vos calculatrices hier soir. 4. Un jour, Marianne est partie pour Paris. 5. Simon et moi mangions parfois au restaurant japonais.
2 1. étions 2. allions 3. nagions 4. a trouvé 5. avait

Unité 8 Answer Key

3 1. Nadine faisait la lessive quand ses copines
sont arrivées. 2. Mes parents dormaient quand
l'horloge est tombée du mur. 3. Nous balayions
la cuisine quand Hubert a sorti la poubelle.
4. Vous jouiez ensemble quand nous avons
quitté la maison. 5. Il rangeait sa chambre
quand son ami a appelé.

GRAMMAR 8B.1 QUIZ II

1 Answers will vary.
2 Answers will vary.
3 Answers will vary.

GRAMMAR 8B.2 QUIZ I

1 1. connaît 2. sait 3. connaît 4. Sait
5. sait
2 1. connaissait 2. savez 3. ont su 4. Sait
5. savait
3 1. Il les a connus hier. 2. Nous ne savons. / Je ne
sais pas conduire. 3. Je ne l'ai pas reconnue.
4. Ils connaissent un bon restaurant québécois.
5. Non, nous ne savons pas faire la cuisine.

GRAMMAR 8B.2 QUIZ II

1 Answers will vary.
2 Answers will vary.
3 Answers will vary.

LESSON TEST I

1 1. c 2. a 3. b 4. c 5. a 6. b
2 1. un lit 2. un oreiller 3. une couverture
4. un drap 5. un sèche-linge 6. le linge
7. un lave-linge 8. un balai 9. une cuisinière
10. la vaisselle
3 1. déménageait; a commencé 2. balayais; a
téléphoné 3. finissaient; sont sorties 4. faisait;
est arrivée
4 1. connais 2. sais 3. savez 4. connaissons
5. connaissez 6. connaissent
5 Answers will vary.

LESSON TEST II

1 1. b 2. c 3. a 4. b 5. a 6. c
2 Answers may vary slightly. 1. Il fait le lit. Il y a
un oreiller, des draps et une couverture. 2. Elle
range des choses dans le frigo. Il y a un frigo, un
congélateur et une cuisinière. 3. Elle balaie. Il y
a un balai, un canapé et une table. 4. Il repasse.
Il y a une lampe, un fer à repasser et un mur.
3 1. allais; as téléphoné 2. passait; sommes
parti(e)s 3. écriviez; est arrivée 4. faisaient;
a commencé
4 1. connais 2. connaît 3. savez 4. sais
5. savons 6. connaissez
5 Answers will vary.

Unité 8

UNIT TEST I

1 1. Habitude 2. Habitude 3. Événement unique
4. Événement unique 5. Événement unique
6. Habitude 7. Événement unique 8. Habitude
2 1. la cafetière 2. le fer à repasser 3. le four / la
cuisinière 4. le frigo 5. le (four à) micro-ondes
6. le grille-pain 7. le lave-vaisselle 8. le
sèche-linge 9. le lave-linge 10. le congélateur
3 1. est tombé 2. balayais 3. ont déménagé
4. louait 5. avez fait 6. salissions 7. nettoyais
8. est descendue
4 1. sais, connais 2. sais 3. savons 4. connais
5. connaissaient, reconnaître 6. sait
7. reconnaissez 8. connaissons
5 1. savais, ai appris 2. connaissions, avons
rencontré 3. saviez, avez essayé
4. ne connaissaient pas, ont connus 5. savait,
n'a pas su 6. connaissais, as acheté
6 1. était, ai lavée 2. avait, avons enlevée
3. étaient, ont passé 4. avait, a rangé 5. était,
avons sorties 6. fallait, ai repassé
7 1. étais 2. habitais 3. était 4. faisait
5. nettoyait 6. ai déménagé 7. ai loué
8. ai habité 9. ai appris 10. savais
8 Suggested answers: 1. Ils sortaient la poubelle
quand le voisin leur a dit bonjour. 2. Il passait
l'aspirateur quand Nicolas est tombé.
3. Mireille commençait à faire sa lessive quand
sa voisine est montée. 4. Ils lavaient leur
voiture quand il a commencé à pleuvoir.
5. Mon frère débarrassait la table quand tu
es arrivé.
9 Answers will vary.

UNIT TEST II

1 1. Action 2. Cadre 3. Action 4. Action
5. Cadre 6. Cadre 7. Cadre 8. Action
2 Suggested answers: 1. pour laver mes
vêtements 2. pour faire du café 3. pour nettoyer
les tapis 4. pour repasser mes vêtements
5. pour laver la vaisselle
3 1. habitais, ai emménagé 2. faisais, est morte
3. reconnaissions, a changé 4. louiez, avez
achetée 5. vivaient, ont pris
4 Suggested answers: 1. ai rangée/essuyée
2. ont fait la lessive 3. ai nettoyé/lavé
4. a sorties 5. avons balayé/nettoyé
5 1. avons passé 2. était 3. avait 4. avaient
5. avons fini 6. a commencé 7. a mis
8. ai passé

---

6 Sample answers: 1. sait faire son lit 2. ne connaît pas mes parents 3. ne connaissent pas mon immeuble 4. ne savent pas faire leur lessive 5. connaissez (bien) le musée du Louvre 6. sais cuisiner

7 Sample answers: 1. La vaisselle était sale, mais Élisa ne l'a pas lavée. 2. La table à repasser était dans la cuisine, mais Élisa n'a pas repassé le linge. 3. La poubelle était pleine, mais Élisa ne l'a pas sortie. 4. L'aspirateur était dehors, mais Élisa ne l'a pas passé.

8 Answers will vary.

9 Answers will vary.

OPTIONAL TEST SECTIONS

ROMAN-PHOTO Leçon 8A
1 1. d 2. b 3. a 4. e 5. c

ROMAN-PHOTO Leçon 8B
1 1. a 2. c 3. b 4. a 5. c

CULTURE Leçon 8A
1 1. a 2. c 3. a 4. a 5. c

CULTURE Leçon 8B
1 1. Faux. Les logements français sont plus petits. 2. Vrai. 3. Faux. Les appartements ont rarement un lave-vaisselle. 4. Faux. Les kasbah sont des bâtisses de terre qu'on trouve dans le Sud marocain. 5. Vrai.

FLASH CULTURE
1 1. quartier 2. appartements 3. résidences 4. maisons 5. balcons

PANORAMA
1 1. c 2. a 3. b 4. a 5. a 6. c 7. c 8. b
2 1. b 2. a 3. b 4. c 5. c 6. a 7. c 8. a

LECTURE SUPPLÉMENTAIRE Leçon 8A
1 Answers may vary slightly. 1. Il y a deux appartements à louer. 2. Il est dans une résidence de charme, dans le quartier des hôpitaux et des facultés. 3. Il a deux balcons, une cave et l'immeuble a un ascenseur. 4. La maison en banlieue n'est pas dans un immeuble. Elle a un jardin et une piscine. 5. Il est jeune et agréable. Il y a un cinéma et un musée. 6. Les trois appartements n'ont pas de baignoire. Ils ont une douche. 7. Il y a un canapé, une armoire, une table, des chaises et des étagères. 8. Le logement idéal pour un jeune étudiant est le studio meublé. Il est au centre-ville, près d'un arrêt d'autobus pour les universités. Il est meublé et le loyer n'est pas très cher.

LECTURE SUPPLÉMENTAIRE Leçon 8B
1 Answers may vary slightly. 1. Ils mettent leur chocolat chaud dans le four à micro-ondes et leurs toasts dans le grille-pain. 2. Non, Madame Arceneaux prépare le café. Je le sais, parce que le café est souvent tout chaud dans la cafetière quand Nadine arrive dans la cuisine. 3. Les enfants font la vaisselle, Nadine range un peu la cuisine et ensuite, ils font les lits. 4. Monsieur Arceneaux fait la cuisine parce que Madame Arceneaux déteste la faire. 5. On fait la vaisselle dans l'évier. Il n'y a pas de lave-vaisselle parce que la cuisine est trop petite. 6. Elle fait la lessive. Non, elle ne quitte pas l'appartement, parce qu'il y a un lave-linge et un sèche-linge dans l'appartement. 7. Les enfants rangent leur chambre, Madame Arceneaux passe l'aspirateur et Nadine enlève la poussière. 8. Oui, elle est contente d'habiter chez les Arceneaux parce que la famille est super, les enfants sont gentils, ils aident pas mal à la maison et Nadine n'a pas beaucoup de travail.

ANSWERS TO EXAMS

Unités 1–4: Leçons 1A–4B

EXAM I

1 1. D 2. C 3. B 4. A 5. B 6. B 7. D 8. A
9. A 10. C

2 1. travaille 2. chantons 3. étudie 4. déjeunes
5. patinent 6. voyage 7. partageons 8. échouez

3 1. Combien de 2. Comment 3. Où 4. À qui
5. Quand 6. Quelle

4 1. 9h15 du matin. 2. 6h30 du soir. 3. 10h20 du
soir. 4. 3h45 de l'après-midi. 5. 8h35 du soir.
6. 2h40 du matin.

5 1. a 2. sommes 3. est 4. sont 5. avons 6. as

6 1. paresseux 2. désagréables/difficiles/
pénibles 3. sociable/fou 4. intéressantes
5. malheureuse/triste 6. pessimistes

7 Suggested answers: 1. vais au cinéma.
2. allons au café. 3. vas à l'hôpital. 4. allez à la
piscine. 5. va à l'épicerie.

8 1. finissons 2. réfléchis 3. obéit 4. réussissez
5. choisissent

9 1. sur 2. dans/entre 3. à gauche de 4. à droite
de 5. derrière 6. à droite de/à côté de

10 1. ton 2. son 3. leur 4. ma 5. notre 6. vos

11 1. au 2. à l' 3. à la

12 1. prendre 2. prends 3. bois/prends
4. buvons/prenons 5. prenez 6. prenons

13 Answers will vary.

14 Answers will vary.

EXAM II

1 1. A 2. B 3. B 4. C 5. D 6. A 7. B 8. D
9. C 10. D

2 1. apportez 2. retrouve 3. ne laisses pas
4. rentre 5. dessinons 6. quittent
7. partageons 8. épouse

3 1. À qui 2. Comment 3. Combien 4. Qu'
5. Où 6. Qui

4 1. 9h45 du matin. 2. 5h du matin. 3. 8h15
du soir. 4. 12h30. 5. 2h10 du matin.
6. 5h de l'après-midi/du soir.

5 1. as 2. sommes 3. a 4. avez 5. sont 6. suis

6 1. impatientes 2. désagréable/impoli
3. amusantes/drôles 4. vieux 5. paresseux
6. lente

7 Suggested answers: 1. vas à l'hôpital. 2. allez à
la piscine. 3. va à l'épicerie. 4. vais au cinéma.
5. allons au restaurant/café.

8 1. choisissent 2. maigrissons 3. réussis
4. finissez 5. réfléchis

9 1. dans 2. derrière 3. dans/entre 4. devant
5. sur 6. à droite de/à côté de

10 1. mon 2. leurs 3. votre 4. nos 5. tes 6. sa

11 1. à l' 2. à la 3. au 4. aux

12 1. boire 2. prend 3. buvez/prenez 4. prenons
5. boit/prend

13 Answers will vary.

14 Answers will vary.

Answers to Exams

ANSWERS TO EXAMS

Unités 5–8: Leçons 5A–8B
EXAM I

1 1. c 2. a 3. c 4. a 5. c 6. b 7. a 8. c 9. a
10. b

2 Answers may vary. Suggested answers:
1. Ils font du jogging. 2. Ils jouent aux cartes.
3. Il joue au foot. 4. Il fait du vélo.

3 1. fait la vaisselle; la cuisine 2. lave/seche; le
lave-linge/sèche-linge 3. repasse; un fer à
repasser 4. passe l'aspirateur; le couloir

4 1. célèbre 2. achètes 3. essaie 4. nettoie
5. espèrent 6. préférons 7. amène 8. possédez

5 1. sort 2. promettent 3. apprends 4. partez
5. cours 6. construisent 7. dort

6 1. a fait; a acheté 2. avons fêté 3. ai pris
4. a obéi; a nettoyé 5. ont couru 6. as préparé

7 1. suis arrivée 2. sont passés 3. sommes allés
4. est rentré 5. avons pris 6. sommes sorties
7. avons passé 8. avons pris 9. a entendues
10. sommes rentrés

8 1. lui ai acheté 2. leur parle 3. leur ai envoyé
4. ne t'ai pas posé 5. vais vous prêter

9 1. l'ai mise 2. les ai faits 3. la nettoyer
4. le passe

10 1. étais 2. réfléchissions 3. allait 4. espérions
5. n'était pas 6. avaient 7. connaissait
8. essayait 9. faisait 10. prenais

11 1. faisait; sommes partis 2. a préféré; était
3. avais; as réussi 4. ne saviez pas; avez préparé
5. n'allais pas; suis rentré(e) 6. désiraient; ont
loué

12 1. Noah reconnaît facilement sa cousine sur la
photo. 2. Je balaie souvent, mais je ne passe pas
l'aspirateur constamment. 3. Pour ne pas
réveiller les enfants, descendons doucement
au salon. 4. Il pleuvait fortement/fort quand ils
sont sortis du métro. 5. Tu vas gentiment
donner la grande chambre à ton frère?
6. Ils sont bien arrivés!

13 1. sommes allés 2. était 3. détestais 4. aimais
bien/ai bien aimé 5. ai pris 6. avons rendu
7. sommes restées 8. a parlé/parlait 9. faisaient
10. sont arrivés 11. connaissait 12. ai passé

14 Answers will vary.

15 Answers will vary.

EXAM II

1 1. b 2. c 3. a 4. a 5. c 6. a 7. a 8. b 9. b 10. a

2 1. Il fait de la planche à voile. 2. Il fait du
cheval. 3. Ils font du camping. 4. Il fait
du jogging.

3 1. range; la cuisine 2. fait le lit; la chambre
3. balaie; un balai 4. repasse; un fer à repasser

4 1. répète 2. emmènes 3. célèbre
4. considérons 5. protègent 6. emploie
7. payez 8. envoie

5 1. souris 2. réponds 3. ne perd pas 4. mettons
5. dorment 6. rendez 7. servent

6 1. ont fait 2. a commencé 3. as réussi
4. avons bu 5. avez regardé, a plu 6. ai eu,
ai dormi

7 1. suis allée 2. suis restée 3. sommes passées
4. est né 5. est arrivé 6. est morte 7. a fait
8. sont montés 9. a descendu 10. sont tombés

8 1. leur ai parlé 2. vais lui envoyer 3. leur ai
donné 4. leur achète 5. ne lui ai pas montré

9 1. le ranger 2. les ai sorties 3. l'essuie
4. l'ai faite

10 1. avais 2. allions 3. était 4. préférait
5. préparait 6. ne savions pas 7. commençais
8. finissait

11 1. dînait; avez fait 2. était; a nettoyé
3. ne marchait pas; ont pris 4. connaissais;
as fait 5. ne savait pas; a demandé 6. avons dit;
arrivait

12 1. Heureusement, tout le monde va bien./Tout le
monde va bien, heureusement. 2. Ce menu est
vraiment original. 3. Vous attendez
patiemment dans la gare. 4. Tu as
complètement rangé l'appartement pour la
visite de mes parents? 5. Cette librairie est
franchement trop chère. 6. Ce week-end à la
plage, nous avons rapidement bronzé.

13 1. pleuvait 2. a quitté 3. avons pris 4. avions
5. avons vite choisi 6. allions 7. est arrivée
8. avons pris 9. mangeait 10. est arrivé
11. a eu/avait 12. était

14 Answers will vary.

15 Answers will vary.

 Answers to Exams

ANSWERS TO EXAMS

Unités 1–8: Leçons 1A–8B

EXAM I

1 1. A 2. B 3. D 4. A 5. D 6. C 7. B 8. C
9. A 10. B

2 1. du/un 2. du/un 3. un/du/le 4. des
5. de/d'une 6. la 7. un 8. du

3 1. attend 2. pensons 3. fêtent 4. rends
5. passes 6. finit 7. répondons 8. choisissent

4 1. Mais non, j'ai un vieil ordinateur bleu.
2. Mais non, j'ai des sœurs travailleuses et
gentilles. 3. Mais non, j'ai une voisine pénible
et ennuyeuse. 4. Mais non, j'ai de beaux frères
sociables.

5 1. Il est 2. C'est 3. C'est 4. Elle est
5. Elle est 6. Elle est

6 1. a 2. va/est 3. ont 4. sommes 5. faites
6. allez

7 1. promet 2. sortent 3. achète 4. finit
5. essayez 6. part

8 1. onzième 2. cinquième 3. premier

9 1. ce 2. Ces 3. Cet 4. ces 5. Cette

10 1. sont allées 2. n'a pas fini 3. as rendu 4. est
sortie 5. ai eu 6. avons emmené 7. est tombé
8. n'avez pas essayé

11 1. leur 2. le 3. l' 4. lui 5. vous 6. l' 7. t'/vous
8. les

12 1. habitais 2. allais 3. vendaient 4. achetions
5. faisions 6. servaient 7. repartions
8. finissait

13 1. Ils sont fiers de lui. 2. Elle travaille pour eux.
3. Il va chez elle.

14 Answers will vary.

15 Answers will vary.

EXAM II

1 1. C 2. D 3. A 4. B 5. B 6. D 7. C 8. A
9. D 10. A

2 1. un/du 2. une/de la 3. une/de la 4. une/de la
5. un 6. de 7. les 8. le

3 1. prenez 2. rentre 3. sentons 4. sert
5. épouse 6. emmènes 7. nagent 8. prête

4 1. Mais non, j'ai une tante petite et rousse.
2. Mais non, j'ai de vieux livres inutiles.
3. Mais non, j'ai un bel appartement bon
marché. 4. Mais non, j'ai de jeunes
cousines sérieuses.

5 1. C'est 2, Il est 3. Il est 4. Elle est 5. C'est
6. Elle est

6 1. fais 2. êtes 3. vas/es 4. avons 5. avez
6. faisons

7 1. répètes 2. pars 3. réfléchissons 4. ne sourit
pas 5. ne vendez pas 6. envoient

8 1. deuxième 2. quatrième 3. huitième

9 1. cette 2. Ces 3. Cet 4. ce 5. Cette

10 1. suis parti(e) 2. a réussi 3. êtes allée
4. avons écrit 5. n'a pas acheté 6. avez pris
7. as dormi 8. ont choisi

11 1. les 2. vous 3. lui 4. leur 5. te 6. l'
7. leur 8. l'

12 1. avait 2. partions 3. recevait 4. faisions
5. conduisais 6. achetais 7. jouiez 8. gagnait

13 1. Elles vont chez lui ce soir. 2. Il est près
d'eux. 3. Ils sont devant elles.

14 Answers will vary.

15 Answers will vary.